中国高被引分析报告

2021

曾建勋　主编

科学技术文献出版社
SCIENTIFIC AND TECHNICAL DOCUMENTATION PRESS

·北京·

图书在版编目（CIP）数据

中国高被引分析报告. 2021 / 曾建勋主编. —北京：科学技术文献出版社，2022.10
ISBN 978-7-5189-9662-9

Ⅰ.①中…　Ⅱ.①曾…　Ⅲ.①期刊—文献计量学—统计资料—中国—2021　Ⅳ.①G255.2
②G350

中国版本图书馆CIP数据核字（2022）第184659号

中国高被引分析报告2021

策划编辑：周国臻　　责任编辑：李　鑫　　责任校对：张永霞　　责任出版：张志平	
出 版 者	科学技术文献出版社
地　　址	北京市复兴路 15 号　邮编 100038
编 务 部	（010）58882938，58882087（传真）
发 行 部	（010）58882868，58882870（传真）
邮 购 部	（010）58882873
网　　址	www.stdp.com.cn
发 行 者	科学技术文献出版社发行　全国各地新华书店经销
印 刷 者	北京地大彩印有限公司
版　　次	2022 年 10 月第 1 版　2022 年 10 月第 1 次印刷
开　　本	787×1092　1/16
字　　数	416 千
印　　张	19
书　　号	ISBN 978-7-5189-9662-9
定　　价	198.00 元

《中国高被引分析报告2021》
编辑委员会

通信地址：北京市海淀区复兴路15号　　100038

　　　　　中国科学技术信息研究所　信息资源中心

网　　址：http://www.istic.ac.cn

电　　话：010-8882369　58882061

传　　真：010-58882321

电子信箱：library@istic.ac.cn

前　言

自 1964 年美国科学信息研究所创办出版《科学引文索引》（Science Citation Index，SCI）以来，科学引文数据库以其独特的引证途径和耦合特征，形成了与期刊、论文、学术机构、学者等相关的科学计量指标。2001 年推出的基本科学指标（Essential Science Indicators，ESI），对全球学术机构、学术论文、学者被引频次的前 1%进行统计排行，形成了 22 个专业领域的高被引学术机构、高被引论文和高被引学者等指标，从多个维度对国家/地区科研水平、机构学术声誉、学者学术影响力及期刊学术水平进行评估。

近年来，我国学术论文产出逐年提高，对我国学术期刊进行有效采集，对学术论文进行规范加工，形成完整系统的"中国知识链接数据库"，是推进我国学术论文开放共享和公益传播的基础，也是进行我国科技论文引文计量分析的前提。中国科学技术信息研究所自 2000 年以来收录我国出版的学术期刊论文，囊括了我国出版的科技类和社科类学术期刊 10000 余种，累积论文 5540 余万篇，引文记录 30300 余万条，是目前最完备的中文期刊论文引文库。一方面提供信息检索与全文传递公益服务；另一方面形成中国科学引文索引 CSCI（http://csci.istic. ac.cn）数据平台，成为我国最大的基于期刊论文引文的检索评价工具。

目前，基于引文进行文献情报计算、基于引证关系进行知识关联分析已成为科学监测和科学评价的重要手段。为了科学地利用论文引文海量数据，遴选各学科高被引论文，合理测算科研机构的学术影响力，我们基于"中国知识链接数据库"，借助中国科学引文索引 CSCI 数据平台，全面深化学科高被引分析，自 2007年始，编制出版《中国期刊高被引指数》，于 2011 年对学术论文数据按学科进行统计分析，以图谱、表格等方式展现，编制出版《中国高被引指数分析》，并于 2012 年最终形成按年编卷出版的系列《中国高被引分析报告》。

《中国高被引分析报告 2021》以我国正式出版的各学科 6400 余种中、英文期刊（不包括少数民族语种期刊和港、澳、台地区出版的期刊）为统计源刊，经过对期刊引文数据的规范化处理，以高被引论文为基础，按期刊所属学科类别统计，从主题、期刊、作者、机构等多个角度分学科进行高影响力分析，全面展现各个学科领域的高被引情况。按学科领域反映高被引论文、高被引期刊、高被引作者、高被引机构、高被引国外期刊等，并利用共被引分析等方法，借助可视化工具进行论文主题关联分析，力求直观地展现领域内研究主题关联情况。

在整个编写过程中，尽管力求严格规范、细致准确、精益求精。但是，由于一些实际情况，如期刊的更名合并、引用文献著录不规范、期刊缩简写各异或学报版本更迭、作者重名、机构演化变更等，给我们的统计、分析和编写工作带来了很大困难，错误和疏漏在所难免，诚望广大读者不吝赐教，批评指正。

编　者

2021 年 12 月

目　　录

第1章　编制说明

1.1　数据来源

《中国高被引分析报告2021》统计了2020年我国正式出版的各学科6476种中、英文期刊（不包括少数民族语种期刊和港、澳、台地区出版的期刊），经过期刊引文数据规范化处理，依托"中国知识链接数据库"进行统计分析、数据挖掘和知识链接，再以图谱、表格等方式加以展现，按年编卷出版。

根据期刊主题，《中国高被引分析报告2021》参考《中国图书资料分类法（第四版）》的学科分类，按照"突出基础、科技类学科，兼顾人文、社科类学科"的原则将统计源论文划分为55个学科，详情见表1-1。

表1-1　《中国高被引分析报告2021》学科分类

章	学科名称	章	学科名称
2	自然科学总论	20	特种医学
3	数学	21	药学
4	物理学	22	农业科学与工程
5	化学	23	植物保护学
6	天文学、地球科学	24	农作物
7	生物科学与工程	25	园艺学
8	预防医学、卫生学	26	林业
9	中医药	27	畜牧兽医
10	基础医学	28	水产、渔业
11	临床医学	29	工程技术总论
12	护理学	30	通用工业技术
13	内科学	31	测绘科学技术
14	外科学	32	矿业工程
15	妇产科学、儿科学	33	石油、天然气工业
16	神经病学、精神病学	34	冶金工业
17	肿瘤学	35	金属学与金属工艺
18	皮肤病学与性病学	36	机械、仪表工业
19	五官科学	37	能源与动力工程

章	学科名称	章	学科名称
38	电工技术	48	环境科学、安全科学
39	无线电电子学、电信技术	49	社会科学总论
40	信息科学与系统科学	50	管理学
41	计算机科学与技术	51	法学
42	化学工程	52	经济
43	轻工业、手工业	53	新闻出版
44	建筑科学	54	图书情报档案
45	水利工程	55	教育
46	交通运输	56	语言文艺
47	航空航天		

"中国知识链接数据库"共收录 2015—2019 年发表的论文 846.05 万篇，其总被引频次为 1148.23 万次，在 2020 年被引频次为 211.26 万次（表 1-2）。

表 1-2　"中国知识链接数据库"收录 2015—2019 年发表的论文概况

年份	发文量/篇	2020 年被引频次/次	总被引频次/次	高被引论文数量/篇
2015	1811772	247816	3666667	18033
2016	1715390	325320	3219825	16856
2017	1673537	428907	2495967	16770
2018	1640164	535125	1398360	16492
2019	1619598	575387	701498	15455
合计	8460461	2112555	11482317	83606

1.2　高被引分析指数

为全面反映、客观评判学者、机构及期刊等各个科研主体的高被引情况，本书选取了发文量/载文量、被引频次、被引率、5 年影响因子、高被引论文、高影响力期刊、高被引作者、高被引机构、高被引国外期刊等多种角度来揭示学科被引情况。具体包括以下内容。

（1）发文量/载文量

总发文量：在数据统计的时间范围内，某学者或机构在国内正式期刊上发表的学术论文数量总和。期刊载文量：在数据统计的时间范围内，某期刊登载的学术论文数量。学科发文量：在数据统计的时间范围内，某学者或机构在国内某学科的正式期刊上发表的学术论文数量。

● 5 年发文量/5 年载文量

统计发文量/载文量的时间范围限定为：5 年（2015—2019 年）。

（2）被引频次

在文献计量学领域，被引频次常被用于体现学术论文受其他学者关注的程度，并进一步用于反映学术论文的影响力（被引频次并不必然是学术水平的直接体现）。一般情况下，"被引频次"指学术论文被其他学术论文引用的次数。本书在统计被引频次时不排除自引。

● 5 年总被引频次

在 5 年（2015—2019 年）统计范围内，被统计对象所发表（或刊载）全部学术论文的被引频次的累计值。

● 2020 年被引频次

被统计对象 5 年（2015—2019 年）发文在 2020 年被其他学术论文引用的次数。若同一被统计对象发表（或刊载）的 2 篇或多篇论文同时被 1 篇论文引用，则只计作 1 次被引。

● 篇均被引频次

用作统计的论文集合的平均被引用次数。

（3）被引率

以期刊被引率为例（同理可计算学者和机构的论文被引率）：期刊前 5 年刊载的学术论文中，在统计当年获得过引用的论文占载文总数的比例。被引率反映期刊论文被利用的情况，被引率越高的期刊，其刊载论文的被引用概率越高。具体算法为：

$$\text{期刊被引率} = \frac{\text{期刊前 5 年刊载并在统计当年被引用过的论文数量}}{\text{期刊前 5 年刊载的论文数量}} \times 100\%。$$

在各学科的第一个表中合计被引率反映的是 2015—2019 年该学科发表论文的整体被引情况。

（4）5年影响因子

5 年影响因子主要用于反映期刊所载论文的总体被引情况。

期刊 5 年影响因子是指某期刊前 5 年刊载的所有学术论文在统计当年的篇均被引频次。具体算法为：

$$\text{期刊5年影响因子} = \frac{\text{期刊前5年刊载的论文在统计当年的总被引频次}}{\text{期刊前5年刊载的论文数量}}。$$

（5）高被引论文

某学科 2020 年被引用过的论文中，按论文被引频次高低排序，排位在前 1%的论文定义为"高被引论文"。

（6）高影响力期刊

将某学科内期刊 5 年影响因子较高的期刊定义为"高影响力期刊"。将在 2020 年被某学科论文引用较多的国外期刊定义为"高被引国外期刊"。

（7）高被引作者

前5年内在某学科期刊发表过论文的作者中，将学科论文累计被引频次从高到低的顺序排列，排在前列的作者定义为"高被引作者"。本书只统计论文的第一作者。

（8）高被引机构

本书将机构划分为高等院校和科研院所两种类型。前5年内在某学科期刊发表过论文的机构中，将学科论文累计被引频次排在前列的高等院校和科研院所分别定义为"高被引高等院校"和"高被引科研院所"。对于医学类学科，则视具体被引情况列出"高被引医院"、"高被引高等院校"或"高被引科研院所"等类型的机构。需要说明的是，本书将出现在高被引机构中的行政管理单位归入"科研院所"类别。

1.3 分析框架和方法

本书按照55个学科来分别统计学术论文的发表和被引，不但从整体上展现学科内论文发表和被引的数量分布概况，还从期刊、作者、机构等侧面反映学科内学术影响力情况，更进一步利用共现、共被引等方法揭示各学术主体之间内在的主题关联。本书的分析框架如图1-1所示。

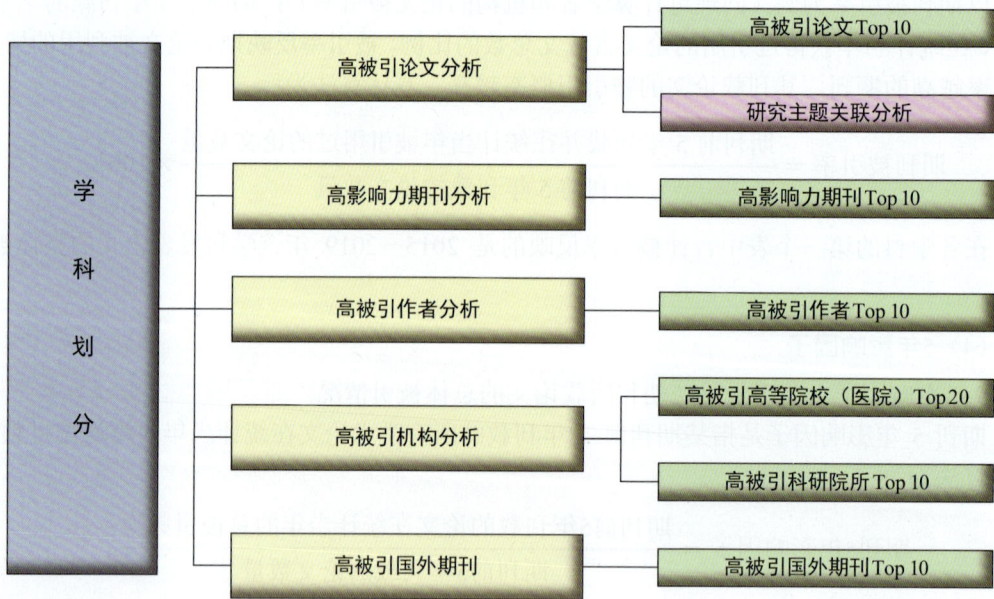

图1-1 "中国高被引分析"分析框架

（1）高被引论文分析

①高被引论文Top 10。列出学科内总被引频次排名前10位的学术论文的题名、第一作者姓名、来源期刊、发表年份、发表至今的总被引频次（2020年及之前）及2020年的被引频次等指数。

②研究主题关联分析。一方面，由于论文被引存在较长时滞，分析高被引论文的主题难

以贴切反映学科的最新研究热点；另一方面，分析 2020 年发表的各学科全部论文的主题，数据量较大。为此，我们分别抽取各个学科高被引论文的施引文献，借助关键词共现分析来获得各学科的热点主题分布情况，并以知识图谱的形式加以展现。在热点主题关联图中，节点大小代表关键词文档词频的相对高低，连线粗细反映共现次数多少；节点颜色表示主题聚类结果。

共词分析是一种研究词语共现现象的计量分析方法，其原理是：具有概念内涵的两个词语在指定范围内多次共同出现，则假定它们之间存在着某种主题关联，共现频率越高则认为主题关联越紧密。

（2）高影响力期刊分析

高影响力期刊 Top 10。对于各学科内 5 年影响因子排名前 10 位的学术期刊，列出期刊名称、5 年载文量、总被引频次、5 年影响因子、高被引论文数量、h 指数等指标。

（3）高被引作者分析

高被引作者 Top 10。对于学科内 5 年发文总被引频次排名前 10 位的作者，列出作者姓名、作者单位、5 年发文量、总被引频次、篇均被引频次、被引率、h 指数等指标。

（4）高被引机构分析

高被引高等院校（医院）Top 20、高被引科研院所 Top 10。对于学科内论文总被引频次排名前 20 位的高等院校、排名前 10 位的科研院所（部分医学学科分别列出"医院""高等院校/科研院所"），列出机构名称、5 年发文量、总被引频次、篇均被引频次等指标。

（5）高被引国外期刊

高被引国外期刊 Top 10。对于学科内 2020 年学科被引频次排名前 10 位的国外期刊，列出期刊名称和 2020 年被引频次。

1.4　其他说明

①在统计论文被引时，本书将 2015—2019 年（共 5 年）的论文数据都统计在内。如果在统计的时间范围内期刊更名，则将更名前后的被引频次累加为新刊名的被引频次。

②在统计中，同一机构的重名作者无法排重，只能按同一作者对待，并对有多个机构的高被引作者进行合并归一。

③为了便于统计，当一位作者有 2 个或 2 个以上的作者机构时，均按其第一个机构名称进行统计。如果统计机构被引频次，则只计算第一作者的第一个机构名称。

④期刊分类基本参考《中国图书资料分类法（第四版）》。由于标引过程中对期刊的理解偏差，可能存在其所分学科不精确的现象。

第2章 自然科学总论领域高被引分析

2.1 领域论文概况

2015—2019 年，自然科学总论领域的 163 种期刊上共发表学术论文 96458 篇，由来自 7823 所机构的 76283 位学者作为第一作者发表。上述论文中，有 40605 篇获得过引用，整体被引率为 42.1%，总被引频次为 91979 次，篇均被引 0.95 次；其中，高被引论文有 892 篇，高被引论文篇均被引 12.96 次（表 2-1）。另外，2020 年本领域共发表论文 17511 篇，其中有 1128 篇在当年获得过引用，总共被引 1554 次。

表 2-1　自然科学总论领域论文分布情况

年份	论文数量/篇	总被引频次/次	被引率/%	高被引论文数量/篇	高被引论文被引频次/次
2015	20929	30207	54.0	202	3806
2016	20106	25710	50.6	190	3374
2017	19341	19416	46.0	219	2441
2018	18462	11324	35.1	154	1259
2019	17620	5322	21.2	127	684
合计	96458	91979	42.1	892	11564

2.2 高被引论文分析

在自然科学总论领域，2015—2019 年发表的总被引频次 Top 10 论文（表 2-2）的平均被引频次为 68.8 次，是全部 892 篇高被引论文篇均被引频次的 5.31 倍。从论文分布来看，刊载高被引论文数量居前 3 位的期刊分别是《科学通报》（138 篇）、《北京大学学报（自然科学版）》（48 篇）和《西南师范大学学报（自然科学版）》（45 篇），其中，《科学通报》刊载了高被引论文 Top 10 中的 4 篇；发表高被引论文数量居前 3 位的学者分别是青岛科技大学的丁锋（6 篇）、喀什大学的张四保（5 篇）和渤海大学的赵美娜（4 篇）；产出高被引论文数量居前 3 位的机构分别是西南大学（37 篇）、北京大学（33 篇）和北京师范大学（18 篇）。

表 2-2　自然科学总论领域高被引论文 Top 10（按 5 年总被引频次排序）

序号	论文题名	第一作者	期刊名称	发表年份	被引频次/次 5 年总频次	被引频次/次 2020 年
1	大数据背景下的高校智慧校园建设探讨	蒋东兴	华东师范大学学报（自然科学版）	2015	173	16
2	中国草地资源的现状分析	沈海花	科学通报	2016	93	14
3	"互联网＋"时代课程教学环境与教学模式研究	陈一明	西南师范大学学报（自然科学版）	2016	93	10

续表

序号	论文题名	第一作者	期刊名称	发表年份	被引频次/次	
					5 年总频次	2020 年
4	海岸环境中微塑料污染及其生态效应研究进展	周倩	科学通报	2015	54	8
5	机器学习及其算法和发展研究	张润	中国传媒大学学报（自然科学版）	2016	49	11
6	α-丙氨酸分子手性转变反应通道及水分子作用的理论研究	王佐成	浙江大学学报（理学版）	2015	48	6
7	人工智能的历史回顾和发展现状	顾险峰	自然杂志	2016	47	2
8	苜蓿种质资源的分布、育种与利用	杨青川	科学通报	2016	44	6
9	我国草原牧区可持续发展的科学基础与实践	方精云	科学通报	2016	44	4
10	基于InVEST模型的土地利用格局变化对区域尺度生境质量的评估研究——以北京为例	陈妍	北京大学学报（自然科学版）	2016	43	9

2.3　研究主题关联分析

在自然科学总论领域，892 篇高被引论文共被引用了 11564 次。通过分析施引文献关键词的词频及关键词之间的共现关系，获得自然科学总论领域的热点主题和主题关联，如图 2-1 所示。由图可知："智慧校园""卷积神经网络""气候变化""青藏高原"等关键词的文档词频较高，是自然科学总论领域的研究热点；本领域主要形成 6 个研究主题簇，分别以"教学改革""翻转课堂"为核心；以"卷积神经网络""深度学习"为核心；以"主成分分析""PM2.5"为核心；以"青藏高原""气候变化"为核心；以"水稻""产量"为核心；以"可持续发展""草牧业"为核心。

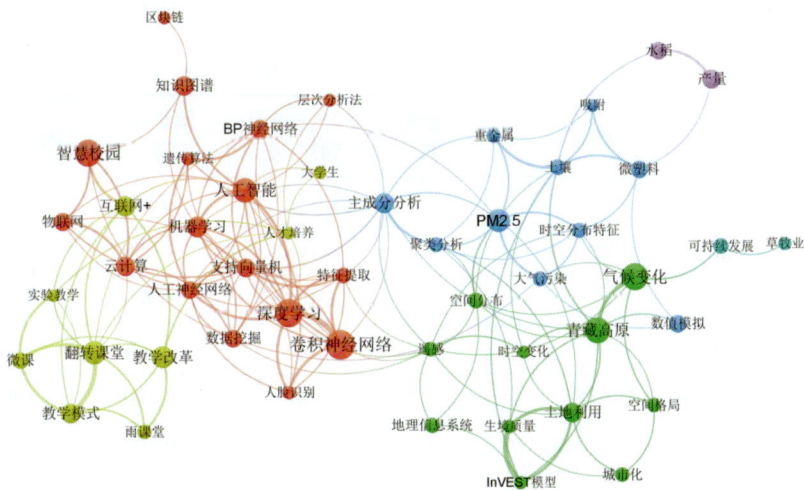

图 2-1　自然科学总论领域热点论文主题关联

2.4　高影响力期刊分析

在自然科学总论领域，5 年影响因子 Top 10 期刊见表 2-3，总被引频次最高的期刊是《科学通报》（4923 次），5 年影响因子最高的期刊是《北京大学学报（自然科学版）》。

表 2-3　自然科学总论领域高被引期刊基本指标（按 5 年影响因子排序）

序号	期刊名称	5 年载文量/篇	5 年总被引频次/次	5 年影响因子	高被引论文数量/篇	h 指数
1	北京大学学报（自然科学版）	695	1800	0.489	48	17
2	科学通报	2014	4923	0.481	138	26
3	兰州大学学报（自然科学版）	633	1190	0.398	17	10
4	自然杂志	208	341	0.389	6	8
5	北京师范大学学报（自然科学版）	612	955	0.371	23	10
6	高技术通讯	649	733	0.310	8	8
7	浙江大学学报（理学版）	562	862	0.310	12	10
8	西南大学学报（自然科学版）	1538	2653	0.301	34	12
9	中国科学院大学学报	557	820	0.293	10	10
10	常州大学学报（自然科学版）	413	415	0.288	6	7

2.5　高被引作者分析

2015—2019 年自然科学总论领域论文总被引频次 Top 10 的作者见表 2-4。其中，发文总被引频次居前 3 位的作者分别是清华大学的蒋东兴（173 次）、白城师范学院的王佐成（108 次）和喀什大学的张四保（107 次）。5 年发文量居前 3 位的作者分别是中国传媒大学的昝廷全（32 篇）、中国传媒大学的黄志洵（31 篇）和中国人民解放军海军指挥学院的时统业（29 篇）。

表 2-4　自然科学总论领域高被引作者 Top 10（按 5 年总被引频次排序）

序号	作者	作者单位	发文量/篇	5 年总被引频次/次	篇均被引频次/次	被引率/%	h 指数
1	蒋东兴	清华大学	1	173	173.00	100.0	1
2	王佐成	白城师范学院	8	108	13.50	100.0	6
3	张四保	喀什大学	23	107	4.65	60.9	5
4	杨甲山	梧州学院	20	103	5.15	95.0	7
5	陈一明	广东石油化工学院	3	96	32.00	100.0	2
6	沈海花	中国科学院植物研究所	1	93	93.00	100.0	1
7	毛北行	郑州航空工业管理学院	19	91	4.79	89.5	6
8	赵美娜	渤海大学	9	86	9.56	100.0	7

续表

序号	作者	作者单位	发文量/篇	5年总被引频次/次	篇均被引频次/次	被引率/%	h指数
9	周倩	中国科学院烟台海岸带研究所	4	81	20.25	100.0	4
10	丁锋	青岛科技大学	12	76	6.33	100.0	6

2.6　高被引机构分析

自然科学总论领域总被引频次 Top 20 高等院校和总被引频次 Top 10 科研院所的发文和被引情况分别见表 2-5 和表 2-6。

表 2-5　自然科学总论领域高被引高等院校 Top 20（按 5 年总被引频次排序）

序号	第一作者单位	发文量/篇	5年总被引频次/次	篇均被引频次/次	序号	第一作者单位	发文量/篇	5年总被引频次/次	篇均被引频次/次
1	西南大学	1497	2757	1.84	11	华南师范大学	494	644	1.30
2	北京大学	671	1315	1.96	12	清华大学	278	623	2.24
3	北京师范大学	580	892	1.54	13	福建师范大学	562	607	1.08
4	贵州师范大学	589	846	1.44	14	西北师范大学	629	604	0.96
5	兰州大学	416	846	2.03	15	中南民族大学	529	586	1.11
6	四川大学	686	808	1.18	16	延安大学	600	560	0.93
7	陕西师范大学	599	741	1.24	17	浙江大学	445	552	1.24
8	浙江理工大学	720	684	0.95	18	厦门大学	516	547	1.06
9	贵州大学	731	650	0.89	19	重庆师范大学	478	538	1.13
10	福州大学	711	646	0.91	20	西北大学	410	534	1.30

表 2-6　自然科学总论领域高被引科研院所 Top 10（按 5 年总被引频次排序）

序号	第一作者单位	发文量/篇	5年总被引频次/次	篇均被引频次/次	序号	第一作者单位	发文量/篇	5年总被引频次/次	篇均被引频次/次
1	中国科学院植物研究所	36	294	8.17	4	中国科学院遥感与数字地球研究所	52	127	2.44
2	中国科学院地理科学与资源研究所	67	169	2.52	5	中国科学院水利部成都山地灾害与环境研究所	34	120	3.53
3	国家知识产权局专利局专利审查协作北京中心	224	155	0.69	6	中国科学院青藏高原研究所	33	118	3.58

序号	第一作者单位	发文量/篇	5年总被引频次/次	篇均被引频次/次	序号	第一作者单位	发文量/篇	5年总被引频次/次	篇均被引频次/次
7	中国科学院心理研究所	58	113	1.95	9	中国科学院烟台海岸带研究所	19	112	5.89
8	广西科学院	85	112	1.32	10	江西省科学院	112	105	0.94

2.7　高被引国外期刊

自然科学总论领域 2020 年被引频次 Top 10 的国外期刊见表 2-7，排名居前 3 位的国外期刊分别是 *Advanced Materials*、*Journal of the American Chemical Society* 和 *ACS Applied Materials & Interfaces*。

表 2-7　自然科学总论领域高被引国外期刊 Top 10（按 2020 年被引频次排序）

序号	期刊名称	2020 年被引频次/次
1	Advanced Materials	816
2	Journal of the American Chemical Society	666
3	ACS Applied Materials & Interfaces	600
4	Angewandte Chemie	547
5	ACS Nano	497
6	Nature Communications	459
7	Advanced Functional Materials	399
8	Nano Energy	386
9	Nano Letters	360
10	Nature	339

第 3 章　数学领域高被引分析

3.1　领域论文概况

2015—2019 年，数学领域的 40 种期刊上共发表学术论文 19642 篇，由来自 2760 所机构的 10632 位学者作为第一作者发表。上述论文中，有 6278 篇获得过引用，整体被引率为 32.0%，总被引频次为 12440 次，篇均被引 0.63 次；其中，高被引论文有 199 篇，高被引论文篇均被引 8.97 次（表 3-1）。另外，2020 年本领域共发表论文 3534 篇，其中有 105 篇在当年获得过引用，总共被引 138 次。

表 3-1　数学领域论文分布情况

年份	论文数量/篇	总被引频次/次	被引率/%	高被引论文数量/篇	高被引论文被引频次/次
2015	4282	4418	44.0	49	649
2016	4108	3373	39.2	41	478
2017	4094	2626	34.6	51	401
2018	3522	1303	23.4	22	133
2019	3636	720	14.9	36	125
合计	19642	12440	32.0	199	1786

3.2　高被引论文分析

在数学领域，2015—2019 年发表的总被引频次 Top 10 论文（表 3-2）的平均被引频次为 24.9 次，是全部 199 篇高被引论文篇均被引频次的 2.78 倍。从论文分布来看，刊载高被引论文数量居前 3 位的期刊分别是《数学的实践与认识》（97 篇）、《系统科学与数学》（16 篇）和《大学数学》（12 篇），其中，《数学的实践与认识》刊载了高被引论文 Top 10 中的 4 篇；发表高被引论文数量居前 3 位的学者分别是梧州学院的杨甲山（4 篇）、北京工商大学的郭子雪（2 篇）和山西大学的张晓琴（2 篇）；产出高被引论文数量居前 3 位的机构分别是北京师范大学（6 篇）、中北大学（5 篇）和梧州学院（4 篇）。

表 3-2　数学领域高被引论文 Top 10（按 5 年总被引频次排序）

序号	论文题名	第一作者	期刊名称	发表年份	被引频次/次 5 年总频次	被引频次/次 2020 年
1	受限波尔兹曼机	张春霞	工程数学学报	2015	62	4
2	一类具有反馈控制的修正Leslie-Gower模型的周期解	李祖雄	应用数学学报	2015	28	1
3	考虑碳排放的冷链物流配送路径优化研究	潘茜茜	数学的实践与认识	2016	23	4
4	时间测度链上一类具阻尼项的二阶非线性中立型动力方程的振荡准则	杨甲山	应用数学	2015	23	1

续表

序号	论文题名	第一作者	期刊名称	发表年份	被引频次/次	
					5 年总频次	2020 年
5	关于数论函数方程 $S(SL(n))=\phi(n)$ 的可解性	张利霞	纯粹数学与应用数学	2015	21	1
6	基于模拟退火算法的城市物流多目标配送车辆路径优化研究	裴小兵	数学的实践与认识	2016	20	3
7	模拟退火算法改进综述及参数探究	卢宇婷	大学数学	2015	19	1
8	高等数学SPOC混合式教学模式的实践与思考	汪泽焱	大学数学	2017	18	4
9	基于灰色关联分析和主成分分析组合权重的确定方法研究	鲍学英	数学的实践与认识	2016	18	0
10	最小二乘法的统计学原理及在农业试验分析中的应用	田生昌	数学的实践与认识	2015	17	1

3.3　研究主题关联分析

在数学领域，199 篇高被引论文共被引用了 1786 次。通过分析施引文献关键词的词频及关键词之间的共现关系，获得数学领域的热点主题和主题关联，如图 3-1 所示。由图可知："灰色关联分析""遗传算法""混合式教学""Nekrasov 矩阵"等关键词的文档词频较高，是数学领域的研究热点；本领域主要形成 5 个研究主题簇，分别以"多属性决策""区间数"为核心；以"灰色关联分析""因子分析"为核心；以"遗传算法""模拟退火算法"为核心；以"混合式教学""高等数学"为核心；以"Nekrasov 矩阵""上界"为核心。

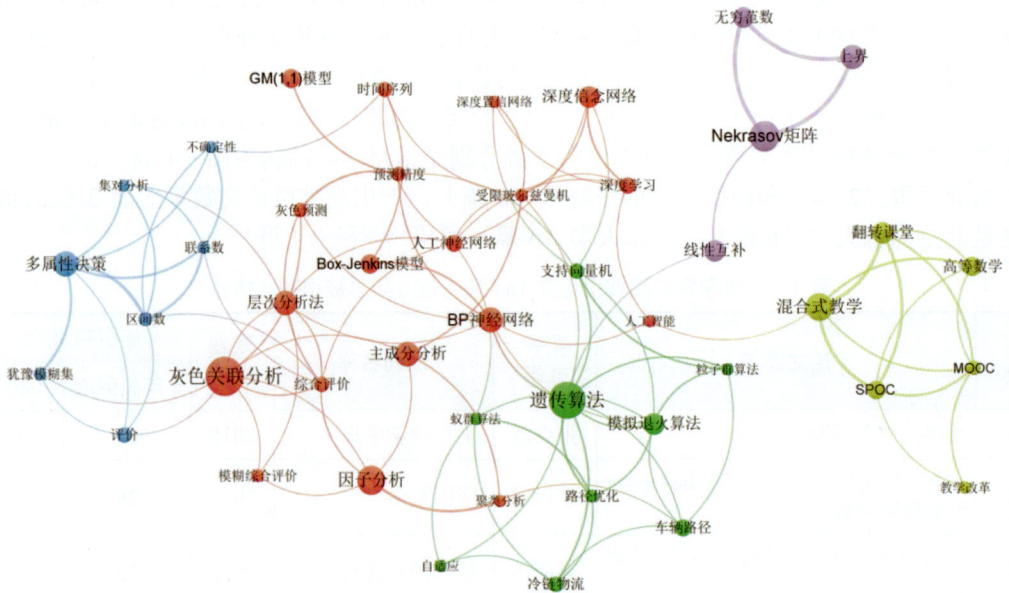

图 3-1　数学领域热点论文主题关联

3.4　高影响力期刊分析

在数学领域，5 年影响因子 Top 10 期刊见表 3-3，总被引频次最高的期刊是《数学的实践与认识》（4342 次），5 年影响因子最高的期刊是《系统科学与数学》。

表 3-3　数学领域高被引期刊基本指标（按 5 年影响因子排序）

序号	期刊名称	5 年载文量/篇	5 年总被引频次/次	5 年影响因子	高被引论文数量/篇	h 指数
1	系统科学与数学	797	861	0.327	16	8
2	数学的实践与认识	4463	4342	0.210	97	13
3	大学数学	729	668	0.189	12	8
4	计算数学	155	153	0.187	3	5
5	纯粹数学与应用数学	315	235	0.181	4	6
6	数学物理学报	558	381	0.149	4	6
7	应用数学学报	393	339	0.145	4	7
8	模糊系统与数学	698	558	0.143	5	7
9	高校应用数学学报A辑	255	159	0.141	2	5
10	工程数学学报	318	262	0.135	4	5

3.5　高被引作者分析

2015—2019 年数学领域论文总被引频次 Top 10 的作者见表 3-4。其中，发文总被引频次居前 3 位的作者分别是西安交通大学的张春霞（62 次）、辽宁工程技术大学的崔铁军（56 次）和梧州学院的杨甲山（55 次）。5 年发文量居前 3 位的作者分别是赤峰学院的刘春辉（26 篇）、宁波大学的李国安（20 篇）和中国人民解放军海军指挥学院的时统业（20 篇）。

表 3-4　数学领域高被引作者 Top 10（按 5 年总被引频次排序）

序号	作者	作者单位	发文量/篇	5 年总被引频次/次	篇均被引频次/次	被引率/%	h 指数
1	张春霞	西安交通大学	2	62	31.00	50.0	1
2	崔铁军	辽宁工程技术大学	8	56	7.00	100.0	5
3	杨甲山	梧州学院	5	55	11.00	100.0	4
4	刘春辉	赤峰学院	26	42	1.62	46.2	4
5	冯依虎	亳州师范高等专科学校	4	30	7.50	100.0	3
6	李祖雄	湖北省生物资源保护与利用重点实验室	1	28	28.00	100.0	1
7	李国安	宁波大学	20	27	1.35	65.0	3

续表

序号	作者	作者单位	发文量/篇	5年总被引频次/次	篇均被引频次/次	被引率/%	h指数
8	过静	江西科技师范大学	6	23	3.83	66.7	3
9	潘茜茜	上海理工大学	1	23	23.00	100.0	1
10	赵建兴	贵州民族大学	5	22	4.40	60.0	3

3.6 高被引机构分析

数学领域总被引频次 Top 20 高等院校和总被引频次 Top 10 科研院所的发文和被引情况分别见表 3-5 和表 3-6。

表 3-5　数学领域高被引高等院校 Top 20（按 5 年总被引频次排序）

序号	第一作者单位	发文量/篇	5年总被引频次/次	篇均被引频次/次	序号	第一作者单位	发文量/篇	5年总被引频次/次	篇均被引频次/次
1	北京师范大学	144	145	1.01	11	天津大学	84	86	1.02
2	合肥工业大学	171	131	0.77	12	赤峰学院	92	85	0.92
3	上海理工大学	114	131	1.15	13	中北大学	74	79	1.07
4	辽宁工程技术大学	78	111	1.42	14	燕山大学	104	78	0.75
5	武汉大学	154	107	0.69	15	安徽大学	103	78	0.76
6	西安交通大学	75	107	1.43	16	太原理工大学	106	77	0.73
7	东北财经大学	55	94	1.71	17	东北石油大学	101	77	0.76
8	福州大学	81	92	1.14	18	南京航空航天大学	116	75	0.65
9	上海大学	240	89	0.37	19	中国科学院大学	110	74	0.67
10	北京航空航天大学	110	86	0.78	20	四川师范大学	92	72	0.78

表 3-6　数学领域高被引科研院所 Top 10（按 5 年总被引频次排序）

序号	第一作者单位	发文量/篇	5年总被引频次/次	篇均被引频次/次	序号	第一作者单位	发文量/篇	5年总被引频次/次	篇均被引频次/次
1	中国科学院数学与系统科学研究院	174	124	0.71	3	中国科学院武汉物理与数学研究所	24	20	0.83
2	湖北省生物资源保护与利用重点实验室	1	28	28.00	4	北京应用物理与计算数学研究所	37	18	0.49

续表

序号	第一作者单位	发文量/篇	5年总被引频次/次	篇均被引频次/次	序号	第一作者单位	发文量/篇	5年总被引频次/次	篇均被引频次/次
5	宁夏农林科学院	1	17	17.00	8	中国科学院科技战略咨询研究院	6	6	1.00
6	中国科学院科技政策与管理科学研究所	5	15	3.00	9	上海航天技术研究院	3	4	1.33
7	中国科学院自动化研究所	3	11	3.67	10	中国科学院信息工程研究所	7	3	0.43

3.7　高被引国外期刊

数学领域 2020 年被引频次 Top 10 的国外期刊见表 3-7，排名居前 3 位的国外期刊分别是 *Journal of Differential Equations*、*Journal of Mathematical Analysis and Applications*、*Journal of Computational Physics* 和 *Applied Mathematics and Computation*。

表 3-7　数学领域高被引国外期刊 Top 10（按 2020 年被引频次排序）

序号	期刊名称	2020 年被引频次/次
1	Journal of Differential Equations	192
2	Journal of Mathematical Analysis and Applications	150
3	Journal of Computational Physics	121
4	Applied Mathematics and Computation	121
5	Applied Mathematics Letters	105
6	Computers & Mathematics with Applications	81
7	Mathematical Methods in the Applied Sciences	74
8	Nonlinear Dynamics	74
9	Journal of Computational and Applied Mathematics	73
10	Journal of Scientific Computing	71

第 4 章　物理学领域高被引分析

4.1　领域论文概况

2015—2019 年，物理学领域的 65 种期刊上共发表学术论文 57417 篇，由来自 5620 所机构的 34117 位学者作为第一作者发表。上述论文中，有 24872 篇获得过引用，整体被引率为43.3%，总被引频次为 68652 次，篇均被引 1.20 次；其中，高被引论文有 563 篇，高被引论文篇均被引 14.15 次（表 4-1）。另外，2020 年本领域共发表论文 11279 篇，其中有 649 篇在当年获得过引用，总共被引 839 次。

表 4-1　物理学领域论文分布情况

年份	论文数量/篇	总被引频次/次	被引率/%	高被引论文数量/篇	高被引论文被引频次/次
2015	12371	25261	58.4	125	2833
2016	11582	18424	52.6	107	1983
2017	11273	14421	48.3	108	1638
2018	11459	7286	33.6	143	1117
2019	10732	3260	21.1	80	394
合计	57417	68652	43.3	563	7965

4.2　高被引论文分析

在物理学领域，2015—2019 年发表的总被引频次 Top 10 论文（表 4-2）的平均被引频次为 53.4 次，是全部 563 篇高被引论文篇均被引频次的 3.77 倍。从论文分布来看，刊载高被引论文数量居前 3 位的期刊分别是《光学学报》（154 篇）、《振动与冲击》（94 篇）和《中国激光》（72 篇），其中，《振动与冲击》刊载了高被引论文 Top 10 中的 3 篇；发表高被引论文数量居前 3 位的学者分别是南京航空航天大学的吴一全（3 篇）、北京航空航天大学的祝世平（2 篇）和中国科学院长春光学精密机械与物理研究所的王立军（2 篇）；产出高被引论文数量居前 3 位的机构分别是清华大学（17 篇）、中国科学院长春光学精密机械与物理研究所（15 篇）和同济大学（13 篇）。

表 4-2　物理学领域高被引论文 Top 10（按 5 年总被引频次排序）

序号	论文题名	第一作者	期刊名称	发表年份	被引频次/次 5 年总频次	2020 年
1	大功率半导体激光器研究进展	王立军	发光学报	2015	85	3
2	基于深度学习的高分辨率遥感影像分类研究	刘大伟	光学学报	2016	70	3
3	基于峭度准则 EEMD 及改进形态滤波方法的轴承故障诊断	吴小涛	振动与冲击	2015	65	5

续表

序号	论文题名	第一作者	期刊名称	发表年份	被引频次/次	
					5年总频次	2020年
4	基于变分模态分解和 Teager 能量算子的滚动轴承故障特征提取	马增强	振动与冲击	2016	64	3
5	变分模态分解方法及其在滚动轴承早期故障诊断中的应用	唐贵基	振动工程学报	2016	51	9
6	高速列车的关键力学问题	杨国伟	力学进展	2015	43	9
7	图像增强算法综述	王浩	中国光学	2017	40	11
8	改进的基于卷积神经网络的图像超分辨率算法	肖进胜	光学学报	2017	39	4
9	基于小波包与倒频谱分析的风电机组齿轮箱齿轮裂纹诊断方法	罗毅	振动与冲击	2015	39	0
10	星敏感器技术研究现状及发展趋势	梁斌	中国光学	2016	38	2

4.3 研究主题关联分析

在物理学领域，563 篇高被引论文共被引用了 7965 次。通过分析施引文献关键词的词频及关键词之间的共现关系，获得物理学领域的热点主题和主题关联，如图 4-1 所示。由图可知："故障诊断""图像处理""机器视觉""滚动轴承"等关键词的文档词频较高，是物理学领域的研究热点；本领域主要形成 5 个研究主题簇，分别以"激光技术""显微组织"为核心；以"光纤光学""数值模拟"为核心；以"故障诊断""滚动轴承"为核心；以"图像处理""深度学习"为核心；以"机器视觉""立体匹配"为核心。

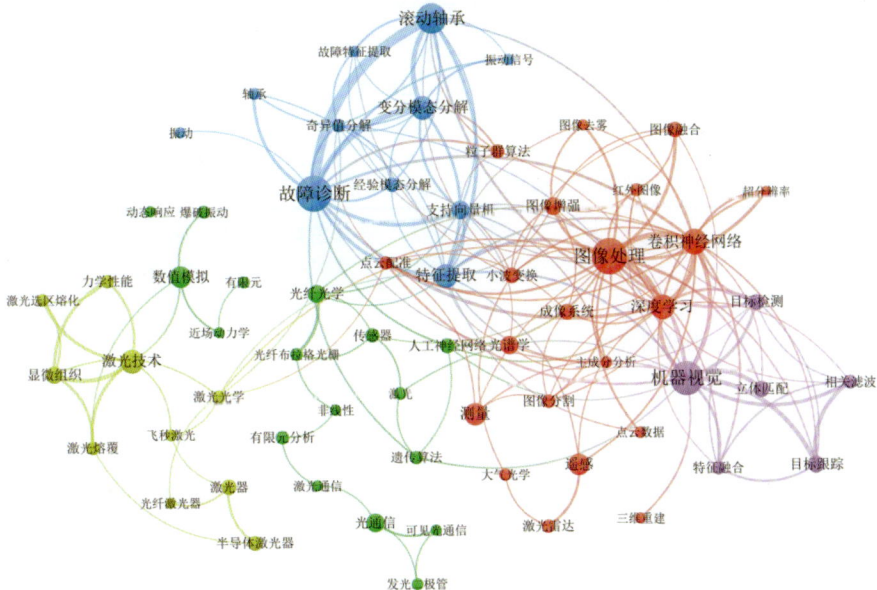

图 4-1 物理学领域热点论文主题关联

4.4 高影响力期刊分析

在物理学领域，5 年影响因子 Top 10 期刊见表 4-3，总被引频次最高的期刊是《振动与冲击》（10214 次），5 年影响因子最高的期刊是《力学进展》。

表 4-3 物理学领域高被引期刊基本指标（按 5 年影响因子排序）

序号	期刊名称	5 年载文量/篇	5 年总被引频次/次	5 年影响因子	高被引论文数量/篇	h 指数
1	力学进展	60	252	0.800	6	8
2	中国光学	504	1855	0.514	38	17
3	振动与冲击	4504	10214	0.474	94	19
4	力学学报	683	2166	0.471	39	14
5	光学学报	2975	8839	0.414	154	21
6	振动工程学报	639	1307	0.407	6	11
7	爆炸与冲击	807	1528	0.352	14	12
8	固体力学学报	251	389	0.331	3	7
9	中国激光	2459	6710	0.329	72	19
10	医用生物力学	474	1058	0.327	5	11

4.5 高被引作者分析

2015—2019 年物理学领域论文总被引频次 Top 10 的作者见表 4-4。其中，发文总被引频次居前 3 位的作者分别是中国科学院长春光学精密机械与物理研究所的王立军（120 次）、华北电力大学的唐贵基（111 次）和西安理工大学的柯熙政（97 次）。5 年发文量居前 3 位的作者分别是中国科学院物理研究所的曹则贤（28 篇）、长春理工大学的付秀华（23 篇）和辽宁省凌源市职教中心的郑金（23 篇）。

表 4-4 物理学领域高被引作者 Top 10（按 5 年总被引频次排序）

序号	作者	作者单位	发文量/篇	5 年总被引频次/次	篇均被引频次/次	被引率/%	h 指数
1	王立军	中国科学院长春光学精密机械与物理研究所	2	120	60.00	100.0	2
2	唐贵基	华北电力大学	10	111	11.10	90.0	5
3	柯熙政	西安理工大学	21	97	4.62	85.7	5
4	马增强	石家庄铁道大学	5	93	18.60	80.0	4
5	吴一全	南京航空航天大学	5	86	17.20	100.0	5
6	刘大伟	长安大学	1	70	70.00	100.0	1
7	解则晓	中国海洋大学	8	65	8.13	87.5	6

续表

序号	作者	作者单位	发文量/篇	5年总被引频次/次	篇均被引频次/次	被引率/%	h指数
8	吴小涛	华中科技大学	1	65	65.00	100.0	1
9	于蓬	同济大学	10	50	5.00	80.0	4
10	祝世平	北京航空航天大学	2	50	25.00	100.0	2

4.6 高被引机构分析

物理学领域总被引频次 Top 20 高等院校和总被引频次 Top 10 科研院所的发文和被引情况分别见表 4-5 和表 4-6。

表 4-5 物理学领域高被引高等院校 Top 20（按 5 年总被引频次排序）

序号	第一作者单位	发文量/篇	5年总被引频次/次	篇均被引频次/次	序号	第一作者单位	发文量/篇	5年总被引频次/次	篇均被引频次/次
1	同济大学	556	1073	1.93	11	北京理工大学	507	794	1.57
2	天津大学	595	1052	1.77	12	西南交通大学	468	755	1.61
3	清华大学	788	1047	1.33	13	华南理工大学	312	750	2.40
4	西北工业大学	628	974	1.55	14	哈尔滨工业大学	545	687	1.26
5	上海交通大学	641	940	1.47	15	南京航空航天大学	410	684	1.67
6	大连理工大学	633	909	1.44	16	国防科技大学	506	672	1.33
7	南京理工大学	507	869	1.71	17	上海大学	511	669	1.31
8	北京工业大学	507	837	1.65	18	重庆大学	382	665	1.74
9	长春理工大学	461	822	1.78	19	西安理工大学	328	660	2.01
10	北京航空航天大学	540	805	1.49	20	浙江大学	470	625	1.33

表 4-6 物理学领域高被引科研院所 Top 10（按 5 年总被引频次排序）

序号	第一作者单位	发文量/篇	5年总被引频次/次	篇均被引频次/次	序号	第一作者单位	发文量/篇	5年总被引频次/次	篇均被引频次/次
1	中国科学院长春光学精密机械与物理研究所	553	1888	3.41	3	中国科学院安徽光学精密机械研究所	348	750	2.16
2	中国科学院上海光学精密机械研究所	403	788	1.96	4	中国工程物理研究院	949	747	0.79

序号	第一作者单位	发文量/篇	5年总被引频次/次	篇均被引频次/次	序号	第一作者单位	发文量/篇	5年总被引频次/次	篇均被引频次/次
5	中国科学院声学研究所	289	414	1.43	8	中国科学院力学研究所	212	318	1.50
6	中国科学院西安光学精密机械研究所	210	390	1.86	9	北京应用物理与计算数学研究所	263	206	0.78
7	西北核技术研究所	396	334	0.84	10	中国科学院半导体研究所	257	175	0.68

4.7　高被引国外期刊

物理学领域 2020 年被引频次 Top 10 的国外期刊见表 4-7，排名居前 3 位的国外期刊分别是 *Physical Review Letters*、*Physical Review B* 和 *Physical Review D*。

表 4-7　物理学领域高被引国外期刊 Top 10（按 2020 年被引频次排序）

序号	期刊名称	2020 年被引频次/次
1	Physical Review Letters	2920
2	Physical Review B	1044
3	Physical Review D	1043
4	Nature	967
5	Advanced Materials	957
6	Optics Letters	930
7	Science	922
8	Nature Communications	914
9	Physical Review A	847
10	Scientific Reports	845

第5章 化学领域高被引分析

5.1 领域论文概况

2015—2019 年，化学领域的 45 种期刊上共发表学术论文 43997 篇，由来自 4457 所机构的 29759 位学者作为第一作者发表。上述论文中，有 20944 篇获得过引用，整体被引率为 47.6%，总被引频次为 53275 次，篇均被引 1.21 次；其中，高被引论文有 438 篇，高被引论文篇均被引 12.91 次（表 5-1）。另外，2020 年本领域共发表论文 9038 篇，其中有 635 篇在当年获得过引用，总共被引 1007 次。

表 5-1 化学领域论文分布情况

年份	论文数量/篇	总被引频次/次	被引率/%	高被引论文数量/篇	高被引论文被引频次/次
2015	9297	18640	62.2	89	1849
2016	9047	14951	59.2	99	1644
2017	8850	10838	52.0	102	1189
2018	8479	6132	38.6	91	704
2019	8324	2714	23.2	57	267
合计	43997	53275	47.6	438	5653

5.2 高被引论文分析

在化学领域，2015—2019 年发表的总被引频次 Top 10 论文（表 5-2）的平均被引频次为 38.1 次，是全部 438 篇高被引论文篇均被引频次的 2.95 倍。从论文分布来看，刊载高被引论文数量居前 3 位的期刊分别是《光谱学与光谱分析》（63 篇）、《大学化学》（54 篇）和《分析测试学报》（44 篇），其中，《色谱》刊载了高被引论文 Top 10 中的 3 篇；发表高被引论文数量居前 3 位的学者分别是山东大学的张树永（4 篇）、华东交通大学的刘燕德（4 篇）和中国广州分析测试中心的罗辉泰（3 篇）；产出高被引论文数量居前 3 位的机构分别是清华大学（11 篇）、南京林业大学（8 篇）和浙江大学（7 篇）。

表 5-2 化学领域高被引论文 Top 10（按 5 年总被引频次排序）

序号	论文题名	第一作者	期刊名称	发表年份	被引频次/次 5 年总频次	被引频次/次 2020 年
1	借鉴美国主流高校EHS体系建设我国的实验室安全文化	黎莹	大学化学	2015	41	10
2	电感耦合等离子体质谱法（ICP-MS）测定土壤中的重金属元素	乐淑葵	中国无机分析化学	2015	41	1
3	QuEChERS-超高效液相色谱-串联质谱法测定蔬菜中250种农药残留	张爱芝	色谱	2016	40	4

续表

序号	论文题名	第一作者	期刊名称	发表年份	被引频次/次	
					5 年总频次	2020 年
4	五味子治疗大鼠糖尿病肾病作用机制的血清代谢组学研究	皮子凤	分析化学	2015	40	0
5	基于高光谱成像技术的油菜叶片SPAD值检测	丁希斌	光谱学与光谱分析	2015	39	1
6	气相色谱-质谱法与气相色谱法测定茶叶及茶叶加工品中295种农药多残留	苏建峰	分析测试学报	2015	37	1
7	翻转课堂教学模式在大学化学实验教学中的应用	王彦沙	大学化学	2016	36	3
8	固相微萃取（SPME）近几年的发展	傅若农	分析试验室	2015	36	2
9	QuEChERS-液相色谱-串联质谱法同时测定果蔬中16种农药残留	吴岩	色谱	2015	36	1
10	QuEChERS-超高效液相色谱-串联质谱法测定蔬菜中41种农药残留	林涛	色谱	2015	35	2

5.3　研究主题关联分析

在化学领域，438 篇高被引论文共被引用了 5653 次。通过分析施引文献关键词的词频及关键词之间的共现关系，获得化学领域的热点主题和主题关联，如图 5-1 所示。由图可知："液相色谱串联质谱""QuEChERS""电感耦合等离子体质谱法""农药残留"等关键词的文档词频较高，是化学领域的研究热点；本领域主要形成 4 个研究主题簇，分别以"液相色谱串联质谱""QuEChERS"为核心；以"电感耦合等离子体质谱法""微波消解"为核心；以"吸附""光催化"为核心；以"教学改革""翻转课堂"为核心。

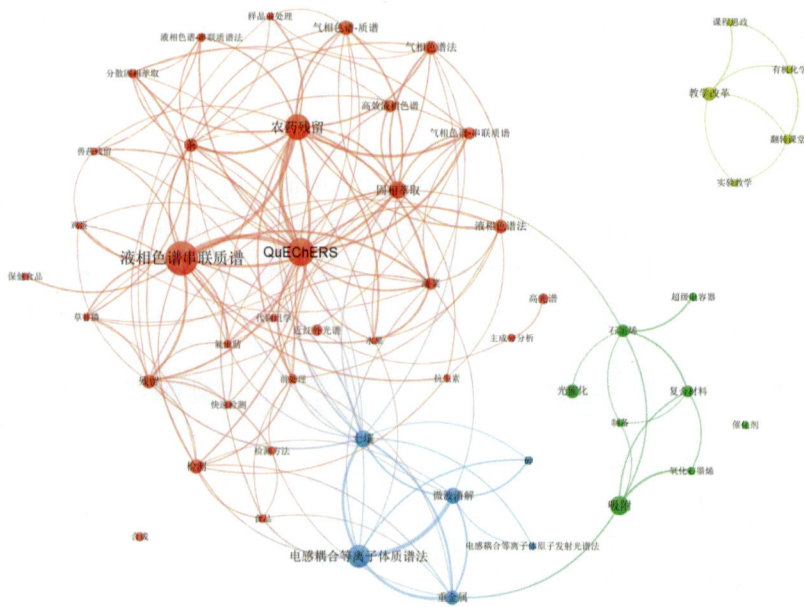

图 5-1　化学领域热点论文主题关联

5.4　高影响力期刊分析

在化学领域，5 年影响因子 Top 10 期刊见表 5-3，总被引频次最高的期刊是《光谱学与光谱分析》（5958 次），5 年影响因子最高的期刊是《大学化学》。

表 5-3　化学领域高被引期刊基本指标（按 5 年影响因子排序）

序号	期刊名称	5 年载文量/篇	5 年总被引频次/次	5 年影响因子	高被引论文数量/篇	h 指数
1	大学化学	934	1924	0.654	54	13
2	色谱	951	2568	0.436	38	16
3	质谱学报	375	857	0.355	10	12
4	中国无机分析化学	434	1247	0.353	21	12
5	分析测试学报	1267	3119	0.346	44	17
6	分析化学	1433	3117	0.331	40	16
7	广州化学	425	379	0.327	9	6
8	光谱学与光谱分析	3411	5958	0.312	63	15
9	高分子通报	791	1074	0.272	6	10
10	催化学报	1111	1829	0.269	15	12

5.5　高被引作者分析

2015—2019 年化学领域论文总被引频次 Top 10 的作者见表 5-4。其中，发文总被引频次居前 3 位的作者分别是山东大学的张树永（87 次）、云南省农业科学院的林涛（78 次）和中国广州分析测试中心的罗辉泰（69 次）。5 年发文量居前 3 位的作者分别是北京大学的刘忠范（38 篇）、北京大学的吴凯（27 篇）和武汉大学的庄林（19 篇）。

表 5-4　化学领域高被引作者 Top 10（按 5 年总被引频次排序）

序号	作者	作者单位	发文量/篇	5 年总被引频次/次	篇均被引频次/次	被引率/%	h 指数
1	张树永	山东大学	9	87	9.67	100.0	6
2	林涛	云南省农业科学院	12	78	6.50	75.0	3
3	罗辉泰	中国广州分析测试中心	6	69	11.50	100.0	6
4	刘燕德	华东交通大学	14	63	4.50	78.6	5
5	李蓉	中山出入境检验检疫局	8	62	7.75	87.5	4
6	诸力	中国农业科学院茶叶研究所	2	48	24.00	100.0	2
7	皮子凤	中国科学院长春应用化学研究所	2	48	24.00	100.0	2

序号	作者	作者单位	发文量/篇	5年总被引频次/次	篇均被引频次/次	被引率/%	h指数
8	刘芸	江苏出入境检验检疫局	4	44	11.00	100.0	4
9	丁希斌	浙江大学	2	44	22.00	100.0	2
10	吴岩	东北林业大学	2	44	22.00	100.0	2

5.6　高被引机构分析

化学领域总被引频次 Top 20 高等院校和总被引频次 Top 10 科研院所的发文和被引情况分别见表 5-5 和表 5-6。

表5-5　化学领域高被引高等院校 Top 20（按5年总被引频次排序）

序号	第一作者单位	发文量/篇	5年总被引频次/次	篇均被引频次/次	序号	第一作者单位	发文量/篇	5年总被引频次/次	篇均被引频次/次
1	浙江大学	484	721	1.49	11	北京化工大学	332	365	1.10
2	华东理工大学	673	662	0.98	12	大连理工大学	289	356	1.23
3	吉林大学	648	625	0.96	13	华南理工大学	300	354	1.18
4	四川大学	564	623	1.10	14	浙江工业大学	309	351	1.14
5	清华大学	326	512	1.57	15	南开大学	422	345	0.82
6	天津大学	421	423	1.00	16	武汉大学	320	345	1.08
7	河南大学	336	400	1.19	17	江南大学	298	337	1.13
8	北京大学	425	392	0.92	18	北京理工大学	257	336	1.31
9	上海交通大学	294	381	1.30	19	贵州大学	269	330	1.23
10	中山大学	252	378	1.50	20	太原理工大学	258	325	1.26

表5-6　化学领域高被引科研院所 Top 10（按5年总被引频次排序）

序号	第一作者单位	发文量/篇	5年总被引频次/次	篇均被引频次/次	序号	第一作者单位	发文量/篇	5年总被引频次/次	篇均被引频次/次
1	中国科学院长春应用化学研究所	356	402	1.13	4	中国广州分析测试中心	38	178	4.68
2	中国科学院大连化学物理研究所	279	264	0.95	5	中国科学院安徽光学精密机械研究所	105	166	1.58
3	中国科学院化学研究所	361	256	0.71	6	北京矿冶研究总院	33	148	4.48

续表

序号	第一作者单位	发文量/篇	5年总被引频次/次	篇均被引频次/次	序号	第一作者单位	发文量/篇	5年总被引频次/次	篇均被引频次/次
7	云南省农业科学院	30	142	4.73	9	中国农业科学院	56	140	2.50
8	中国科学院兰州化学物理研究所	112	140	1.25	10	深圳出入境检验检疫局	26	117	4.50

5.7 高被引国外期刊

化学领域 2020 年被引频次 Top 10 的国外期刊见表 5-7，排名居前 3 位的国外期刊分别是 *Journal of the American Chemical Society*、*Advanced Materials* 和 *Angewandte Chemie International Edition*。

表 5-7 化学领域高被引国外期刊 Top 10（按 2020 年被引频次排序）

序号	期刊名称	2020 年被引频次/次
1	Journal of the American Chemical Society	3731
2	Advanced Materials	2712
3	Angewandte Chemie International Edition	2274
4	Organic Letters	1525
5	Journal of Materials Chemistry A	1488
6	ACS Applied Materials & Interfaces	1398
7	Analytical Chemistry	1360
8	Chemical Reviews	1306
9	Nature Communications	1279
10	Chemical Society Reviews	1271

第 6 章　天文学、地球科学领域高被引分析

6.1　领域论文概况

2015—2019 年，天文学、地球科学领域的 199 种期刊上共发表学术论文 113177 篇，由来自 12526 所机构的 74126 位学者作为第一作者发表。上述论文中，有 67322 篇获得过引用，整体被引率为 59.5%，总被引频次为 293221 次，篇均被引 2.59 次；其中，高被引论文有 1098 篇，高被引论文篇均被引 34.28 次（表 6-1）。另外，2020 年本领域共发表论文 22150 篇，其中有 2325 篇在当年获得过引用，总共被引 3388 次。

表 6-1　天文学、地球科学领域论文分布情况

年份	论文数量/篇	总被引频次/次	被引率/%	高被引论文数量/篇	高被引论文被引频次/次
2015	24319	107302	70.7	244	14798
2016	23875	79564	67.8	240	9478
2017	21631	59394	67.8	223	7516
2018	21779	32350	53.9	213	4150
2019	21573	14611	34.9	178	1699
合计	113177	293221	59.5	1098	37641

6.2　高被引论文分析

在天文学、地球科学领域，2015—2019 年发表的总被引频次 Top 10 论文（表 6-2）的平均被引频次为 222.9 次，是全部 1098 篇高被引论文篇均被引频次的 6.50 倍。从论文分布来看，刊载高被引论文数量居前 3 位的期刊分别是《地理学报》（147 篇）、《地理研究》（129 篇）和《经济地理》（128 篇），其中，《地理学报》刊载了高被引论文 Top 10 中的 5 篇；发表高被引论文数量居前 3 位的学者分别是中国科学院地理科学与资源研究所的方创琳（11 篇）、中国地质科学院矿产资源研究所的王登红（7 篇）和中国科学院地理科学与资源研究所的陆大道（6 篇）；产出高被引论文数量居前 3 位的机构分别是中国科学院地理科学与资源研究所（112 篇）、中山大学（32 篇）和北京大学（30 篇）。

表 6-2　天文学、地球科学领域高被引论文 Top 10（按 5 年总被引频次排序）

序号	论文题名	第一作者	期刊名称	发表年份	被引频次/次 5 年总频次	被引频次/次 2020 年
1	地理探测器：原理与展望	王劲峰	地理学报	2017	384	129
2	中国主体功能区划方案	樊杰	地理学报	2015	188	29
3	关于火成岩常用图解的正确使用：讨论与建议	邓晋福	地质论评	2015	184	12
4	岩浆弧火成岩构造组合与洋陆转换	邓晋福	地质论评	2015	153	16

续表

序号	论文题名	第一作者	期刊名称	发表年份	被引频次/次	
					5年总频次	2020年
5	喜马拉雅淡色花岗岩	吴福元	岩石学报	2015	149	27
6	中国非常规油气勘探开发与理论技术进展	邹才能	地质学报	2015	144	12
7	2013年北京市PM2.5的时空分布	王占山	地理学报	2015	137	11
8	2014年中国城市PM2.5浓度的时空变化规律	王振波	地理学报	2015	135	23
9	气候变化对中国农业生产的影响研究进展	郭建平	应用气象学报	2015	133	12
10	特大城市群地区城镇化与生态环境交互耦合效应解析的理论框架及技术路径	方创琳	地理学报	2016	132	16

6.3 研究主题关联分析

在天文学、地球科学领域，1098篇高被引论文共被引用了37641次。通过分析施引文献关键词的词频及关键词之间的共现关系，获得天文学、地球科学领域的热点主题和主题关联，如图6-1所示。由图可知："地理探测器""空间格局""空间分布""地球化学"等关键词的文档词频较高，是天文学、地球科学领域的研究热点；本领域主要形成6个研究主题簇，分别以"CiteSpace""知识图谱"为核心；以"空间格局""城市群"为核心；以"长江经济带""耦合协调度"为核心；以"地理探测器""空间分布"为核心；以"页岩气""地质特征"为核心；以"地球化学""锆石U-Pb定年"为核心。

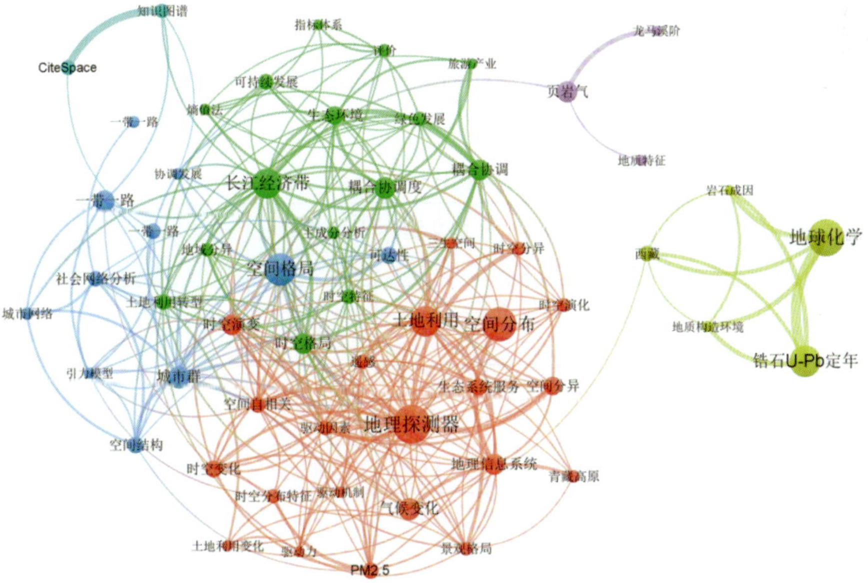

图6-1 天文学、地球科学领域热点论文主题关联

6.4　高影响力期刊分析

在天文学、地球科学领域，5 年影响因子 Top 10 期刊见表 6-3，总被引频次最高的期刊是《经济地理》（14565 次），5 年影响因子最高的期刊是《地理学报》。

表 6-3　天文学、地球科学领域高被引期刊基本指标（按 5 年影响因子排序）

序号	期刊名称	5 年载文量/篇	5 年总被引频次/次	5 年影响因子	高被引论文数量/篇	h 指数
1	地理学报	883	11318	2.924	147	45
2	地理研究	989	10568	2.127	129	40
3	地理科学进展	770	7668	1.845	70	35
4	经济地理	1693	14565	1.700	128	41
5	地理科学	1120	8746	1.617	71	32
6	工程地质学报	874	3760	1.160	17	18
7	岩石学报	1242	7633	1.099	48	29
8	中国地质	726	3969	1.065	21	23
9	中国科学（地球科学）	626	2817	1.034	17	21
10	地学前缘	826	5270	1.012	39	28

6.5　高被引作者分析

2015—2019 年天文学、地球科学领域论文总被引频次 Top 10 的作者见表 6-4。其中，发文总被引频次居前 3 位的作者分别是中国科学院地理科学与资源研究所的方创琳（539 次）、中国科学院地理科学与资源研究所的刘彦随（440 次）和北京大学的彭建（400 次）。5 年发文量居前 3 位的作者分别是国家海洋局第一海洋研究所的刘大海（29 篇）、中国海洋大学的李三忠（22 篇）和辽宁师范大学的狄乾斌（19 篇）。

表 6-4　天文学、地球科学领域高被引作者 Top 10（按 5 年总被引频次排序）

序号	作者	作者单位	发文量/篇	5 年总被引频次/次	篇均被引频次/次	被引率/%	h 指数
1	方创琳	中国科学院地理科学与资源研究所	17	539	31.71	94.1	12
2	刘彦随	中国科学院地理科学与资源研究所	6	440	73.33	83.3	5
3	彭建	北京大学	11	400	36.36	100.0	8
4	杨忍	中山大学	15	387	25.80	100.0	9
5	王劲峰	中国科学院地理科学与资源研究所	1	384	384.00	100.0	1

续表

序号	作者	作者单位	发文量/篇	5年总被引频次/次	篇均被引频次/次	被引率/%	h指数
6	刘卫东	中国科学院区域可持续发展分析与模拟重点实验室	1	360	360.00	100.0	1
7	邓晋福	中国地质大学（北京）	5	359	71.80	100.0	4
8	陆大道	中国科学院地理科学与资源研究所	12	304	25.33	75.0	7
9	樊杰	中国科学院地理科学与资源研究所	9	288	32.00	88.9	6
10	吴福元	中国科学院地质与地球物理研究所	4	284	71.00	100.0	4

6.6 高被引机构分析

天文学、地球科学领域总被引频次 Top 20 高等院校和总被引频次 Top 10 科研院所的发文和被引情况分别见表 6-5 和表 6-6。

表 6-5 天文学、地球科学领域高被引高等院校 Top 20（按 5 年总被引频次排序）

序号	第一作者单位	发文量/篇	5年总被引频次/次	篇均被引频次/次	序号	第一作者单位	发文量/篇	5年总被引频次/次	篇均被引频次/次
1	中国地质大学（北京）	2160	8105	3.75	11	中国海洋大学	1858	2974	1.60
2	中国地质大学（武汉）	1985	6784	3.42	12	西北大学	945	2970	3.14
3	南京信息工程大学	1717	4804	2.80	13	长安大学	878	2679	3.05
4	南京大学	1179	4483	3.80	14	华东师范大学	489	2637	5.39
5	北京大学	904	4303	4.76	15	武汉大学	946	2493	2.64
6	吉林大学	1604	4281	2.67	16	中国石油大学（华东）	752	2464	3.28
7	中山大学	763	3797	4.98	17	中国石油大学（北京）	561	2207	3.93
8	成都理工大学	1348	3785	2.81	18	南京师范大学	360	2205	6.13
9	北京师范大学	655	3222	4.92	19	辽宁师范大学	290	1606	5.54
10	兰州大学	799	3019	3.78	20	东华理工大学	537	1535	2.86

表 6-6　天文学、地球科学领域高被引科研院所 Top 10（按 5 年总被引频次排序）

序号	第一作者单位	发文量/篇	5 年总被引频次/次	篇均被引频次/次	序号	第一作者单位	发文量/篇	5 年总被引频次/次	篇均被引频次/次
1	中国科学院地理科学与资源研究所	1192	9751	8.18	6	中国气象科学研究院	439	1905	4.34
2	中国科学院地质与地球物理研究所	840	4081	4.86	7	中国科学院大气物理研究所	774	1857	2.40
3	中国地质科学院矿产资源研究所	383	2394	6.25	8	中国地质调查局成都地质调查中心	385	1647	4.28
4	国家气象信息中心	424	2176	5.13	9	中国地质科学院地质研究所	192	1596	8.31
5	中国科学院寒区旱区环境与工程研究所	414	2136	5.16	10	中国科学院南京地理与湖泊研究所	268	1525	5.69

6.7　高被引国外期刊

　　天文学、地球科学领域 2020 年被引频次 Top 10 的国外期刊见表 6-7，排名居前 3 位的国外期刊分别是 *Lithos*、*Science of the Total Environment* 和 *Journal of Asian Earth Sciences*。

表 6-7　天文学、地球科学领域高被引国外期刊 Top 10（按 2020 年被引频次排序）

序号	期刊名称	2020 年被引频次/次
1	Lithos	1123
2	Science of the Total Environment	1111
3	Journal of Asian Earth Sciences	988
4	Precambrian Research	902
5	Geophysical Research Letters	881
6	The Astrophysical Journal	823
7	Ore Geology Reviews	747
8	Journal of Climate	689
9	Monthly Notices of the Royal Astronomical Society	601
10	Journal of Hydrology	520

第 7 章　生物科学与工程领域高被引分析

7.1　领域论文概况

2015—2019 年，生物科学与工程领域的 98 种期刊上共发表学术论文 68991 篇，由来自 8595 所机构的 51116 位学者作为第一作者发表。上述论文中，有 42177 篇获得过引用，整体被引率为 61.1%，总被引频次为 168009 次，篇均被引 2.44 次；其中，高被引论文有 665 篇，高被引论文篇均被引 27.38 次（表 7-1）。另外，2020 年本领域共发表论文 14675 篇，其中有 1606 篇在当年获得过引用，总共被引 2712 次。

表 7-1　生物科学与工程领域论文分布情况

年份	论文数量/篇	总被引频次/次	被引率/%	高被引论文数量/篇	高被引论文被引频次/次
2015	13746	59186	76.8	138	7125
2016	13783	45472	72.7	129	4441
2017	13790	35121	67.8	133	3588
2018	13713	19254	53.4	138	2028
2019	13959	8976	35.3	127	1029
合计	68991	168009	61.1	665	18211

7.2　高被引论文分析

在生物科学与工程领域，2015—2019 年发表的总被引频次 Top 10 论文（表 7-2）的平均被引频次为 115 次，是全部 665 篇高被引论文篇均被引频次的 4.20 倍。从论文分布来看，刊载高被引论文数量居前 3 位的期刊分别是《生态学报》（264 篇）、《应用生态学报》（95 篇）和《生态学杂志》（28 篇），其中，《生态学报》刊载了高被引论文 Top 10 中的 4 篇；发表高被引论文数量居前 3 位的学者分别是西北师范大学的潘竟虎（3 篇）、西北农林科技大学的姜沛沛（3 篇）和中国科学院生态环境研究中心的孔令桥（2 篇）；产出高被引论文数量居前 3 位的机构分别是中国科学院生态环境研究中心（25 篇）、西北农林科技大学（24 篇）和北京林业大学（18 篇）。

表 7-2　生物科学与工程领域高被引论文 Top 10（按 5 年总被引频次排序）

序号	论文题名	第一作者	期刊名称	发表年份	被引频次/次	
					5 年总频次	2020 年
1	京津冀地区城市化与生态环境交互耦合关系定量测度	王少剑	生态学报	2015	186	19
2	食用菌产业发展历史、现状与趋势	张金霞	菌物学报	2015	143	31
3	26 年长期施肥对土壤微生物量碳、氮及土壤呼吸的影响	臧逸飞	生态学报	2015	117	10

序号	论文题名	第一作者	期刊名称	发表年份	被引频次/次	
					5 年总频次	2020 年
4	不同生育期玉米叶片光合特性及水分利用效率对水分胁迫的响应	于文颖	生态学报	2015	108	13
5	贵州喀斯特石漠化地区植物多样性与土壤理化性质	盛茂银	生态学报	2015	98	11
6	有机肥对土壤肥力和土壤环境质量的影响研究进展	宁川川	生态环境学报	2016	95	20
7	城市黑臭水体形成机理与评价方法研究进展	王旭	应用生态学报	2016	94	20
8	耕作方式与秸秆还田对土壤微生物数量、酶活性及作物产量的影响	赵亚丽	应用生态学报	2015	90	15
9	桂西北喀斯特森林植物-凋落物-土壤生态化学计量特征	曾昭霞	植物生态学报	2015	88	9
10	植物功能性状研究进展	刘晓娟	中国科学（生命科学）	2015	87	13

7.3　研究主题关联分析

在生物科学与工程领域，665 篇高被引论文共被引用了 18211 次。通过分析施引文献关键词的词频及关键词之间的共现关系，获得生物科学与工程领域的热点主题和主题关联，如图 7-1 所示。由图可知："土壤""重金属""土地利用""生态系统服务"等关键词的文档词频较高，是生物科学与工程领域的研究热点；本领域主要形成 6 个研究主题簇，分别以"基因编辑""CRISPR/Cas9"为核心；以"物种多样性""高通量测序"为核心；以"产量""土壤养分"为核心；以"土壤""重金属"为核心；以"土地利用""生态系统服务"为核心；以"可持续发展""生态足迹"为核心。

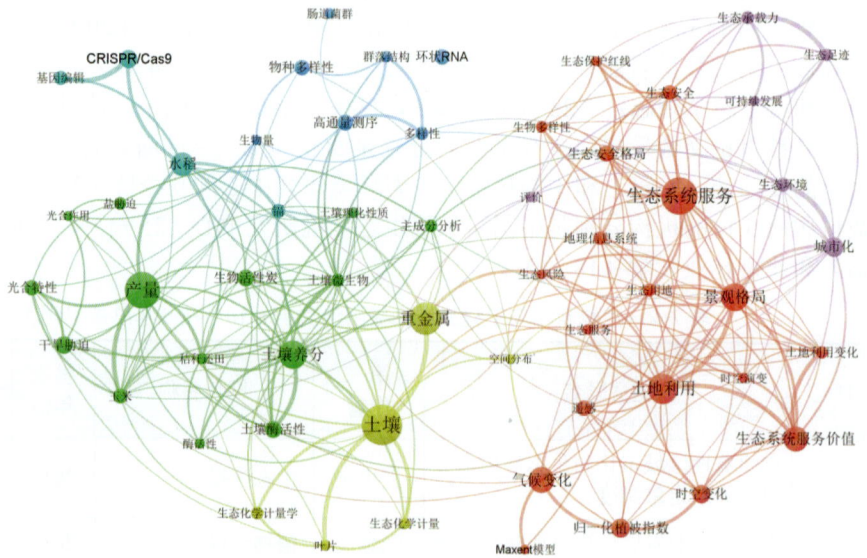

图7-1　生物科学与工程领域热点论文主题关联

7.4　高影响力期刊分析

在生物科学与工程领域，5 年影响因子 Top 10 期刊见表 7-3，总被引频次最高的期刊是《生态学报》（29191 次），5 年影响因子最高的期刊是《生态学报》。

表 7-3　生物科学与工程领域高被引期刊基本指标（按 5 年影响因子排序）

序号	期刊名称	5 年载文量/篇	5 年总被引频次/次	5 年影响因子	高被引论文数量/篇	h 指数
1	生态学报	4389	29191	1.275	264	42
2	应用生态学报	2406	14627	1.101	95	33
3	植物生态学报	578	3280	0.926	11	21
4	生物多样性	727	3138	0.890	23	21
5	生态环境学报	1471	6639	0.840	27	25
6	生态学杂志	2305	9089	0.767	28	23
7	菌物学报	838	2688	0.717	16	18
8	分子植物（英文版）	800	2525	0.641	16	18
9	细胞研究（英文版）	716	2101	0.624	12	17
10	中国病毒病杂志	436	1051	0.617	11	13

7.5　高被引作者分析

2015—2019 年生物科学与工程领域论文总被引频次 Top 10 的作者见表 7-4。其中，发文总被引频次居前 3 位的作者分别是中国科学院地理科学与资源研究所的王少剑（186 次）、中国科学院动物研究所的蒋志刚（162 次）、西北师范大学的潘竟虎（160 次）和中国农业科学院农业资源与农业区划研究所张金霞（160 次）。5 年发文量居前 3 位的作者分别是南加利福尼亚大学医学院的朱钦士（53 篇）、中国鼠疫布氏菌病预防控制基地的马立名（46 篇）和中国科学院植物研究所的王文采（43 篇）。

表 7-4　生物科学与工程领域高被引作者 Top 10（按 5 年总被引频次排序）

序号	作者	作者单位	发文量/篇	5 年总被引频次/次	篇均被引频次/次	被引率/%	h 指数
1	王少剑	中国科学院地理科学与资源研究所	1	186	186.00	100.0	1
2	蒋志刚	中国科学院动物研究所	14	162	11.57	85.7	5
3	潘竟虎	西北师范大学	9	160	17.78	100.0	5
4	张金霞	中国农业科学院农业资源与农业区划研究所	2	160	80.00	100.0	2
5	彭建	北京大学	11	143	13.00	100.0	7

续表

序号	作者	作者单位	发文量/篇	5年总被引频次/次	篇均被引频次/次	被引率/%	h指数
6	吕桂帅	第二军医大学附属东方肝胆外科医院	1	131	131.00	100.0	1
7	赵其国	中国科学院南京土壤研究所	4	123	30.75	100.0	4
8	臧逸飞	西北农林科技大学	1	117	117.00	100.0	1
9	于文颖	中国气象局沈阳大气环境研究所	1	108	108.00	100.0	1
10	欧阳志云	中国科学院生态环境研究中心	4	106	26.50	100.0	4

7.6 高被引机构分析

生物科学与工程领域总被引频次 Top 20 高等院校和总被引频次 Top 10 科研院所的发文和被引情况分别见表 7-5 和表 7-6。

表 7-5　生物科学与工程领域高被引高等院校 Top 20（按 5 年总被引频次排序）

序号	第一作者单位	发文量/篇	5年总被引频次/次	篇均被引频次/次	序号	第一作者单位	发文量/篇	5年总被引频次/次	篇均被引频次/次
1	西北农林科技大学	745	3221	4.32	11	西南大学	466	1356	2.91
2	四川农业大学	825	2765	3.35	12	北京师范大学	315	1341	4.26
3	北京林业大学	698	2652	3.80	13	北京大学	417	1315	3.15
4	东北林业大学	763	1999	2.62	14	浙江大学	474	1219	2.57
5	山东农业大学	425	1786	4.20	15	新疆大学	336	1203	3.58
6	华南农业大学	421	1566	3.72	16	华中农业大学	408	1193	2.92
7	福建农林大学	629	1514	2.41	17	福建师范大学	313	1186	3.79
8	南京农业大学	498	1498	3.01	18	中南林业科技大学	261	1185	4.54
9	西北师范大学	365	1486	4.07	19	贵州大学	480	1116	2.33
10	内蒙古农业大学	420	1362	3.24	20	中国农业大学	368	1090	2.96

表 7-6　生物科学与工程领域高被引科研院所 Top 10（按 5 年总被引频次排序）

序号	第一作者单位	发文量/篇	5年总被引频次/次	篇均被引频次/次	序号	第一作者单位	发文量/篇	5年总被引频次/次	篇均被引频次/次
1	中国科学院生态环境研究中心	362	2303	6.36	2	中国科学院地理科学与资源研究所	375	1710	4.56

续表

序号	第一作者单位	发文量/篇	5年总被引频次/次	篇均被引频次/次	序号	第一作者单位	发文量/篇	5年总被引频次/次	篇均被引频次/次
3	中国科学院沈阳应用生态研究所	273	1351	4.95	7	中国科学院亚热带农业生态研究所	92	668	7.26
4	中国农业科学院	323	1065	3.30	8	中国科学院动物研究所	288	656	2.28
5	中国科学院植物研究所	319	1062	3.33	9	中国科学院微生物研究所	262	621	2.37
6	中国林业科学研究院	246	871	3.54	10	中国科学院成都生物研究所	191	573	3.00

7.7　高被引国外期刊

生物科学与工程领域 2020 年被引频次 Top 10 的国外期刊见表 7-7，排名居前 3 位的国外期刊分别是 *Proceedings of the National Academy of Sciences of the United States of America*、*Scientific Reports*、*PLOS ONE* 和 *Nature*。

表 7-7　生物科学与工程领域高被引国外期刊 Top 10（按 2020 年被引频次排序）

序号	期刊名称	2020 年被引频次/次
1	Proceedings of the National Academy of Sciences of the United States of America	1707
2	Scientific Reports	1299
3	PLOS ONE	1289
4	Nature	1289
5	Science of the Total Environment	1149
6	Nature Communications	1009
7	Nucleic Acids Research	858
8	Science	819
9	Cell	711
10	Plant Physiology	707

第 8 章 预防医学、卫生学领域高被引分析

8.1 领域论文概况

2015—2019 年，预防医学、卫生学领域的 117 种期刊上共发表学术论文 214215 篇，由来自 23738 所机构的 156109 位学者作为第一作者发表。上述论文中，有 128064 篇获得过引用，整体被引率为 59.8%，总被引频次为 423691 次，篇均被引 1.98 次；其中，高被引论文有 2312 篇，高被引论文篇均被引 21.14 次（表 8-1）。另外，2020 年本领域共发表论文 39402篇，其中有 3773 篇在当年获得过引用，总共被引 6206 次。

表 8-1 预防医学、卫生学领域论文分布情况

年份	论文数量/篇	总被引频次/次	被引率/%	高被引论文数量/篇	高被引论文被引频次/次
2015	47429	133220	67.4	499	17369
2016	43764	119703	69.8	438	13342
2017	42405	94802	67.8	442	9554
2018	40474	51059	54.2	435	5435
2019	40143	24907	37.0	498	3165
合计	214215	423691	59.8	2312	48865

8.2 高被引论文分析

在预防医学、卫生学领域，2015—2019 年发表的总被引频次 Top 10 论文（表 8-2）的平均被引频次为 147 次，是全部 2312 篇高被引论文篇均被引频次的 6.95 倍。从论文分布来看，刊载高被引论文数量居前 3 位的期刊分别是《中国医院管理》（160 篇）、《中华流行病学杂志》（149 篇）和《现代预防医学》（125 篇）；发表高被引论文数量居前 3 位的学者分别是华中科技大学同济医学院的方鹏骞（7 篇）、重庆市疾病预防控制中心的丁贤彬（7 篇）和国家卫生计生委统计信息中心的孟群（6 篇）；产出高被引论文数量居前 3 位的机构分别是中国疾病预防控制中心（112 篇）、北京大学（43 篇）和华中科技大学同济医学院（32 篇）。

表 8-2 预防医学、卫生学领域高被引论文 Top 10（按 5 年总被引频次排序）

序号	论文题名	第一作者	期刊名称	发表年份	被引频次/次 5 年总频次	被引频次/次 2020 年
1	2 型糖尿病报告发病率研究进展	汪会琴	预防医学	2016	221	17
2	我国学校艾滋病防控形势及策略	吴尊友	中国学校卫生	2015	184	16
3	我国登革热疫情防控与媒介伊蚊的综合治理	孟凤霞	中国媒介生物学及控制杂志	2015	180	14
4	中国人群结直肠癌疾病负担分析	张玥	中华流行病学杂志	2015	141	6

续表

序号	论文题名	第一作者	期刊名称	发表年份	被引频次/次	
					5 年总频次	2020 年
5	2012 年中国居民健康素养监测结果	李英华	中国健康教育	2015	127	12
6	从全球视角看中国脑卒中疾病负担的严峻性	宇传华	公共卫生与预防医学	2016	125	15
7	中国 2014 年麻疹流行病学特征分析	马超	疾病监测	2015	124	7
8	我国分级诊疗的实施现状与思考	何思长	现代医院管理	2015	124	2
9	促进分级诊疗模式建立的策略选择	付强	中国卫生经济	2015	123	1
10	卵巢低反应专家共识	武学清	中华生殖与避孕杂志	2015	121	12

8.3 研究主题关联分析

在预防医学、卫生学领域，2312 篇高被引论文共被引用了 48865 次。通过分析施引文献关键词的词频及关键词之间的共现关系，获得预防医学、卫生学领域的热点主题和主题关联，如图 8-1 所示。由图可知："分级诊疗""流行病学""艾滋病""手足口病"等关键词的文档词频较高，是预防医学、卫生学领域的研究热点；本领域主要形成 6 个研究主题簇，分别以"分级诊疗""公立医院"为核心；以"高血压""糖尿病"为核心；以"健康教育""艾滋病"为核心；以"流行病学""手足口病"为核心；以"死亡率""发病率"为核心；以"血吸虫病""疫情"为核心。

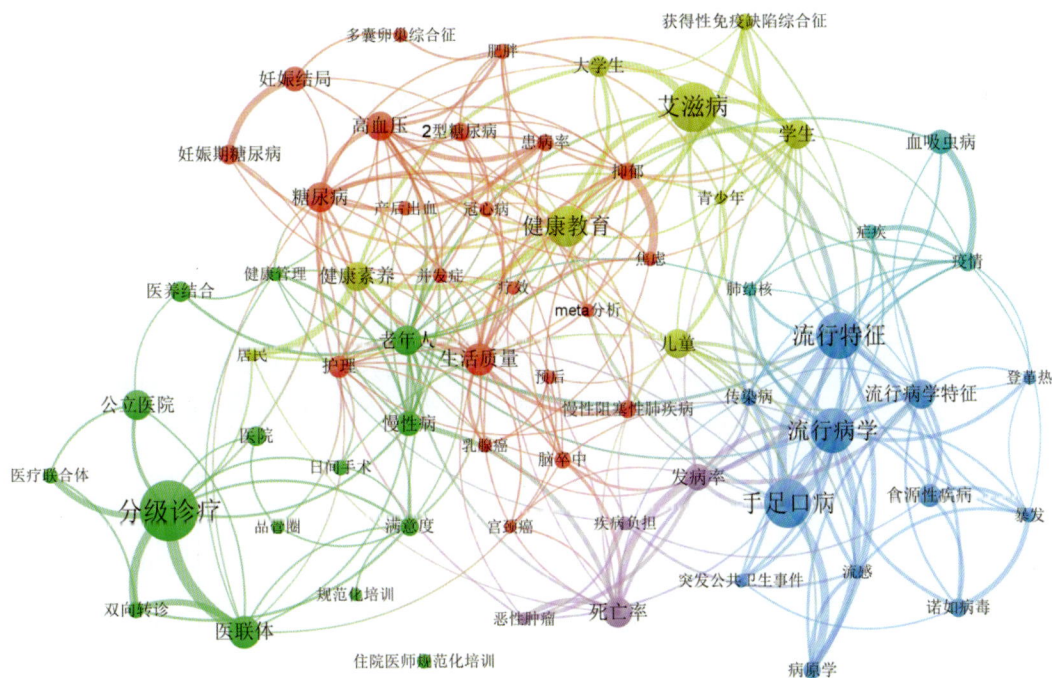

图 8-1 预防医学、卫生学领域热点论文主题关联

8.4　高影响力期刊分析

在预防医学、卫生学领域，5 年影响因子 Top 10 期刊见表 8-3，总被引频次最高的期刊是《现代预防医学》（19943 次），5 年影响因子最高的期刊是《中华流行病学杂志》。

表 8-3　预防医学、卫生学领域高被引期刊基本指标（按 5 年影响因子排序）

序号	期刊名称	5 年载文量/篇	5 年总被引频次/次	5 年影响因子	高被引论文数量/篇	h 指数
1	中华流行病学杂志	1594	9770	1.124	149	35
2	中国医院管理	1768	10794	0.932	160	30
3	中华预防医学杂志	1220	5438	0.859	80	23
4	中华疾病控制杂志	1610	8508	0.833	113	29
5	中国健康教育	1471	6706	0.820	70	25
6	中国计划生育学杂志	1502	5848	0.802	68	25
7	职业卫生与病伤	537	1177	0.801	3	11
8	中华临床营养杂志	347	994	0.787	8	11
9	高校医学教学研究（电子版）	318	682	0.786	5	9
10	中国卫生政策研究	775	3474	0.773	36	21

8.5　高被引作者分析

2015—2019 年预防医学、卫生学领域论文总被引频次 Top 10 的作者见表 8-4。其中，发文总被引频次居前 3 位的作者分别是重庆市疾病预防控制中心的丁贤彬（378 次）、华中科技大学同济医学院的方鹏骞（293 次）和中国疾病预防控制中心性病艾滋病预防控制中心的吴尊友（281 次）。5 年发文量居前 3 位的作者分别是绵阳市疾病预防控制中心的王毅（63 篇）、华中科技大学同济医学院附属同济医院的郑大喜（54 篇）和重庆市疾病预防控制中心的丁贤彬（48 篇）。

表 8-4　预防医学、卫生学领域高被引作者 Top 10（按 5 年总被引频次排序）

序号	作者	作者单位	发文量/篇	5 年总被引频次/次	篇均被引频次/次	被引率/%	h 指数
1	丁贤彬	重庆市疾病预防控制中心	48	378	7.88	93.8	12
2	方鹏骞	华中科技大学同济医学院	24	293	12.21	91.7	9
3	吴尊友	中国疾病预防控制中心性病艾滋病预防控制中心	3	281	93.67	100.0	3
4	王毅	绵阳市疾病预防控制中心	63	250	3.97	81.0	8
5	汪会琴	宁波大学医学院	2	225	112.50	100.0	2

序号	作者	作者单位	发文量/篇	5年总被引频次/次	篇均被引频次/次	被引率/%	h指数
6	孟群	国家卫生计生委统计信息中心	10	223	22.30	100.0	7
7	吕兰婷	中国人民大学	19	219	11.53	78.9	7
8	郑大喜	华中科技大学同济医学院附属同济医院	54	213	3.94	77.8	7
9	黄培	无锡市第二人民医院	8	208	26.00	87.5	5
10	何思长	成都中医药大学	10	200	20.00	90.0	5

8.6　高被引机构分析

预防医学、卫生学领域总被引频次 Top 20 医院和总被引频次 Top 10 高等院校/科研院所的发文和被引情况分别见表 8-5 和表 8-6。

表 8-5　预防医学、卫生学领域高被引医院 Top 20（按 5 年总被引频次排序）

序号	第一作者单位	发文量/篇	5年总被引频次/次	篇均被引频次/次	序号	第一作者单位	发文量/篇	5年总被引频次/次	篇均被引频次/次
1	中国人民解放军总医院	555	1460	2.63	11	首都医科大学附属北京妇产医院	338	822	2.43
2	北京协和医院	457	1315	2.88	12	新疆医科大学第一附属医院	440	812	1.85
3	首都医科大学宣武医院	454	1240	2.73	13	安徽医科大学第一附属医院	201	766	3.81
4	华中科技大学同济医学院附属同济医院	371	1237	3.33	14	南京医科大学第一附属医院	293	729	2.49
5	西安交通大学第一附属医院	428	1175	2.75	15	四川大学华西医院	331	692	2.09
6	首都医科大学附属北京朝阳医院	401	1154	2.88	16	首都医科大学附属北京友谊医院	219	673	3.07
7	北京大学第三医院	380	1110	2.92	17	哈尔滨医科大学附属第一医院	176	669	3.80
8	中国医学科学院肿瘤医院	198	960	4.85	18	温州医科大学附属第一医院	263	651	2.48
9	武汉大学人民医院	407	910	2.24	19	重庆医科大学附属第一医院	245	650	2.65
10	中国医科大学附属盛京医院	448	892	1.99	20	中日友好医院	162	643	3.97

表8-6   预防医学、卫生学领域高被引高等院校/科研院所 Top 10（按 5 年总被引频次排序）

序号	第一作者单位	发文量/篇	5 年总被引频次/次	篇均被引频次/次	序号	第一作者单位	发文量/篇	5 年总被引频次/次	篇均被引频次/次
1	中国疾病预防控制中心	1837	7754	4.22	6	浙江省疾病预防控制中心	490	2085	4.26
2	安徽医科大学	846	2633	3.11	7	南京医科大学	731	1976	2.70
3	华中科技大学同济医学院	681	2557	3.75	8	潍坊医学院	561	1858	3.31
4	哈尔滨医科大学	856	2388	2.79	9	北京市疾病预防控制中心	549	1809	3.30
5	江苏省疾病预防控制中心	594	2118	3.57	10	山东大学	629	1795	2.85

8.7 高被引国外期刊

预防医学、卫生学领域 2020 年被引频次 Top 10 的国外期刊见表 8-7，排名居前 3 位的国外期刊分别是 *PLOS ONE*、*The Lancet* 和 *Scientific Reports*。

表8-7   预防医学、卫生学领域高被引国外期刊 Top 10（按 2020 年被引频次排序）

序号	期刊名称	2020 年被引频次/次
1	PLOS ONE	884
2	The Lancet	661
3	Scientific Reports	368
4	The New England Journal of Medicine	346
5	Medicine	335
6	Human Reproduction	303
7	Science of the Total Environment	296
8	CA: A Cancer Journal for Clinicians	292
9	Vaccine	254
10	Environment International	235

第 9 章　中医药领域高被引分析

9.1　领域论文概况

2015—2019 年，中医药领域的 116 种期刊上共发表学术论文 266624 篇，由来自 17967 所机构的 178443 位学者作为第一作者发表。上述论文中，有 179964 篇获得过引用，整体被引率为 67.5%，总被引频次为 642028 次，篇均被引 2.41 次；其中，高被引论文有 2581 篇，高被引论文篇均被引 22.87 次（表 9-1）。另外，2020 年本领域共发表论文 51477 篇，其中有 5417 篇在当年获得过引用，总共被引 9130 次。

表 9-1　中医药领域论文分布情况

年份	论文数量/篇	总被引频次/次	被引率/%	高被引论文数量/篇	高被引论文被引频次/次
2015	58323	206410	79.2	603	19698
2016	54354	185066	79.4	532	16628
2017	52467	143109	75.2	509	12541
2018	50925	72116	60.0	579	7408
2019	50555	35327	40.7	358	2743
合计	266624	642028	67.5	2581	59018

9.2　高被引论文分析

在中医药领域，2015—2019 年发表的总被引频次 Top 10 论文（表 9-2）的平均被引频次为 176.3 次，是全部 2581 篇高被引论文篇均被引频次的 7.71 倍。从论文分布来看，刊载高被引论文数量居前 3 位的期刊分别是《现代中西医结合杂志》（227 篇）、《中草药》（226 篇）和《中国中药杂志》（206 篇），其中，《中草药》刊载了高被引论文 Top 10 中的 3 篇；发表高被引论文数量居前 3 位的学者分别是天津药物研究院的张铁军（6 篇）、中国中医科学院中药研究所的陈士林（4 篇）和上海中医药大学附属曙光医院的蒋健（4 篇）；产出高被引论文数量居前 3 位的机构分别是北京中医药大学（82 篇）、南京中医药大学（64 篇）和天津中医药大学（57 篇）。

表 9-2　中医药领域高被引论文 Top 10（按 5 年总被引频次排序）

序号	论文题名	第一作者	期刊名称	发表年份	被引频次/次 5 年总频次	被引频次/次 2020 年
1	赤芍的化学成分和药理作用研究进展	陆小华	中草药	2015	287	30
2	中药质量标志物（Q-Marker）：中药产品质量控制的新概念	刘昌孝	中草药	2016	251	27
3	黄芩的化学成分与药理作用研究进展	郑勇凤	中成药	2016	241	26
4	中医传承辅助平台应用评述	唐仕欢	中华中医药杂志	2015	180	24

续表

序号	论文题名	第一作者	期刊名称	发表年份	被引频次/次	
					5年总频次	2020年
5	三七中皂苷成分及其药理作用的研究进展	王莹	中草药	2015	168	16
6	中药饮片标准汤剂研究策略	陈士林	中国中药杂志	2016	150	19
7	黄芪化学成分及药理作用研究进展	孙政华	中医临床研究	2015	144	13
8	桃仁药理作用研究近况	赵永见	辽宁中医杂志	2015	120	15
9	炙甘草化学成分及药理作用研究进展	张玉龙	上海中医药大学学报	2015	111	12
10	中药黄芩的化学成分及药理研究进展	王雅芳	中华中医药学刊	2015	111	7

9.3　研究主题关联分析

在中医药领域，2581篇高被引论文共被引用了59018次。通过分析施引文献关键词的词频及关键词之间的共现关系，获得中医药领域的热点主题和主题关联，如图9-1所示。由图可知："临床疗效""冠心病""中药""针灸"等关键词的文档词频较高，是中医药领域的研究热点；本领域主要形成5个研究主题簇，分别以"冠心病""临床疗效"为核心；以"针灸""腰椎间盘突出症"为核心；以"中医药""临床研究"为核心；以"网络药理学""作用机制"为核心；以"中药""化学指纹图谱"为核心。

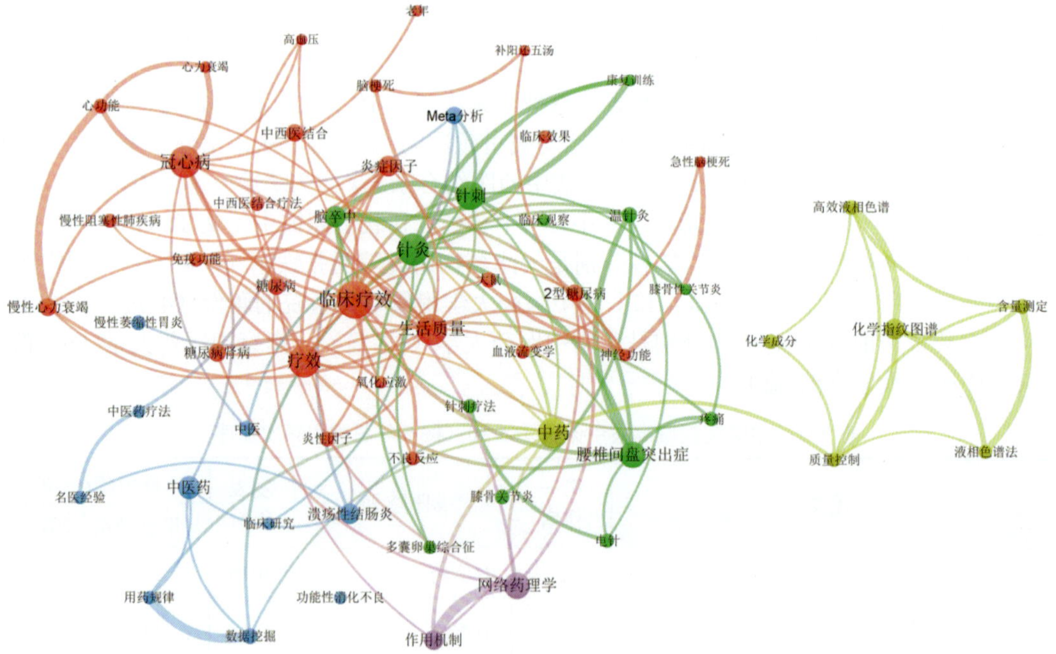

图9-1　中医药领域热点论文主题关联

9.4　高影响力期刊分析

在中医药领域，5 年影响因子 Top 10 期刊见表 9-3，总被引频次最高的期刊是《现代中西医结合杂志》（32148 次），5 年影响因子最高的期刊是《针刺研究》。

表 9-3　中医药领域高被引期刊基本指标（按 5 年影响因子排序）

序号	期刊名称	5 年载文量/篇	5 年总被引频次/次	5 年影响因子	高被引论文数量/篇	h 指数
1	针刺研究	636	3496	1.277	41	22
2	中国针灸	1879	9240	1.016	102	28
3	中医杂志	2694	13650	0.968	131	32
4	中国中药杂志	3865	19831	0.930	206	36
5	中草药	3845	19757	0.912	226	35
6	中国中西医结合杂志	1509	6328	0.840	38	23
7	中医外治杂志	136	379	0.801	0	8
8	中华中医药学刊	4272	15787	0.789	82	25
9	现代中西医结合杂志	6776	32148	0.784	227	33
10	中华中医药杂志	7256	24752	0.763	121	28

9.5　高被引作者分析

2015—2019 年中医药领域论文总被引频次 Top 10 的作者见表 9-4。其中，发文总被引频次居前 3 位的作者分别是天津药物研究院的刘昌孝（344 次）、上海中医药大学附属曙光医院的蒋健（306 次）和成都中医药大学的陆小华（287 次）。5 年发文量居前 3 位的作者分别是黑龙江中医药大学的姜德友（48 篇）、上海中医药大学附属曙光医院的蒋健（44 篇）和南方医科大学的冯文林（39 篇）。

表 9-4　中医药领域高被引作者 Top 10（按 5 年总被引频次排序）

序号	作者	作者单位	发文量/篇	5 年总被引频次/次	篇均被引频次/次	被引率/%	h 指数
1	刘昌孝	天津药物研究院	4	344	86.00	100.0	4
2	蒋健	上海中医药大学附属曙光医院	44	306	6.95	77.3	10
3	陆小华	成都中医药大学	1	287	287.00	100.0	1
4	张铁军	天津药物研究院	12	262	21.83	83.3	7
5	陈士林	中国中医科学院中药研究所	6	242	40.33	100.0	5
6	郑勇凤	成都中医药大学	2	242	121.00	100.0	1
7	唐仕欢	中国中医科学院中药研究所	4	194	48.50	100.0	2

续表

序号	作者	作者单位	发文量/篇	5年总被引频次/次	篇均被引频次/次	被引率/%	h指数
8	王莹	天津大学	1	168	168.00	100.0	1
9	李冀	黑龙江中医药大学	35	160	4.57	77.1	6
10	魏玮	中国中医科学院望京医院	5	154	30.80	100.0	5

9.6 高被引机构分析

中医药领域总被引频次 Top 20 医院和总被引频次 Top 10 高等院校/科研院所的发文和被引情况分别见表 9-5 和表 9-6。

表 9-5　中医药领域高被引医院 Top 20（按 5 年总被引频次排序）

序号	第一作者单位	发文量/篇	5年总被引频次/次	篇均被引频次/次	序号	第一作者单位	发文量/篇	5年总被引频次/次	篇均被引频次/次
1	中国中医科学院广安门医院	1839	5829	3.17	11	上海中医药大学附属岳阳中西医结合医院	843	2553	3.03
2	上海中医药大学附属曙光医院	1364	4294	3.15	12	南京中医药大学附属医院	1116	2551	2.29
3	北京中医药大学东直门医院	1314	3869	2.94	13	北京中医药大学东方医院	766	2383	3.11
4	上海中医药大学附属龙华医院	1264	3864	3.06	14	广州中医药大学第一附属医院	959	2317	2.42
5	辽宁中医药大学附属医院	1150	3394	2.95	15	中国中医科学院望京医院	590	2283	3.87
6	首都医科大学附属北京中医医院	1185	3370	2.84	16	湖南中医药大学第一附属医院	930	2268	2.44
7	天津中医药大学第一附属医院	1035	3214	3.11	17	广西中医药大学第一附属医院	893	2191	2.45
8	黑龙江中医药大学附属第一医院	897	2807	3.13	18	甘肃省中医院	729	2036	2.79
9	中国中医科学院西苑医院	940	2754	2.93	19	安徽中医药大学第一附属医院	624	1852	2.97
10	广东省中医院	949	2677	2.82	20	河南省中医院	569	1637	2.88

表 9-6　中医药领域高被引高等院校/科研院所 Top 10（按 5 年总被引频次排序）

序号	第一作者单位	发文量/篇	5 年总被引频次/次	篇均被引频次/次	序号	第一作者单位	发文量/篇	5 年总被引频次/次	篇均被引频次/次
1	北京中医药大学	5920	16226	2.74	6	湖南中医药大学	3878	9248	2.38
2	南京中医药大学	4154	12563	3.02	7	辽宁中医药大学	3722	9165	2.46
3	天津中医药大学	4598	11186	2.43	8	黑龙江中医药大学	2631	7591	2.89
4	成都中医药大学	3702	9878	2.67	9	广州中医药大学	2844	6629	2.33
5	山东中医药大学	4684	9744	2.08	10	浙江中医药大学	2412	6343	2.63

9.7　高被引国外期刊

中医药领域 2020 年被引频次 Top 10 的国外期刊见表 9-7，排名居前 3 位的国外期刊分别是 *PLOS ONE*、*Scientific Reports* 和 *Biomedicine & Pharmacotherapy*。

表 9-7　中医药领域高被引国外期刊 Top 10（按 2020 年被引频次排序）

序号	期刊名称	2020 年被引频次/次
1	PLOS ONE	779
2	Scientific Reports	620
3	Biomedicine & Pharmacotherapy	547
4	Molecules	531
5	International Journal of Molecular Sciences	516
6	Medicine	516
7	The Lancet	494
8	Journal of Ethnopharmacology	453
9	CA: A Cancer Journal for Clinicians	408
10	The New England Journal of Medicine	378

第 10 章　基础医学领域高被引分析

10.1　领域论文概况

　　2015—2019 年，基础医学领域的 64 种期刊上共发表学术论文 69327 篇，由来自 10978 所机构的 58241 位学者作为第一作者发表。上述论文中，有 39005 篇获得过引用，整体被引率为 56.3%，总被引频次为 110132 次，篇均被引 1.59 次；其中，高被引论文有 654 篇，高被引论文篇均被引 18.35 次（表 10-1）。另外，2020 年本领域共发表论文 13830 篇，其中有 1143 篇在当年获得过引用，总共被引 1541 次。

表 10-1　基础医学领域论文分布情况

年份	论文数量/篇	总被引频次/次	被引率/%	高被引论文数量/篇	高被引论文被引频次/次
2015	16590	36781	65.0	169	4302
2016	13915	30578	66.9	148	3533
2017	12554	22681	64.4	125	2211
2018	13001	13106	49.3	100	1220
2019	13267	6986	33.3	112	736
合计	69327	110132	56.3	654	12002

10.2　高被引论文分析

　　在基础医学领域，2015—2019 年发表的总被引频次 Top 10 论文（表 10-2）的平均被引频次为 82.9 次，是全部 654 篇高被引论文篇均被引频次的 4.52 倍。从论文分布来看，刊载高被引论文数量居前 3 位的期刊分别是《中国组织工程研究》（177 篇）、《中国免疫学杂志》（69 篇）和《中国疫苗和免疫》（43 篇），其中，《中国疫苗和免疫》《中国寄生虫学与寄生虫病杂志》各刊载了高被引论文 Top 10 中的 3 篇；发表高被引论文数量居前 3 位的学者分别是中国医学科学院阜外医院的孙兴国（6 篇）、中国疾病预防控制中心寄生虫病预防控制所的张丽（4 篇）和第四军医大学唐都医院的张勇萍（4 篇）；产出高被引论文数量居前 3 位的机构分别是中国疾病预防控制中心（28 篇）、中国疾病预防控制中心寄生虫病预防控制所（10 篇）和新疆医科大学第一附属医院（8 篇）。

表 10-2　基础医学领域高被引论文 Top 10（按 5 年总被引频次排序）

序号	论文题名	第一作者	期刊名称	发表年份	被引频次/次	
					5 年总频次	2020 年
1	中国 2014 年疑似预防接种异常反应信息管理系统监测数据分析	叶家楷	中国疫苗和免疫	2016	142	14
2	中国 2013 年疑似预防接种异常反应信息管理系统数据分析	叶家楷	中国疫苗和免疫	2015	110	8

续表

序号	论文题名	第一作者	期刊名称	发表年份	被引频次/次	
					5年总频次	2020年
3	2014年全国疟疾疫情分析	张丽	中国寄生虫学与寄生虫病杂志	2015	105	1
4	中国2015年疑似预防接种异常反应监测分析	叶家楷	中国疫苗和免疫	2017	85	15
5	乳腺癌雌、孕激素受体免疫组织化学检测指南	杨文涛	中华病理学杂志	2015	78	9
6	2015年全国疟疾疫情分析	张丽	中国寄生虫学与寄生虫病杂志	2016	72	5
7	微课在高等医学教育中的应用和体会	李育娴	基础医学与临床	2015	61	4
8	全国重点寄生虫病的防控形势与挑战	严俊	中国寄生虫学与寄生虫病杂志	2015	61	2
9	口腔正畸治疗中微型种植体支抗的稳定和安全性	刘洪	中国组织工程研究	2016	58	7
10	膝骨性关节炎患者滑膜炎的发病机制及研究进展	丁呈彪	中国组织工程研究	2015	57	7

10.3 研究主题关联分析

在基础医学领域，654篇高被引论文共被引用了12002次。通过分析施引文献关键词的词频及关键词之间的共现关系，获得基础医学领域的热点主题和主题关联，如图10-1所示。由图可知："疑似预防接种异常反应""疟疾""流行病学""免疫功能"等关键词的文档词频较高，是基础医学领域的研究热点；本领域主要形成5个研究主题簇，分别以"预后""乳腺肿瘤"为核心；以"二维打印""疗效"为核心；以"免疫功能""临床疗效"为核心；以"疑似预防接种异常反应""疫苗"为核心；以"康复""心肺运动试验"为核心。

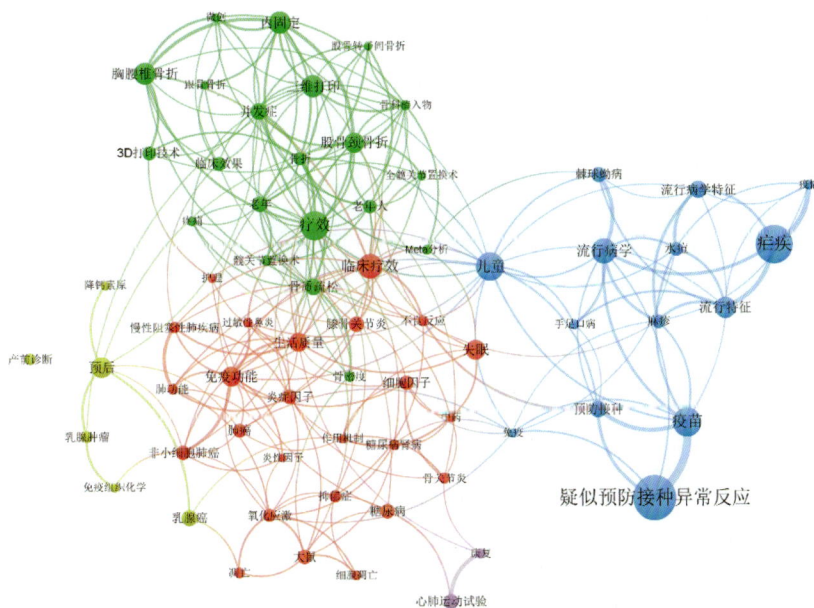

图10-1 基础医学领域热点论文主题关联

10.4　高影响力期刊分析

在基础医学领域，5 年影响因子 Top 10 期刊见表 10-3，总被引频次最高的期刊是《中国组织工程研究》（16737 次），5 年影响因子最高的期刊是《中国疫苗和免疫》。

表 10-3　基础医学领域高被引期刊基本指标（按 5 年影响因子排序）

序号	期刊名称	5 年载文量/篇	5 年总被引频次/次	5 年影响因子	高被引论文数量/篇	h 指数
1	中国疫苗和免疫	758	3032	0.805	43	21
2	分子诊断与治疗杂志	428	878	0.771	14	8
3	世界睡眠医学杂志	1419	1847	0.741	17	10
4	中国寄生虫学与寄生虫病杂志	628	2203	0.621	33	19
5	中国免疫学杂志	2202	5829	0.530	69	19
6	中国应用生理学杂志	667	1703	0.486	18	15
7	中华病理学杂志	1296	2833	0.410	29	16
8	中国组织工程研究	5507	16737	0.406	177	26
9	系统医学	5149	4619	0.399	8	9
10	免疫学杂志	981	2051	0.385	12	12

10.5　高被引作者分析

2015—2019 年基础医学领域论文总被引频次 Top 10 的作者见表 10-4。其中，发文总被引频次居前 3 位的作者分别是中国疾病预防控制中心寄生虫病预防控制所的张丽（253 次）、中国疾病预防控制中心的叶家楷（227 次）和中国医学科学院阜外医院的孙兴国（144 次）。5 年发文量居前 3 位的作者分别是中国中医科学院广安门医院的刘艳骄（34 篇）、内蒙古师范大学的李咏兰（17 篇）和绍兴市人民医院的魏建国（15 篇）。

表 10-4　基础医学领域高被引作者 Top 10（按 5 年总被引频次排序）

序号	作者	作者单位	发文量/篇	5 年总被引频次/次	篇均被引频次/次	被引率/%	h 指数
1	张丽	中国疾病预防控制中心寄生虫病预防控制所	5	253	50.60	100.0	4
2	叶家楷	中国疾病预防控制中心	2	227	113.50	100.0	2
3	孙兴国	中国医学科学院阜外医院	12	144	12.00	91.7	6
4	杨文涛	复旦大学附属肿瘤医院	3	129	43.00	100.0	3
5	叶家楷	中国疾病预防控制中心免疫规划中心	1	110	110.00	100.0	1
6	张勇萍	第四军医大学唐都医院	8	97	12.13	100.0	7

序号	作者	作者单位	发文量/篇	5年总被引频次/次	篇均被引频次/次	被引率/%	h指数
7	李育娴	同济大学医学院	2	63	31.50	100.0	2
8	丁呈彪	安徽医科大学第二附属医院	2	61	30.50	100.0	2
9	严俊	中华人民共和国国家卫生和计划生育委员会	1	61	61.00	100.0	1
10	张杰	上海交通大学附属胸科医院	3	60	20.00	100.0	3

10.6 高被引机构分析

基础医学领域总被引频次 Top 20 医院和总被引频次 Top 10 高等院校/科研院所的发文和被引情况分别见表 10-5 和表 10-6。

表 10-5 基础医学领域高被引医院 Top 20（按5年总被引频次排序）

序号	第一作者单位	发文量/篇	5年总被引频次/次	篇均被引频次/次	序号	第一作者单位	发文量/篇	5年总被引频次/次	篇均被引频次/次
1	北京协和医院	366	738	2.02	11	郑州大学第一附属医院	228	262	1.15
2	新疆医科大学第一附属医院	227	729	3.21	12	四川大学华西医院	209	262	1.25
3	重庆医科大学附属第一医院	259	538	2.08	13	中国医科大学附属第一医院	227	255	1.12
4	武汉大学人民医院	266	454	1.71	14	第四军医大学西京医院	104	231	2.22
5	南阳市中心医院	201	399	1.99	15	暨南大学附属第一医院	110	228	2.07
6	中国医科大学附属盛京医院	244	373	1.53	16	复旦大学附属肿瘤医院	59	222	3.76
7	苏州大学附属第一医院	317	341	1.08	17	吉林大学白求恩第一医院	155	220	1.42
8	中山大学附属第一医院	137	332	2.42	18	安徽医科大学第一附属医院	89	214	2.40
9	第四军医大学唐都医院	126	328	2.60	19	中国中医科学院广安门医院	85	214	2.52
10	中国人民解放军总医院	152	313	2.06	20	广西医科大学第一附属医院	100	212	2.12

表 10-6　基础医学领域高被引高等院校/科研院所 Top 10（按 5 年总被引频次排序）

序号	第一作者单位	发文量/篇	5年总被引频次/次	篇均被引频次/次	序号	第一作者单位	发文量/篇	5年总被引频次/次	篇均被引频次/次
1	南方医科大学	308	650	2.11	6	中国医学科学院＆北京协和医学院	192	423	2.20
2	中国疾病预防控制中心寄生虫病预防控制所	123	602	4.89	7	中国人民解放军第四军医大学	252	394	1.56
3	重庆医科大学	233	515	2.21	8	遵义医学院	199	361	1.81
4	山西医科大学	277	464	1.68	9	首都医科大学	272	360	1.32
5	上海理工大学	355	429	1.21	10	温州医科大学	221	350	1.58

10.7　高被引国外期刊

基础医学领域 2020 年被引频次 Top 10 的国外期刊见表 10-7，排名居前 3 位的国外期刊分别是 *Scientific Reports*、*PLOS ONE* 和 *Oncotarget*。

表 10-7　基础医学领域高被引国外期刊 Top 10（按 2020 年被引频次排序）

序号	期刊名称	2020 年被引频次/次
1	Scientific Reports	792
2	PLOS ONE	699
3	Oncotarget	429
4	International Journal of Molecular Sciences	391
5	Journal of Cellular Physiology	327
6	Proceedings of the National Academy of Sciences of the United States of America	288
7	Biomedicine &Pharmacotherapy	277
8	The Lancet	270
9	The New England Journal of Medicine	270
10	Biochemical & Biophysical Research Communications	261

第 11 章　临床医学领域高被引分析

11.1　领域论文概况

2015—2019 年，临床医学领域的 251 种期刊上共发表学术论文 662587 篇，由来自 34246 所机构的 482093 位学者作为第一作者发表。上述论文中，有 413644 篇获得过引用，整体被引率为 62.4%，总被引频次为 1394015 次，篇均被引 2.10 次；其中，高被引论文有 6500 篇，高被引论文篇均被引 22.03 次（表 11-1）。另外，2020 年本领域共发表论文 116733 篇，其中有 10218 篇在当年获得过引用，总共被引 14029 次。

表 11-1　临床医学领域论文分布情况

年份	论文数量/篇	总被引频次/次	被引率/%	高被引论文数量/篇	高被引论文被引频次/次
2015	148733	437122	73.3	1446	45716
2016	138931	421541	74.1	1405	44959
2017	129803	318538	71.0	1332	31213
2018	123381	146980	53.9	1065	13346
2019	121739	69834	35.3	1252	7935
合计	662587	1394015	62.4	6500	143169

11.2　高被引论文分析

在临床医学领域，2015—2019 年发表的总被引频次 Top 10 论文（表 11-2）的平均被引频次为 155.2 次，是全部 6500 篇高被引论文篇均被引频次的 7.04 倍。从论文分布来看，刊载高被引论文数量居前 3 位的期刊分别是《实用临床医药杂志》（389 篇）、《中国全科医学》（379 篇）和《重庆医学》（283 篇），其中，《中国疼痛医学杂志》刊载了高被引论文 Top 10 中的 2 篇；发表高被引论文数量居前 3 位的学者分别是北京大学第三医院的陈亚红（4 篇）、河北医科大学第一医院的黄丽霞（3 篇）和国家卫生计生委卫生发展研究中心的秦江梅（3 篇）；产出高被引论文数量居前 3 位的机构分别是四川大学华西医院（68 篇）、中国医科大学附属盛京医院（45 篇）和哈尔滨医科大学附属第一医院（39 篇）。

表 11-2　临床医学领域高被引论文 Top 10（按 5 年总被引频次排序）

序号	论文题名	第一作者	期刊名称	发表年份	被引频次/次 5 年总频次	被引频次/次 2020 年
1	动脉粥样硬化发病的炎症机制的研究进展	刘俊田	西安交通大学学报（医学版）	2015	240	15
2	医院焦虑抑郁量表的信度及效度研究	孙振晓	中华临床医师杂志（电子版）	2017	201	51
3	应激性溃疡防治专家建议（2015版）	柏愚	中华医学杂志	2015	175	7

续表

序号	论文题名	第一作者	期刊名称	发表年份	被引频次/次	
					5 年总频次	2020 年
4	中国糖尿病的流行病学现状及展望	廖涌	重庆医科大学学报	2015	145	8
5	多样性护理方式在糖尿病合并冠心病患者护理中的应用效果观察	王咏梅	实用临床医药杂志	2015	145	4
6	常用的疼痛评估方法在临床疼痛评估中的作用	徐城	中国疼痛医学杂志	2015	140	26
7	数字评分法（NRS）与口述评分法（VRS）在老年慢性疼痛患者中的比较	李春蕊	中国疼痛医学杂志	2016	132	25
8	中国恶性肿瘤发病与死亡的国际比较分析	段纪俊	中国医学前沿杂志（电子版）	2016	129	11
9	曲美他嗪联合美托洛尔治疗冠心病心力衰竭对血浆 BNP 影响及疗效观察	李平	海南医学院学报	2016	123	10
10	2017 年版慢性阻塞性肺疾病诊断、处理和预防全球策略解读	王蕾	中国临床医生杂志	2017	122	22

11.3 研究主题关联分析

在临床医学领域，6500 篇高被引论文共被引用了 143169 次。通过分析施引文献关键词的词频及关键词之间的共现关系，获得临床医学领域的热点主题和主题关联，如图 11-1 所示。由图可知："生活质量""临床疗效""冠心病""并发症"等关键词的文档词频较高，是临床医学领域的研究热点；本领域主要形成 6 个研究主题簇，分别以"预后""脓毒症"为核心；以"冠心病""高血压"为核心；以"生活质量""并发症"为核心；以"临床疗效""疗效"为核心；以"腹腔镜""临床效果"为核心；以"妊娠结局""妊娠期糖尿病"为核心。

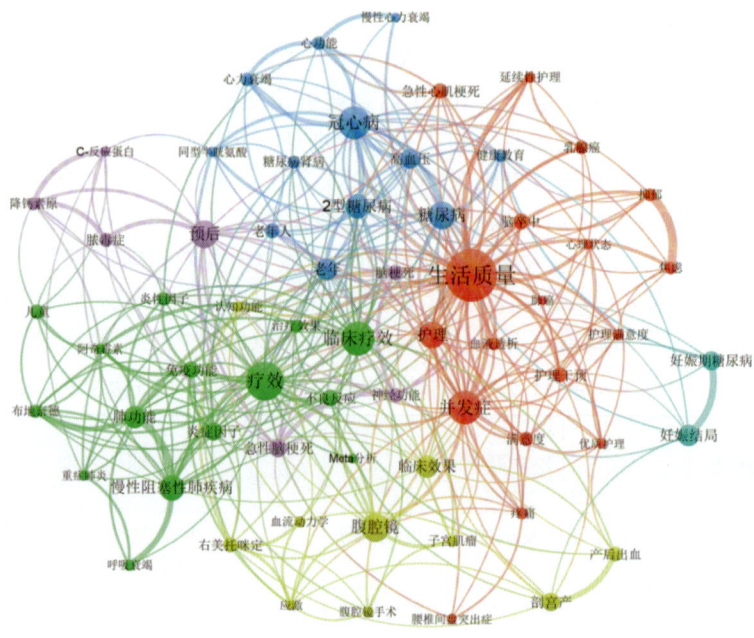

图 11-1 临床医学领域热点论文主题关联

11.4　高影响力期刊分析

在临床医学领域，5 年影响因子 Top 10 期刊见表 11-3，总被引频次最高的期刊是《实用临床医药杂志》（40419 次），5 年影响因子最高的期刊是《中华危重病急救医学》。

表 11-3　临床医学领域高被引期刊基本指标（按 5 年影响因子排序）

序号	期刊名称	5 年载文量/篇	5 年总被引频次/次	5 年影响因子	高被引论文数量/篇	h 指数
1	中华危重病急救医学	1524	7946	0.962	110	29
2	中国全科医学	4999	27632	0.869	379	43
3	中华急诊医学杂志	1713	6722	0.855	73	25
4	中国医药导刊	2085	8355	0.851	50	22
5	安徽医药	3554	12673	0.841	134	24
6	中华全科医学	3300	18541	0.821	224	35
7	实用临床医药杂志	7367	40419	0.780	389	37
8	中国临床医生杂志	2492	10711	0.772	115	25
9	中国疼痛医学杂志	1163	5103	0.757	41	23
10	中华检验医学杂志	1137	4077	0.754	40	20

11.5　高被引作者分析

2015—2019 年临床医学领域论文总被引频次 Top 10 的作者见表 11-4。其中，发文总被引频次居前 3 位的作者分别是西安交通大学医学部的刘俊田（240 次）、河北医科大学第三医院的陈伟（232 次）和山东省临沂市精神卫生中心的孙振晓（220 次）。5 年发文量居前 3 位的作者分别是渭南职业技术学院医学院的吕选民（57 篇）、胜利油田中心医院的岳振营（32 篇）和首都医科大学附属北京朝阳医院的那开宪（28 篇）。

表 11-4　临床医学领域高被引作者 Top 10（按 5 年总被引频次排序）

序号	作者	作者单位	发文量/篇	5 年总被引频次/次	篇均被引频次/次	被引率/%	h 指数
1	刘俊田	西安交通大学医学部	1	240	240.00	100.0	1
2	陈伟	河北医科大学第三医院	9	232	25.78	88.9	4
3	孙振晓	山东省临沂市精神卫生中心	14	220	15.71	50.0	3
4	陈亚红	北京大学第三医院	9	179	19.89	88.9	4
5	柏愚	第二军医大学附属长海医院	1	175	175.00	100.0	1
6	王咏梅	国药东风花果医院	2	173	86.50	100.0	2
7	张树义	渤海大学	13	160	12.31	100.0	8

序号	作者	作者单位	发文量/篇	5年总被引频次/次	篇均被引频次/次	被引率/%	h指数
8	王荣英	河北医科大学第二医院	12	145	12.08	91.7	7
9	廖涌	武警重庆总队医院	1	145	145.00	100.0	1
10	徐城	重庆医科大学附属第一医院	1	140	140.00	100.0	1

11.6 高被引机构分析

临床医学领域总被引频次 Top 20 医院和总被引频次 Top 10 高等院校/科研院所的发文和被引情况分别见表 11-5 和表 11-6。

表 11-5 临床医学领域高被引医院 Top 20（按 5 年总被引频次排序）

序号	第一作者单位	发文量/篇	5年总被引频次/次	篇均被引频次/次	序号	第一作者单位	发文量/篇	5年总被引频次/次	篇均被引频次/次
1	四川大学华西医院	3654	9671	2.65	11	首都医科大学附属北京友谊医院	1331	3729	2.80
2	武汉大学人民医院	2338	6084	2.60	12	中国医科大学附属第一医院	1166	3725	3.19
3	安徽医科大学第一附属医院	1866	5235	2.81	13	延安大学附属医院	1116	3664	3.28
4	新疆医科大学第一附属医院	1943	5086	2.62	14	蚌埠医学院第一附属医院	1427	3560	2.49
5	中国医科大学附属盛京医院	1500	4737	3.16	15	南京医科大学第一附属医院	1754	3537	2.02
6	北京协和医院	1892	4703	2.49	16	郑州大学第一附属医院	1833	3511	1.92
7	重庆医科大学附属第一医院	1874	4483	2.39	17	内蒙古医科大学附属医院	1196	3480	2.91
8	哈尔滨医科大学附属第一医院	1476	4235	2.87	18	首都医科大学宣武医院	1062	3440	3.24
9	中国人民解放军总医院	1390	4149	2.98	19	南方医科大学南方医院	998	3367	3.37
10	广西医科大学第一附属医院	1792	4106	2.29	20	首都医科大学附属北京安贞医院	1119	3344	2.99

表 11-6　临床医学领域高被引高等院校/科研院所 Top 10（按 5 年总被引频次排序）

序号	第一作者单位	发文量/篇	5年总被引频次/次	篇均被引频次/次	序号	第一作者单位	发文量/篇	5年总被引频次/次	篇均被引频次/次
1	山西医科大学	1191	2242	1.88	6	南方医科大学	652	1901	2.92
2	遵义医学院	987	2065	2.09	7	天津医科大学	746	1842	2.47
3	安徽医科大学	792	1970	2.49	8	贵州医科大学	1182	1784	1.51
4	宁夏医科大学	1021	1939	1.90	9	潍坊医学院	1024	1770	1.73
5	新疆医科大学	1101	1921	1.74	10	首都医科大学	513	1657	3.23

11.7　高被引国外期刊

临床医学领域 2020 年被引频次 Top 10 的国外期刊见表 11-7，排名居前 3 位的国外期刊分别是 *PLOS ONE*、*Medicine* 和 *The New England Journal of Medicine*。

表 11-7　临床医学领域高被引国外期刊 Top 10（按 2020 年被引频次排序）

序号	期刊名称	2020 年被引频次/次
1	PLOS ONE	3437
2	Medicine	2606
3	The New England Journal of Medicine	2523
4	The Lancet	1881
5	Scientific Reports	1867
6	Ca: A Cancer Journal for Clinicians	1845
7	Oncotarget	1843
8	International Journal of Molecular Sciences	1372
9	Journal of Clinical Oncology	1093
10	Oncology Letters	1028

第 12 章　护理学领域高被引分析

12.1　领域论文概况

2015—2019 年，护理学领域的 61 种期刊上共发表学术论文 164091 篇，由来自 15931 所机构的 122287 位学者作为第一作者发表。上述论文中，有 96264 篇获得过引用，整体被引率为 58.7%，总被引频次为 395857 次，篇均被引 2.41 次；其中，高被引论文有 1666 篇，高被引论文篇均被引 26.76 次（表 12-1）。另外，2020 年本领域共发表论文 37851 篇，其中有 3074 篇在当年获得过引用，总共被引 4514 次。

表 12-1　护理学领域论文分布情况

年份	论文数量/篇	总被引频次/次	被引率/%	高被引论文数量/篇	高被引论文被引频次/次
2015	32001	117811	67.3	314	14985
2016	31799	117037	72.3	337	13133
2017	32077	90581	67.8	316	9103
2018	33022	46228	52.5	304	4281
2019	35192	24200	35.9	395	3075
合计	164091	395857	58.7	1666	44577

12.2　高被引论文分析

在护理学领域，2015—2019 年发表的总被引频次 Top 10 论文（表 12-2）的平均被引频次为 150.2 次，是全部 1666 篇高被引论文篇均被引频次的 5.61 倍。从论文分布来看，刊载高被引论文数量居前 3 位的期刊分别是《中华护理杂志》（360 篇）、《护理实践与研究》（160 篇）和《护理研究》（146 篇），其中，《中华护理杂志》刊载了高被引论文 Top 10 中的 7 篇；发表高被引论文数量居前 3 位的学者分别是同济大学附属第十人民医院的吴茜（4 篇）、北京协和医院的吴欣娟（4 篇）和中国人民解放军南京军区南京总医院的蒋琪霞（3 篇）；产出高被引论文数量居前 3 位的机构分别是北京协和医院（28 篇）、华中科技大学同济医学院附属协和医院（27 篇）和郑州大学第一附属医院（26 篇）。

表 12-2　护理学领域高被引论文 Top 10（按 5 年总被引频次排序）

序号	论文题名	第一作者	期刊名称	发表年份	被引频次/次	
					5 年总频次	2020 年
1	运用微信对强直性脊柱炎出院患者行延续护理的效果	胡竹芳	中华护理杂志	2015	218	7
2	正念减压疗法对乳腺癌患者知觉压力及焦虑抑郁水平的影响	张佳媛	中华护理杂志	2015	178	13

续表

序号	论文题名	第一作者	期刊名称	发表年份	被引频次/次 5年总频次	2020年
3	"腰椎间盘突出症的康复治疗"中国专家共识	周谋望	中国康复医学杂志	2017	167	61
4	知信行理论模式在护理工作中的应用现状与展望	李维瑜	护理学杂志	2015	159	13
5	中文版老年人自我护理能力量表的信效度研究	郭丽娜	中华护理杂志	2015	136	9
6	JBI证据预分级及证据推荐级别系统（2014版）	王春青	护士进修杂志	2015	135	54
7	疼痛护理质量指标的建立及在骨科病房的应用	黄天雯	中华护理杂志	2015	130	7
8	吞咽-摄食管理预防脑卒中吞咽障碍患者相关性肺炎的研究	朱美红	中华护理杂志	2016	128	17
9	自我效能、社会支持及应对方式对急性心肌梗死患者心理弹性影响的路径分析	刘莉莉	中华护理杂志	2016	126	10
10	糖尿病肾病患者血液透析中低血糖管理的持续质量改进	柴剑丽	中华护理杂志	2015	125	4

12.3 研究主题关联分析

在护理学领域，1666篇高被引论文共被引用了44577次。通过分析施引文献关键词的词频及关键词之间的共现关系，获得护理学领域的热点主题和主题关联，如图12-1所示。由图可知："护理""生活质量""护士""脑卒中"等关键词的文档词频较高，是护理学领域的研究热点；本领域主要形成5个研究主题簇，分别以"脑卒中""康复"为核心；以"生活质量""延续性护理"为核心；以"护理""满意度"为核心；以"焦虑""抑郁"为核心；以"自我效能""社会支持"为核心。

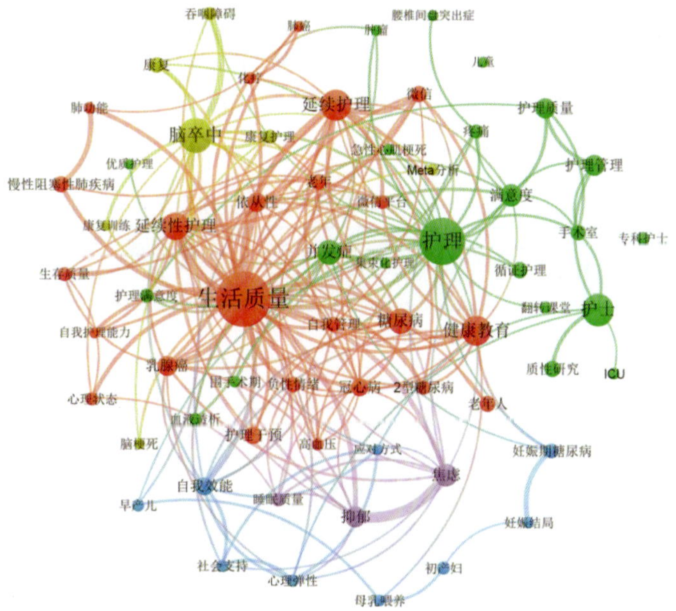

图12-1 护理学领域热点论文主题关联

12.4　高影响力期刊分析

在护理学领域，5年影响因子 Top 10 期刊见表 12-3，总被引频次最高的期刊是《护理研究》（32428 次），5年影响因子最高的期刊是《中华护理杂志》。

表 12-3　护理学领域高被引期刊基本指标（按 5 年影响因子排序）

序号	期刊名称	5 年载文量/篇	5 年总被引频次/次	5 年影响因子	高被引论文数量/篇	h 指数
1	中华护理杂志	1767	23449	2.316	360	57
2	护理实践与研究	7491	28549	1.278	160	25
3	中国护理管理	2264	14465	1.213	125	34
4	上海护理	1047	3926	1.158	23	19
5	中华物理医学与康复杂志	1303	6093	1.142	36	22
6	护理学杂志	4255	24924	1.099	145	37
7	中国康复医学杂志	1567	9074	1.040	56	30
8	护理管理杂志	1443	10030	1.021	56	29
9	中国康复	844	3353	0.921	12	17
10	中华现代护理杂志	6793	28444	0.897	133	31

12.5　高被引作者分析

2015—2019 年护理学领域论文总被引频次 Top 10 的作者见表 12-4。其中，发文总被引频次居前 3 位的作者分别是北京协和医院的徐园（250 次）、中山大学附属第一医院的黄天雯（249 次）和江西省人民医院的胡竹芳（222 次）。5 年发文量居前 3 位的作者分别是中国人民解放军第二军医大学的刘晓虹（35 篇）、湖南省肿瘤医院的彭翠娥（34 篇）和复旦大学的周英凤（22 篇）。

表 12-4　护理学领域高被引作者 Top 10（按 5 年总被引频次排序）

序号	作者	作者单位	发文量/篇	5 年总被引频次/次	篇均被引频次/次	被引率/%	h 指数
1	徐园	北京协和医院	11	250	22.73	90.9	7
2	黄天雯	中山大学附属第一医院	15	249	16.60	80.0	7
3	胡竹芳	江西省人民医院	6	222	37.00	33.3	2
4	王芳	四川大学华西医院	14	204	14.57	100.0	10
5	蒋琪霞	中国人民解放军南京军区南京总医院	20	200	10.00	100.0	8
6	张佳媛	哈尔滨医科大学（大庆）	2	189	94.50	100.0	2

续表

序号	作者	作者单位	发文量/篇	5年总被引频次/次	篇均被引频次/次	被引率/%	h指数
7	汪晖	华中科技大学同济医学院附属同济医院	19	178	9.37	100.0	8
8	郭丽娜	辽宁医学院	6	175	29.17	100.0	3
9	周谋望	北京大学第三医院	3	167	55.67	33.3	1
10	刘延锦	郑州大学第一附属医院	16	162	10.13	100.0	8

12.6　高被引机构分析

护理学领域总被引频次 Top 20 医院和总被引频次 Top 10 高等院校/科研院所的发文和被引情况分别见表 12-5 和表 12-6。

表 12-5　护理学领域高被引医院 Top 20（按 5 年总被引频次排序）

序号	第一作者单位	发文量/篇	5年总被引频次/次	篇均被引频次/次	序号	第一作者单位	发文量/篇	5年总被引频次/次	篇均被引频次/次
1	华中科技大学同济医学院附属同济医院	1318	4464	3.39	11	哈尔滨医科大学附属第二医院	222	1477	6.65
2	华中科技大学同济医学院附属协和医院	976	3795	3.89	12	中山大学附属第一医院	416	1385	3.33
3	北京协和医院	762	3478	4.56	13	复旦大学附属华山医院	346	1328	3.84
4	四川大学华西医院	789	3469	4.40	14	河南省人民医院	462	1295	2.80
5	郑州大学第一附属医院	542	2116	3.90	15	重庆医科大学附属第一医院	252	1245	4.94
6	南京大学医学院附属鼓楼医院	494	2028	4.11	16	广西医科大学第一附属医院	318	1218	3.83
7	中国人民解放军总医院	579	1973	3.41	17	南方医科大学南方医院	303	1198	3.95
8	哈尔滨医科大学附属第一医院	290	1799	6.20	18	苏州大学附属第一医院	295	1186	4.02
9	天津医科大学肿瘤医院	425	1751	4.12	19	中南大学湘雅二医院	465	1179	2.54
10	南京医科大学第一附属医院	491	1555	3.17	20	江苏省中医院	351	1156	3.29

表 12-6　护理学领域高被引高等院校/科研院所 Top 10（按 5 年总被引频次排序）

序号	第一作者单位	发文量/篇	5 年总被引频次/次	篇均被引频次/次	序号	第一作者单位	发文量/篇	5 年总被引频次/次	篇均被引频次/次
1	复旦大学	411	2340	5.69	6	郑州大学	436	1360	3.12
2	南京中医药大学	386	2073	5.37	7	中南大学	294	1337	4.55
3	中国医学科学院＆北京协和医学院	353	2012	5.70	8	山西医科大学	448	1303	2.91
4	天津中医药大学	466	1953	4.19	9	北京大学	244	1262	5.17
5	首都医科大学	351	1822	5.19	10	福建中医药大学	268	1228	4.58

12.7　高被引国外期刊

护理学领域 2020 年被引频次 Top 10 的国外期刊见表 12-7，排名居前 3 位的国外期刊分别是 *PLOS ONE*、*International Journal of Nursing studies* 和 *Ca: A Cancer Journal for Clinicians*。

表 12-7　护理学领域高被引国外期刊 Top 10（按 2020 年被引频次排序）

序号	期刊名称	2020 年被引频次/次
1	PLOS ONE	494
2	International Journal of Nursing Studies	384
3	Ca: A Cancer Journal for Clinicians	321
4	The Lancet	309
5	Nurse Education Today	308
6	Medicine	290
7	Journal of Advanced Nursing	279
8	BMJ Open	250
9	Critical Care Medicine	236
10	Supportive Care in Cancer	218

第 13 章　内科学领域高被引分析

13.1　领域论文概况

2015—2019 年，内科学领域的 96 种期刊上共发表学术论文 140480 篇，由来自 13398 所机构的 110701 位学者作为第一作者发表。上述论文中，有 89508 篇获得过引用，整体被引率为 63.7%，总被引频次为 390435 次，篇均被引 2.78 次；其中，高被引论文有 1335 篇，高被引论文篇均被引 42.79 次（表 13-1）。另外，2020 年本领域共发表论文 30224 篇，其中有 2846 篇在当年获得过引用，总共被引 4859 次。

表 13-1　内科学领域论文分布情况

年份	论文数量/篇	总被引频次/次	被引率/%	高被引论文数量/篇	高被引论文被引频次/次
2015	29417	122611	75.7	293	18838
2016	27951	120112	77.8	289	17804
2017	26856	84551	73.3	256	10339
2018	27788	42489	54.9	268	7015
2019	28468	20672	37.1	229	3122
合计	140480	390435	63.7	1335	57118

13.2　高被引论文分析

在内科学领域，2015—2019 年发表的总被引频次 Top 10 论文（表 13-2）的平均被引频次为 430.3 次，是全部 1335 篇高被引论文篇均被引频次的 10.06 倍。从论文分布来看，刊载高被引论文数量居前 3 位的期刊分别是《中华医院感染学杂志》（185 篇）、《中国老年学杂志》（151 篇）和《临床肝胆病杂志》（57 篇），其中，《中国循环杂志》《中国感染与化疗杂志》各刊载了高被引论文 Top 10 中的 4 篇；发表高被引论文数量居前 3 位的学者分别是复旦大学附属华山医院的胡付品（6 篇）、北京大学人民医院的纪立农（4 篇）和中国医学科学院肿瘤医院的王锡山（4 篇）；产出高被引论文数量居前 3 位的机构分别是中国医学科学院阜外医院（27 篇）、北京协和医院（20 篇）和北京大学第一医院（16 篇）。

表 13-2　内科学领域高被引论文 Top 10（按 5 年总被引频次排序）

序号	论文题名	第一作者	期刊名称	发表年份	被引频次/次	
					5 年总频次	2020 年
1	《中国心血管病报告2015》概要	陈伟伟	中国循环杂志	2016	687	35
2	2014 年 CHINET 中国细菌耐药性监测	胡付品	中国感染与化疗杂志	2015	643	20
3	《中国心血管病报告2018》概要	胡盛寿	中国循环杂志	2019	546	442
4	《中国心血管病报告2014》概要	陈伟伟	中国循环杂志	2015	534	12

续表

序号	论文题名	第一作者	期刊名称	发表年份	被引频次/次	
					5年总频次	2020年
5	多重耐药菌医院感染预防与控制中国专家共识	黄勋	中国感染控制杂志	2015	473	40
6	2016年中国CHINET细菌耐药性监测	胡付品	中国感染与化疗杂志	2017	445	68
7	2015年CHINET细菌耐药性监测	胡付品	中国感染与化疗杂志	2016	330	29
8	2017年CHINET中国细菌耐药性监测	胡付品	中国感染与化疗杂志	2018	253	119
9	骨质疏松性椎体压缩性骨折的治疗指南	印平	中国骨质疏松杂志	2015	203	23
10	中国急性心肌梗死患者心血管危险因素分析	高晓津	中国循环杂志	2015	189	9

13.3 研究主题关联分析

在内科学领域，1335篇高被引论文共被引用了57118次。通过分析施引文献关键词的词频及关键词之间的共现关系，获得内科学领域的热点主题和主题关联，如图13-1所示。由图可知："冠心病""糖尿病""高血压""耐药性"等关键词的文档词频较高，是内科学领域的研究热点；本领域主要形成5个研究主题簇，分别以"骨密度""骨质疏松"为核心；以"冠心病""高血压"为核心；以"慢性阻塞性肺疾病""肺功能"为核心；以"耐药性""抗菌药物"为核心；以"2型糖尿病""疗效"为核心。

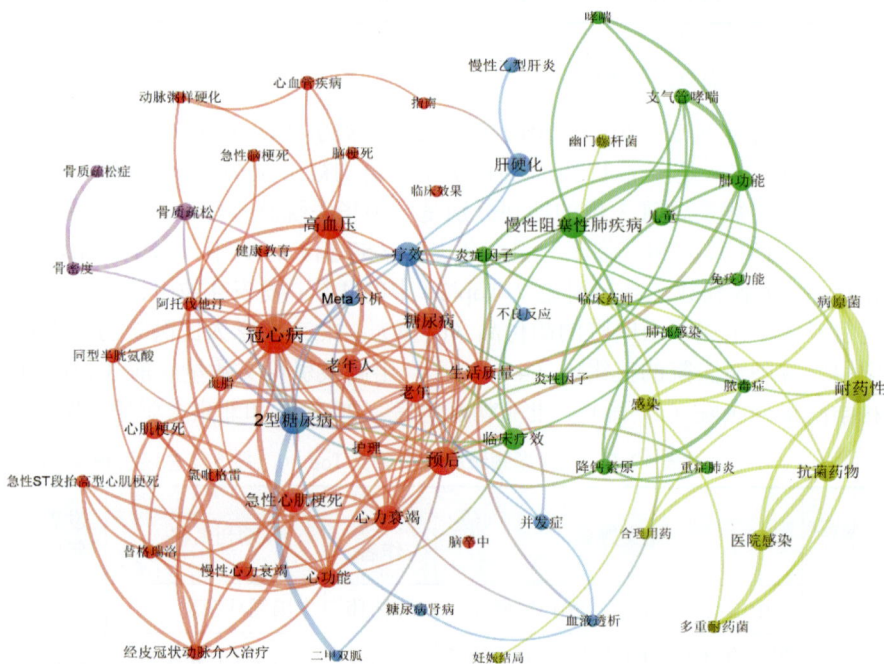

图13-1 内科学领域热点论文主题关联

13.4 高影响力期刊分析

在内科学领域，5 年影响因子 Top 10 期刊见表 13-3，总被引频次最高的期刊是《中国老年学杂志》（48735 次），5 年影响因子最高的期刊是《中华心血管病杂志》。

表 13-3 内科学领域高被引期刊基本指标（按 5 年影响因子排序）

序号	期刊名称	5 年载文量/篇	5 年总被引频次/次	5 年影响因子	高被引论文数量/篇	h 指数
1	中华心血管病杂志	1096	7197	1.336	38	27
2	中华结核和呼吸杂志	1204	6914	1.252	47	27
3	中国感染与化疗杂志	644	4997	1.224	25	23
4	中国感染控制杂志	1175	6630	0.963	29	23
5	风湿病与关节炎	1212	4141	0.945	11	17
6	肠外与肠内营养	488	2651	0.885	10	19
7	中华肝脏病杂志	1044	5100	0.867	41	23
8	中华内科杂志	1118	5201	0.839	37	26
9	中国实用内科杂志	1412	5017	0.826	21	23
10	中华医院感染学杂志	7367	42206	0.823	185	37

13.5 高被引作者分析

2015—2019 年内科学领域论文总被引频次 Top 10 的作者见表 13-4。其中，发文总被引频次居前 3 位的作者分别是复旦大学附属华山医院的胡付品（1793 次）、中国医学科学院阜外医院的陈伟伟（1235 次）和中国医学科学院阜外医院的胡盛寿（567 次）。5 年发文量居前 3 位的作者分别是河南风湿病医院的李满意（53 篇）、北京大学人民医院的胡大一（48 篇）和贵州医科大学第三附属医院的谢朝云（43 篇）。

表 13-4 内科学领域高被引作者 Top 10（按 5 年总被引频次排序）

序号	作者	作者单位	发文量/篇	5 年总被引频次/次	篇均被引频次/次	被引率/%	h 指数
1	胡付品	复旦大学附属华山医院	8	1793	224.13	100.0	6
2	陈伟伟	中国医学科学院阜外医院	5	1235	247.00	80.0	3
3	胡盛寿	中国医学科学院阜外医院	8	567	70.88	62.5	3
4	黄勋	中南大学湘雅医院	2	476	238.00	100.0	2
5	李六亿	北京大学第一医院	9	215	23.89	100.0	7
6	印平	辽宁省本溪市金山医院	1	203	203.00	100.0	1
7	母义明	中国人民解放军总医院	7	202	28.86	71.4	5

序号	作者	作者单位	发文量/篇	5 年总被引频次/次	篇均被引频次/次	被引率/%	h 指数
8	张健	中国医学科学院阜外医院	7	193	27.57	85.7	5
9	高晓津	中国医学科学院阜外医院	2	191	95.50	100.0	2
10	陈伟	中国疾病预防控制中心结核病预防控制中心	3	186	62.00	100.0	3

13.6　高被引机构分析

内科学领域总被引频次 Top 20 医院和总被引频次 Top 10 高等院校/科研院所的发文和被引情况分别见表 13-5 和表 13-6。

表 13-5　内科学领域高被引医院 Top 20（按 5 年总被引频次排序）

序号	第一作者单位	发文量/篇	5 年总被引频次/次	篇均被引频次/次	序号	第一作者单位	发文量/篇	5 年总被引频次/次	篇均被引频次/次
1	中国医学科学院阜外医院	2379	6062	2.55	11	武汉大学人民医院	813	1899	2.34
2	中国人民解放军总医院	1188	3827	3.22	12	郑州大学第一附属医院	642	1791	2.79
3	北京协和医院	1221	3692	3.02	13	南阳市中心医院	363	1789	4.93
4	首都医科大学附属北京安贞医院	1376	3603	2.62	14	北京医院	532	1724	3.24
5	吉林大学白求恩第一医院	1008	3028	3.00	15	南京医科大学第一附属医院	682	1525	2.24
6	复旦大学附属华山医院	349	2854	8.18	16	中南大学湘雅医院	252	1520	6.03
7	北京大学第一医院	635	2507	3.95	17	新疆医科大学第一附属医院	502	1443	2.87
8	北京大学人民医院	738	2400	3.25	18	复旦大学附属中山医院	488	1411	2.89
9	四川大学华西医院	696	2088	3.00	19	第二军医大学附属长海医院	454	1386	3.05
10	上海交通大学医学院附属瑞金医院	765	2036	2.66	20	中国医科大学附属盛京医院	492	1330	2.70

表13-6　内科学领域高被引高等院校/科研院所 Top 10（按 5 年总被引频次排序）

序号	第一作者单位	发文量/篇	5年总被引频次/次	篇均被引频次/次	序号	第一作者单位	发文量/篇	5年总被引频次/次	篇均被引频次/次
1	中国医学科学院＆北京协和医学院	295	966	3.27	6	华北理工大学	195	489	2.51
2	福建中医药大学	175	749	4.28	7	甘肃中医药大学	137	476	3.47
3	山西医科大学	232	547	2.36	8	天津医科大学	157	473	3.01
4	天津中医药大学	134	516	3.85	9	内蒙古医科大学	89	415	4.66
5	安徽中医药大学	93	502	5.40	10	潍坊医学院	139	410	2.95

13.7　高被引国外期刊

内科学领域 2020 年被引频次 Top 10 的国外期刊见表 13-7，排名居前 3 位的国外期刊分别是 *The New England Journal of Medicine*、*PLOS ONE* 和 *Journal of the American College of Cardiology*。

表 13-7　内科学领域高被引国外期刊 Top 10（按 2020 年被引频次排序）

序号	期刊名称	2020 年被引频次/次
1	The New England Journal of Medicine	1808
2	PLOS ONE	1076
3	Journal of the American College of Cardiology	1014
4	The Lancet	992
5	International Journal of Cardiology	919
6	Medicine	817
7	Gastroenterology	775
8	Circulation	723
9	European Heart Journal	582
10	Scientific Reports	576

第 14 章 外科学领域高被引分析

14.1 领域论文概况

2015—2019 年，外科学领域的 103 种期刊上共发表学术论文 113028 篇，由来自 9848 所机构的 80740 位学者作为第一作者发表。上述论文中，有 71763 篇获得过引用，整体被引率为 63.5%，总被引频次为 289305 次，篇均被引 2.56 次；其中，高被引论文有 1122 篇，高被引论文篇均被引 30.24 次（表 14-1）。另外，2020 年本领域共发表论文 21257 篇，其中有 2014 篇在当年获得过引用，总共被引 2747 次。

表 14-1 外科学领域论文分布情况

年份	论文数量/篇	总被引频次/次	被引率/%	高被引论文数量/篇	高被引论文被引频次/次
2015	25601	93569	73.1	271	12154
2016	23203	87719	74.6	229	10322
2017	21560	63024	73.1	219	6558
2018	21339	30572	55.4	227	3502
2019	21325	14421	38.2	176	1396
合计	113028	289305	63.5	1122	33932

14.2 高被引论文分析

在外科学领域，2015—2019 年发表的总被引频次 Top 10 论文（表 14-2）的平均被引频次为 119.2 次，是全部 1122 篇高被引论文篇均被引频次的 3.94 倍。从论文分布来看，刊载高被引论文数量居前 3 位的期刊分别是《中国微创外科杂志》（75 篇）、《临床麻醉学杂志》（74 篇）和《中华消化外科杂志》（73 篇）；发表高被引论文数量居前 3 位的学者分别是四川大学华西医院的汪晓东（5 篇）、铜陵市人民医院的程康文（3 篇）和中南大学湘雅医院的唐举玉（3 篇）；产出高被引论文数量居前 3 位的机构分别是四川大学华西医院（25 篇）、北京大学第三医院（17 篇）和北京积水潭医院（15 篇）。

表 14-2 外科学领域高被引论文 Top 10（按 5 年总被引频次排序）

序号	论文题名	第一作者	期刊名称	发表年份	被引频次/次	
					5 年总频次	2020 年
1	中国髋、膝关节置换术加速康复——围术期管理策略专家共识	周宗科	中华骨与关节外科杂志	2016	226	39
2	心房颤动：目前的认识和治疗建议—2015	黄从新	中国心脏起搏与心电生理杂志	2015	157	2
3	中国前列腺癌的流行病学概述和启示	叶定伟	中华外科杂志	2015	151	16

续表

序号	论文题名	第一作者	期刊名称	发表年份	被引频次/次	
					5年总频次	2020年
4	Oswestry功能障碍指数的改良及信度和效度检验	程继伟	中国脊柱脊髓杂志	2017	109	28
5	规范化开展加速康复外科几个关键问题	江志伟	中国实用外科杂志	2016	93	9
6	加速康复外科临床应用现状与思考	车国卫	中国胸心血管外科临床杂志	2016	93	6
7	中国成年人群尿石症患病率横断面调查	曾国华	中华泌尿外科杂志	2015	92	18
8	普通外科围手术期疼痛处理专家共识	冷希圣	中华普通外科杂志	2015	91	8
9	腹腔镜联合胆道镜经胆囊管探查治疗胆囊结石合并胆总管结石	王亮	中国微创外科杂志	2017	90	12
10	经皮椎体成形术和经皮椎体后凸成形术治疗老年骨质疏松椎体压缩性骨折的疗效观察	董继胜	中国矫形外科杂志	2015	90	4

14.3 研究主题关联分析

在外科学领域，1122篇高被引论文共被引用了33932次。通过分析施引文献关键词的词频及关键词之间的共现关系，获得外科学领域的热点主题和主题关联，如图 14-1 所示。由图可知："腹腔镜""并发症""加速康复外科""右美托咪定"等关键词的文档词频较高，是外科学领域的研究热点；本领域主要形成 5 个研究主题簇，分别以"右美托咪定""镇痛"为核心；以"加速康复外科""快速康复外科"为核心；以"腹腔镜""并发症"为核心；以"骨质疏松""内固定"为核心；以"肾结石""输尿管软镜"为核心。

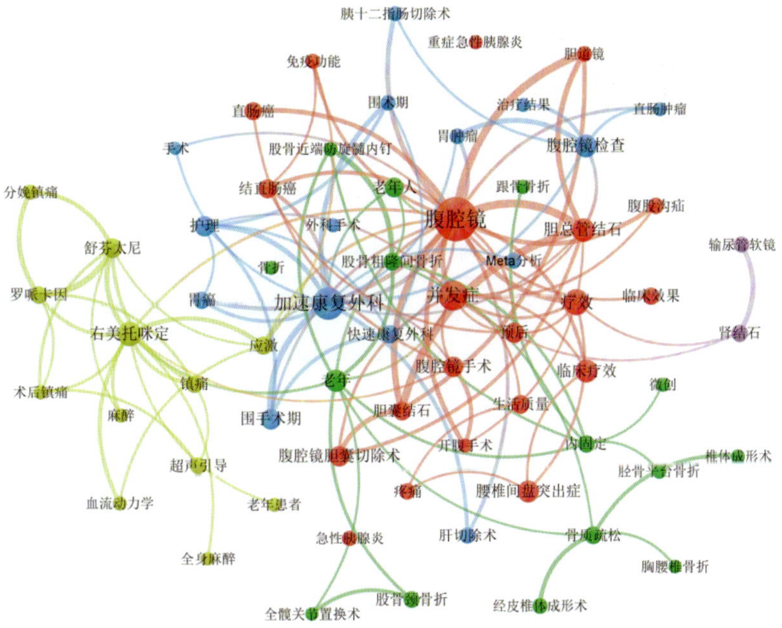

图 14-1 外科学领域热点论文主题关联

14.4　高影响力期刊分析

在外科学领域，5 年影响因子 Top 10 期刊见表 14-3，总被引频次最高的期刊是《中国矫形外科杂志》（9810 次），5 年影响因子最高的期刊是《中华消化外科杂志》。

表 14-3　外科学领域高被引期刊基本指标（按 5 年影响因子排序）

序号	期刊名称	5 年载文量/篇	5 年总被引频次/次	5 年影响因子	高被引论文数量/篇	h 指数
1	中华消化外科杂志	1157	7796	0.999	73	30
2	中华外科杂志	1090	6176	0.956	48	28
3	中华骨科杂志	1029	5524	0.951	33	25
4	中华创伤骨科杂志	1139	5431	0.950	35	23
5	骨科临床与研究杂志	249	451	0.904	3	8
6	中国内镜杂志	1369	8705	0.898	71	30
7	中国微创外科杂志	1505	8924	0.884	75	33
8	临床麻醉学杂志	1748	9032	0.851	74	34
9	中华显微外科杂志	1013	4626	0.795	16	20
10	中华骨与关节外科杂志	743	2699	0.760	18	17

14.5　高被引作者分析

2015—2019 年外科学领域论文总被引频次 Top 10 的作者见表 14-4。其中，发文总被引频次居前 3 位的作者分别是四川大学华西医院的周宗科（322 次）、南方医科大学珠江医院的方驰华（209 次）和中国人民解放军南京军区南京总医院的江志伟（205 次）。5 年发文量居前 3 位的作者分别是北京大学人民医院的郭继鸿（48 篇）、中国人民解放军总医院的刘荣（37 篇）和东阳市人民医院的张小伟（32 篇）。

表 14-4　外科学领域高被引作者 Top 10（按 5 年总被引频次排序）

序号	作者	作者单位	发文量/篇	5 年总被引频次/次	篇均被引频次/次	被引率/%	h 指数
1	周宗科	四川大学华西医院	4	322	80.50	100.0	3
2	方驰华	南方医科大学珠江医院	23	209	9.09	91.3	9
3	江志伟	中国人民解放军南京军区南京总医院	4	205	51.25	100.0	4
4	唐举玉	中南大学湘雅医院	14	201	14.36	78.6	6
5	池畔	福建医科大学附属协和医院	19	198	10.42	94.7	9
6	郑民华	上海交通大学医学院附属瑞金医院	30	197	6.57	86.7	8

续表

序号	作者	作者单位	发文量/篇	5年总被引频次/次	篇均被引频次/次	被引率/%	h 指数
7	曾国华	广州医科大学附属第一医院	6	196	32.67	100.0	6
8	田文	中国人民解放军总医院	19	195	10.26	100.0	8
9	杨尹默	北京大学第一医院	23	172	7.48	87.0	7
10	王平	浙江大学医学院附属第二医院	11	170	15.45	100.0	7

14.6　高被引机构分析

外科学领域总被引频次 Top 20 医院和总被引频次 Top 10 高等院校/科研院所的发文和被引情况分别见表 14-5 和表 14-6。

表 14-5　外科学领域高被引医院 Top 20（按 5 年总被引频次排序）

序号	第一作者单位	发文量/篇	5年总被引频次/次	篇均被引频次/次	序号	第一作者单位	发文量/篇	5年总被引频次/次	篇均被引频次/次
1	四川大学华西医院	1205	4227	3.51	11	中南大学湘雅医院	396	1771	4.47
2	中国人民解放军总医院	1086	3269	3.01	12	中国人民解放军南京军区南京总医院	391	1602	4.10
3	北京大学第三医院	700	2827	4.04	13	首都医科大学附属北京朝阳医院	517	1523	2.95
4	郑州大学第一附属医院	1185	2428	2.05	14	复旦大学附属中山医院	550	1503	2.73
5	北京积水潭医院	599	2218	3.70	15	南京医科大学第一附属医院	433	1409	3.25
6	上海交通大学医学院附属瑞金医院	646	2035	3.15	16	第二军医大学附属长海医院	406	1408	3.47
7	华中科技大学同济医学院附属同济医院	701	2025	2.89	17	上海交通大学医学院附属第九人民医院	594	1385	2.33
8	武汉大学人民医院	741	1992	2.69	18	上海交通大学附属第六人民医院	492	1385	2.82
9	北京大学人民医院	658	1863	2.83	19	上海交通大学医学院附属仁济医院	438	1375	3.14
10	北京协和医院	624	1841	2.95	20	安徽医科大学第一附属医院	451	1369	3.04

表 14-6 外科学领域高被引高等院校/科研院所 Top 10（按 5 年总被引频次排序）

序号	第一作者单位	发文量/篇	5 年总被引频次/次	篇均被引频次/次	序号	第一作者单位	发文量/篇	5 年总被引频次/次	篇均被引频次/次
1	山西医科大学	158	441	2.79	6	中国医学科学院＆北京协和医学院	80	248	3.10
2	潍坊医学院	142	386	2.72	7	徐州医学院	82	237	2.89
3	天津医科大学	142	347	2.44	8	遵义医学院	79	235	2.97
4	第三军医大学野战外科研究所	123	312	2.54	9	南方医科大学	80	227	2.84
5	扬州大学临床医学院	119	296	2.49	10	中山大学肿瘤防治中心	68	211	3.10

14.7 高被引国外期刊

外科学领域 2020 年被引频次 Top 10 的国外期刊见表 14-7，排名居前 3 位的国外期刊分别是 *Surgical Endoscopy*、*Annals of Surgery* 和 *Medicine*。

表 14-7 外科学领域高被引国外期刊 Top 10（按 2020 年被引频次排序）

序号	期刊名称	2020 年被引频次/次
1	Surgical Endoscopy	1186
2	Annals of Surgery	1002
3	Medicine	773
4	Annals of Surgical Oncology	625
5	World Neurosurgery	621
6	European Urology	615
7	The New England Journal of Medicine	604
8	Ca: A Cancer Journal for Clinicians	575
9	International Orthopaedics	562
10	PLOS ONE	516

第 15 章　妇产科学、儿科学领域高被引分析

15.1　领域论文概况

2015—2019 年，妇产科学、儿科学领域的 33 种期刊上共发表学术论文 43109 篇，由来自 5103 所机构的 32273 位学者作为第一作者发表。上述论文中，有 31487 篇获得过引用，整体被引率为 73.0%，总被引频次为 162135 次，篇均被引 3.76 次；其中，高被引论文有 418 篇，高被引论文篇均被引 43.64 次（表 15-1）。另外，2020 年本领域共发表论文 7703 篇，其中有 923 篇在当年获得过引用，总共被引 1477 次。

表 15-1　妇产科学、儿科学领域论文分布情况

年份	论文数量/篇	总被引频次/次	被引率/%	高被引论文数量/篇	高被引论文被引频次/次
2015	9388	52072	83.6	96	7197
2016	8744	47534	83.6	84	5664
2017	8618	36579	81.0	81	2930
2018	8276	18040	67.5	82	1627
2019	8083	7910	46.5	75	822
合计	43109	162135	73.0	418	18240

15.2　高被引论文分析

在妇产科学、儿科学领域，2015—2019 年发表的总被引频次 Top 10 论文（表 15-2）的平均被引频次为 116.9 次，是全部 418 篇高被引论文篇均被引频次的 2.68 倍。从论文分布来看，刊载高被引论文数量居前 3 位的期刊分别是《中国妇幼保健》（137 篇）、《中华妇产科杂志》（52 篇）和《中华儿科杂志》（44 篇），其中，《中国实用妇科与产科杂志》《中华妇产科杂志》《实用妇产科杂志》各刊载了高被引论文 Top 10 中的 2 篇；发表高被引论文数量居前 3 位的学者分别是首都医科大学附属北京儿童医院的申昆玲（4 篇）、四川大学华西第二医院的刘兴会（4 篇）和北京协和医院的郎景和（3 篇）；产出高被引论文数量居前 3 位的机构分别是北京大学第一医院（12 篇）、四川大学华西第二医院（12 篇）和北京协和医院（10 篇）。

表 15-2　妇产科学、儿科学领域高被引论文 Top 10（按 5 年总被引频次排序）

序号	论文题名	第一作者	期刊名称	发表年份	被引频次/次 5 年总频次	被引频次/次 2020 年
1	宫颈癌的流行病学现状和预防	乔友林	中华妇幼临床医学杂志（电子版）	2015	179	14
2	我国宫颈癌流行病学特征和高危因素分析	刘慧强	中国妇幼保健	2016	149	22

序号	论文题名	第一作者	期刊名称	发表年份	被引频次/次	
					5年总频次	2020年
3	《2015年NCCN宫颈癌临床实践指南》解读	周晖	中国实用妇科与产科杂志	2015	126	5
4	产后盆底康复锻炼对女性盆底功能障碍性疾病的预防作用	孙智晶	中华妇产科杂志	2015	121	7
5	中国16城市儿童哮喘患病率20年对比研究	刘传合	中国实用儿科杂志	2015	120	15
6	2008—2014年凶险性前置胎盘的回顾性临床研究	余琳	中华妇产科杂志	2016	108	17
7	中国大陆13年宫颈癌临床流行病学大数据评价	刘萍	中国实用妇科与产科杂志	2018	103	41
8	腹主动脉球囊阻断在凶险性前置胎盘合并胎盘植入剖宫产术中的应用	刘传	实用妇产科杂志	2016	93	5
9	子宫内膜异位症合并不孕患者腹腔镜术后药物治疗妊娠结局分析	李焱	实用妇产科杂志	2015	88	2
10	中国不同胎龄新生儿出生体重曲线研制	朱丽	中华儿科杂志	2015	82	6

15.3 研究主题关联分析

在妇产科学、儿科学领域，418篇高被引论文共被引用了18240次。通过分析施引文献关键词的词频及关键词之间的共现关系，获得妇产科学、儿科学领域的热点主题和主题关联，如图15-1所示。由图可知："儿童""子宫内膜异位症""妊娠结局""剖宫产"等关键词的文档词频较高，是妇产科学、儿科学领域的研究热点；本领域主要形成4个研究主题簇，分别以"剖宫产""产后出血"为核心；以"妊娠结局""妊娠期糖尿病"为核心；以"子宫内膜异位症""腹腔镜"为核心；以"儿童""哮喘"为核心。

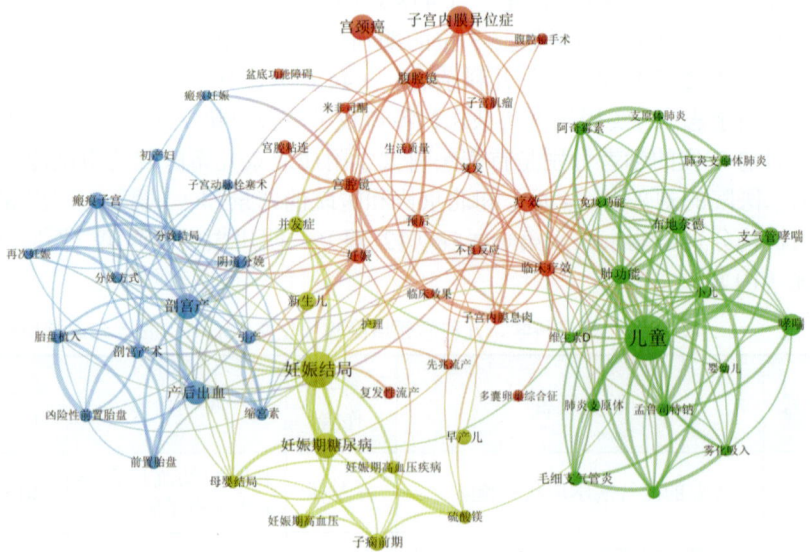

图15-1 妇产科学、儿科学领域热点论文主题关联

15.4　高影响力期刊分析

在妇产科学、儿科学领域，5 年影响因子 Top 10 期刊见表 15-3，总被引频次最高的期刊是《中国妇幼保健》（48607 次），5 年影响因子最高的期刊是《中华妇产科杂志》。

表 15-3　妇产科学、儿科学领域高被引期刊基本指标（按 5 年影响因子排序）

序号	期刊名称	5 年载文量/篇	5 年总被引频次/次	5 年影响因子	高被引论文数量/篇	h 指数
1	中华妇产科杂志	1066	8331	1.590	52	33
2	中国妇幼保健	9712	48607	1.401	137	39
3	中华儿科杂志	1145	6416	1.079	44	31
4	中国实用妇科与产科杂志	1583	8495	0.953	36	30
5	中华围产医学杂志	927	3982	0.852	16	23
6	实用妇产科杂志	1543	7927	0.835	36	32
7	中国当代儿科杂志	1238	5642	0.775	15	25
8	中国妇产科临床杂志	1054	3405	0.713	6	17
9	中华实用儿科临床杂志	2552	8605	0.693	17	25
10	中国计划生育和妇产科	1343	4668	0.682	3	21

15.5　高被引作者分析

2015—2019 年妇产科学、儿科学领域论文总被引频次 Top 10 的作者见表 15-4。其中，发文总被引频次居前 3 位的作者分别是中山大学孙逸仙纪念医院的周晖（267 次）、四川大学华西第二医院的刘兴会（232 次）和北京大学第三医院的杨孜（225 次）。5 年发文量居前 3 位的作者分别是北京大学第三医院的杨孜（21 篇）、南方医科大学南方医院的陈春林（20篇）和广州医科大学附属第三医院的陈敦金（19 篇）。

表 15-4　妇产科学、儿科学领域高被引作者 Top 10（按 5 年总被引频次排序）

序号	作者	作者单位	发文量/篇	5 年总被引频次/次	篇均被引频次/次	被引率/%	h 指数
1	周晖	中山大学孙逸仙纪念医院	8	267	33.38	87.5	6
2	刘兴会	四川大学华西第二医院	8	232	29.00	100.0	6
3	杨孜	北京大学第三医院	21	225	10.71	90.5	6
4	乔友林	中国医学科学院肿瘤医院	2	182	91.00	100.0	2
5	孙智晶	北京协和医院	5	179	35.80	80.0	3
6	刘萍	南方医科大学南方医院	17	174	10.24	76.5	5
7	申昆玲	首都医科大学附属北京儿童医院	7	171	24.43	85.7	5

续表

序号	作者	作者单位	发文量/篇	5年总被引频次/次	篇均被引频次/次	被引率/%	h指数
8	郎景和	北京协和医院	12	152	12.67	91.7	6
9	刘慧强	山西医科大学第二医院	1	149	149.00	100.0	1
10	刘传合	首都儿科研究所	2	141	70.50	100.0	2

15.6 高被引机构分析

妇产科学、儿科学领域总被引频次 Top 20 医院和总被引频次 Top 10 高等院校/科研院所的发文和被引情况分别见表 15-5 和表 15-6。

表 15-5　妇产科学、儿科学领域高被引医院 Top 20（按 5 年总被引频次排序）

序号	第一作者单位	发文量/篇	5年总被引频次/次	篇均被引频次/次	序号	第一作者单位	发文量/篇	5年总被引频次/次	篇均被引频次/次
1	北京大学第一医院	724	3002	4.15	11	湖南省儿童医院	409	1089	2.66
2	中国医科大学附属盛京医院	947	2877	3.04	12	广东省妇幼保健院	325	1084	3.34
3	四川大学华西第二医院	670	2831	4.23	13	复旦大学附属妇产科医院	236	1020	4.32
4	重庆医科大学附属儿童医院	862	2391	2.77	14	北京大学人民医院	331	1014	3.06
5	首都医科大学附属北京儿童医院	829	2242	2.70	15	南京医科大学附属儿童医院	312	979	3.14
6	首都医科大学附属北京妇产医院	368	1960	5.33	16	吉林大学白求恩第一医院	256	950	3.71
7	北京协和医院	407	1894	4.65	17	中山大学孙逸仙纪念医院	175	950	5.43
8	复旦大学附属儿科医院	659	1857	2.82	18	郑州大学第三附属医院	237	935	3.95
9	北京大学第三医院	353	1353	3.83	19	上海交通大学医学院附属新华医院	314	873	2.78
10	郑州大学第一附属医院	346	1142	3.30	20	上海交通大学医学院附属上海儿童医学中心	342	850	2.49

表 15-6　妇产科学、儿科学领域高被引高等院校/科研院所 Top 10（按 5 年总被引频次排序）

序号	第一作者单位	发文量/篇	5年总被引频次/次	篇均被引频次/次	序号	第一作者单位	发文量/篇	5年总被引频次/次	篇均被引频次/次
1	广州市妇女儿童医疗中心	377	1246	3.31	6	潍坊医学院	77	284	3.69
2	中华医学会妇产科学分会	7	799	114.14	7	中国疾病预防控制中心	63	252	4.00
3	首都儿科研究所	150	599	3.99	8	中国医学科学院&北京协和医学院	56	252	4.50
4	天津医科大学	92	389	4.23	9	北京大学	71	215	3.03
5	武汉市妇女儿童医疗保健中心	62	329	5.31	10	复旦大学	73	195	2.67

15.7　高被引国外期刊

妇产科学、儿科学领域 2020 年被引频次 Top 10 的国外期刊见表 15-7，排名居前 3 位的国外期刊分别是 *The New England Journal of Medicine*、*PLOS ONE* 和 *Journal of Pediatric Surgery*。

表 15-7　妇产科学、儿科学领域高被引国外期刊 Top 10（按 2020 年被引频次排序）

序号	期刊名称	2020 年被引频次/次
1	The New England Journal of Medicine	400
2	PLOS ONE	389
3	Journal of Pediatric Surgery	291
4	The Lancet	283
5	American Journal of Obstetrics & Gynecology	257
6	Medicine	219
7	Human Reproduction	204
8	The Journal of Pediatrics	203
9	Journal of Minimally Invasive Gynecology	200
10	Scientific Reports	196

第 16 章　神经病学、精神病学领域高被引分析

16.1　领域论文概况

2015—2019 年，神经病学、精神病学领域的 39 种期刊上共发表学术论文 37691 篇，由来自 5555 所机构的 26538 位学者作为第一作者发表。上述论文中，有 24509 篇获得过引用，整体被引率为 65.0%，总被引频次为 96745 次，篇均被引 2.57 次；其中，高被引论文有 379 篇，高被引论文篇均被引 41.13 次（表 16-1）。另外，2020 年本领域共发表论文 6401 篇，其中有 651 篇在当年获得过引用，总共被引 872 次。

表 16-1　神经病学、精神病学领域论文分布情况

年份	论文数量/篇	总被引频次/次	被引率/%	高被引论文数量/篇	高被引论文被引频次/次
2015	8790	34136	76.6	93	7967
2016	8631	29450	75.7	83	3212
2017	7422	19912	71.9	77	2340
2018	6653	9320	55.8	76	1597
2019	6195	3927	35.6	50	471
合计	37691	96745	65.0	379	15587

16.2　高被引论文分析

在神经病学、精神病学领域，2015—2019 年发表的总被引频次 Top 10 论文（表 16-2）的平均被引频次为 98.2 次，是全部 379 篇高被引论文篇均被引频次的 2.39 倍。从论文分布来看，刊载高被引论文数量居前 3 位的期刊分别是《中华神经科杂志》（44 篇）、《中华神经医学杂志》（34 篇）和《中华行为医学与脑科学杂志》（32 篇），其中，《中国现代神经疾病杂志》《中华神经科杂志》各刊载了高被引论文 Top 10 中的 2 篇；发表高被引论文数量居前 3 位的学者分别是北京市神经外科研究所的孙海欣（3 篇）、北京大学第六医院的吴霞民（2 篇）和首都医科大学附属北京世纪坛医院的张国平（2 篇）；产出高被引论文数量居前 3 位的机构分别是首都医科大学附属北京天坛医院（11 篇）、华北理工大学（7 篇）和四川大学华西医院（6 篇）。

表 16-2　神经病学、精神病学领域高被引论文 Top 10（按 5 年总被引频次排序）

序号	论文题名	第一作者	期刊名称	发表年份	被引频次/次	
					5 年总频次	2020 年
1	急性缺血性卒中血管内治疗中国指南 2015	高峰	中国卒中杂志	2015	190	8
2	帕金森病流行现状	刘疏影	中国现代神经疾病杂志	2016	146	20

续表

序号	论文题名	第一作者	期刊名称	发表年份	被引频次/次	
					5 年总频次	2020 年
3	抗癫痫药物的致畸作用	常琦	中国神经免疫学和神经病学杂志	2016	99	10
4	脑血管病流行病学研究进展	高一鹭	中华神经科杂志	2015	91	6
5	延续性护理在高血压脑出血患者中的实施及对生活能力的影响	张建荣	国际神经病学神经外科学杂志	2015	91	5
6	神经内镜与开颅手术治疗高血压脑出血的疗效比较	张福征	中华神经外科杂志	2015	81	5
7	瑞舒伐他汀与阿托伐他汀对急性脑梗死患者血脂、血清超敏 C 反应蛋白及颈动脉粥样硬化斑块作用的比较	谢坚	临床神经病学杂志	2015	77	4
8	缺血性脑卒中的流行病学研究	涂雪松	中国临床神经科学	2016	73	17
9	中国脑卒中患病率、发病率和死亡率调查结果发表	孙海欣	中华神经科杂志	2017	69	20
10	中国 60 万人群脑血管病流行病学抽样调查报告	孙海欣	中国现代神经疾病杂志	2018	65	21

16.3　研究主题关联分析

在神经病学、精神病学领域，379 篇高被引论文共被引用了 15587 次。通过分析施引文献关键词的词频及关键词之间的共现关系，获得神经病学、精神病学领域的热点主题和主题关联，如图 16-1 所示。

由图可知："脑梗死""急性脑梗死""脑卒中""急性缺血性脑卒中"等关键词的文档词频较高，是神经病学、精神病学领域的研究热点；本领域主要形成 4 个研究主题簇，分别以"脑卒中""帕金森病"为核心；以"脑出血""高血压脑出血"为核心；以"脑梗死""急性脑梗死"为核心；以"预后""卒中"为核心。

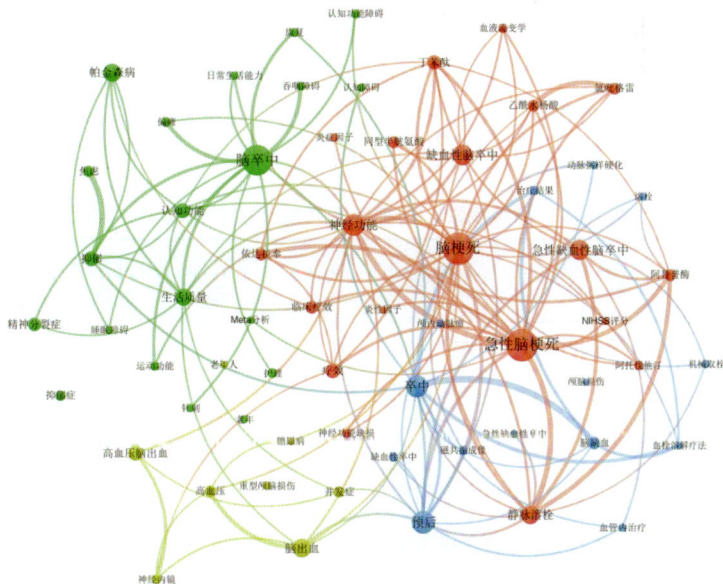

图 16-1　神经病学、精神病学领域热点论文主题关联

16.4　高影响力期刊分析

在神经病学、精神病学领域，5 年影响因子 Top 10 期刊见表 16-3，总被引频次最高的期刊是《中国实用神经疾病杂志》（18554 次），5 年影响因子最高的期刊是《中华神经科杂志》。

表 16-3　神经病学、精神病学领域高被引期刊基本指标（按 5 年影响因子排序）

序号	期刊名称	5 年载文量/篇	5 年总被引频次/次	5 年影响因子	高被引论文数量/篇	h 指数
1	中华神经科杂志	1078	9917	1.832	44	27
2	神经病学与神经康复学杂志	138	335	0.848	4	8
3	中华精神科杂志	426	1486	0.735	15	16
4	中华行为医学与脑科学杂志	1237	4554	0.661	32	18
5	国际精神病学杂志	1642	5698	0.626	27	21
6	中华神经医学杂志	1313	3888	0.542	34	20
7	中国脑血管病杂志	709	2358	0.539	14	17
8	中国卒中杂志	1077	2890	0.504	20	16
9	中华神经外科杂志	1566	4636	0.490	31	21
10	中国现代神经疾病杂志	872	2295	0.481	20	18

16.5　高被引作者分析

2015—2019 年神经病学、精神病学领域论文总被引频次 Top 10 的作者见表 16-4。其中，发文总被引频次居前 3 位的作者分别是中国卒中学会的高峰（190 次）、北京市神经外科研究所的孙海欣（166 次）和首都医科大学宣武医院的刘疏影（152 次）。5 年发文量居前 3 位的作者分别是首都医科大学附属北京天坛医院的杨中华（42 篇）、天津市环湖医院的阎晓玲（29 篇）和山东省临沂市精神卫生中心的孙振晓（21 篇）。

表 16-4　神经病学、精神病学领域高被引作者 Top 10（按 5 年总被引频次排序）

序号	作者	作者单位	发文量/篇	5 年总被引频次/次	篇均被引频次/次	被引率/%	h 指数
1	高峰	中国卒中学会	1	190	190.00	100.0	1
2	孙海欣	北京市神经外科研究所	4	166	41.50	100.0	4
3	刘疏影	首都医科大学宣武医院	2	152	76.00	100.0	2
4	常琦	安徽医科大学附属省立医院	2	117	58.50	100.0	2
5	涂雪松	北京脑血管病医院	9	106	11.78	88.9	3
6	高一鹭	首都医科大学附属北京天坛医院	1	91	91.00	100.0	1
7	张建荣	南阳市中心医院	1	91	91.00	100.0	1

续表

序号	作者	作者单位	发文量/篇	5年总被引频次/次	篇均被引频次/次	被引率/%	h指数
8	张福征	北京市平谷区医院	2	88	44.00	100.0	2
9	谢坚	佛山市第一人民医院	5	81	16.20	60.0	2
10	葛新	锦州市中心医院	2	74	37.00	100.0	2
11	张国平	首都医科大学附属北京世纪坛医院	2	74	37.00	100.0	2

16.6 高被引机构分析

神经病学、精神病学领域总被引频次 Top 20 医院和总被引频次 Top 10 高等院校/科研院所的发文和被引情况分别见表 16-5 和表 16-6。

表16-5 神经病学、精神病学领域高被引医院 Top 20（按 5 年总被引频次排序）

序号	第一作者单位	发文量/篇	5年总被引频次/次	篇均被引频次/次	序号	第一作者单位	发文量/篇	5年总被引频次/次	篇均被引频次/次
1	首都医科大学附属北京天坛医院	716	1702	2.38	11	第四军医大学西京医院	173	519	3.00
2	首都医科大学宣武医院	529	1475	2.79	12	北京协和医院	242	483	2.00
3	武汉大学人民医院	378	905	2.39	13	中国人民解放军总医院	197	469	2.38
4	郑州大学第二附属医院	289	734	2.54	14	第二军医大学附属长海医院	109	430	3.94
5	郑州大学第一附属医院	362	691	1.91	15	河北医科大学第二医院	252	407	1.62
6	四川大学华西医院	246	675	2.74	16	天津医科大学总医院	162	407	2.51
7	南京医科大学附属脑科医院	248	670	2.70	17	河南省人民医院	164	371	2.26
8	复旦大学附属华山医院	282	605	2.15	18	中国医科大学附属盛京医院	163	370	2.27
9	吉林大学白求恩第一医院	427	604	1.41	19	安徽医科大学附属省立医院	106	356	3.36
10	哈尔滨医科大学附属第一医院	341	539	1.58	20	天津市环湖医院	172	344	2.00

表 16-6　神经病学、精神病学领域高被引高等院校/科研院所 Top 10（按 5 年总被引频次排序）

序号	第一作者单位	发文量/篇	5 年总被引频次/次	篇均被引频次/次	序号	第一作者单位	发文量/篇	5 年总被引频次/次	篇均被引频次/次
1	上海交通大学医学院附属上海市精神卫生中心	367	818	2.23	6	安徽医科大学	59	203	3.44
2	华北理工大学	56	262	4.68	7	北京市神经外科研究所	22	190	8.64
3	山东精神卫生中心	70	232	3.31	8	中国卒中学会	1	190	190.00
4	首都医科大学	146	226	1.55	9	天津医科大学	98	183	1.87
5	济宁医学院	84	208	2.48	10	潍坊医学院	67	163	2.43

16.7　高被引国外期刊

神经病学、精神病学领域 2020 年被引频次 Top 10 的国外期刊见表 16-7，排名居前 3 位的国外期刊分别是 *World Neurosurgery*、*Stroke: A Journal of Cerebral Circulation* 和 *The New England Journal of Medicine*。

表 16-7　神经病学、精神病学领域高被引国外期刊 Top 10（按 2020 年被引频次排序）

序号	期刊名称	2020 年被引频次/次
1	World Neurosurgery	718
2	Stroke: A Journal of Cerebral Circulation	653
3	The New England Journal of Medicine	567
4	Journal of Neurosurgery	470
5	PLOS ONE	385
6	Journal of Affective Disorders	370
7	Neurology	367
8	Journal of Neurology	319
9	Lancet Neurology	310
10	Molecular Neurobiology	304

第17章 肿瘤学领域高被引分析

17.1 领域论文概况

2015—2019 年，肿瘤学领域的 37 种期刊上共发表学术论文 37628 篇，由来自 4841 所机构的 29741 位学者作为第一作者发表。上述论文中，有 24720 篇获得过引用，整体被引率为 65.7%，总被引频次为 101938 次，篇均被引 2.71 次；其中，高被引论文有 378 篇，高被引论文篇均被引 45.83 次（表 17-1）。另外，2020 年本领域共发表论文 7296 篇，其中有 711 篇在当年获得过引用，总共被引 940 次。

表 17-1 肿瘤学领域论文分布情况

年份	论文数量/篇	总被引频次/次	被引率/%	高被引论文数量/篇	高被引论文被引频次/次
2015	7463	30549	77.7	72	5552
2016	7568	29800	78.2	75	4663
2017	7546	23518	75.5	75	3482
2018	7386	12085	58.7	71	2229
2019	7665	5986	38.7	85	1397
合计	37628	101938	65.7	378	17323

17.2 高被引论文分析

在肿瘤学领域，2015—2019 年发表的总被引频次 Top 10 论文（表 17-2）的平均被引频次为 523.1 次，是全部 378 篇高被引论文篇均被引频次的 11.41 倍。从论文分布来看，刊载高被引论文数量居前 3 位的期刊分别是《中华肿瘤杂志》（45 篇）、《中国肿瘤临床》（38 篇）和《中国肿瘤》（35 篇），其中，《中国肿瘤》刊载了高被引论文 Top 10 中的 4 篇；发表高被引论文数量居前 3 位的学者分别是中国医学科学院肿瘤医院的陈万青（10 篇）、中国医学科学院肿瘤医院的石远凯（4 篇）和浙江省癌症中心的王悠清（3 篇）；产出高被引论文数量居前 3 位的机构分别是中国医学科学院肿瘤医院（50 篇）、天津医科大学肿瘤医院（11 篇）和河北医科大学第四医院（9 篇）。

表 17-2 肿瘤学领域高被引论文 Top 10（按 5 年总被引频次排序）

序号	论文题名	第一作者	期刊名称	发表年份	被引频次/次 5年总频次	被引频次/次 2020年
1	2012年中国恶性肿瘤发病和死亡分析	陈万青	中国肿瘤	2016	846	36
2	2011年中国恶性肿瘤发病和死亡分析	陈万青	中国肿瘤	2015	695	22
3	2013年中国恶性肿瘤发病和死亡分析	陈万青	中国肿瘤	2017	641	41
4	中国女性乳腺癌发病死亡和生存状况	陈万青	中国肿瘤临床	2015	552	48

序号	论文题名	第一作者	期刊名称	发表年份	被引频次/次	
					5 年总频次	2020 年
5	中国原发性肺癌诊疗规范（2015年版）	支修益	中华肿瘤杂志	2015	547	55
6	中国胃癌流行病学现状	左婷婷	中国肿瘤临床	2017	493	78
7	2014年中国分地区恶性肿瘤发病和死亡分析	陈万青	中国肿瘤	2018	445	86
8	miR-1231在胰腺癌患者血浆和胰腺癌细胞外泌体中的表达及临床意义	陈石林	中华肿瘤杂志	2019	406	334
9	结直肠癌流行病学趋势	李道娟	肿瘤防治研究	2015	358	12
10	2014年中国恶性肿瘤发病和死亡分析	陈万青	中华肿瘤杂志	2018	248	75

17.3　研究主题关联分析

在肿瘤学领域，378 篇高被引论文共被引用了 17323 次。通过分析施引文献关键词的词频及关键词之间的共现关系，获得肿瘤学领域的热点主题和主题关联，如图 17-1 所示。由图可知："肺癌""恶性肿瘤""乳腺癌""非小细胞肺癌"等关键词的文档词频较高，是肿瘤学领域的研究热点；本领域主要形成 4 个研究主题簇，分别以"恶性肿瘤""发病率"为核心；以"乳腺癌""结直肠癌"为核心；以"胃癌""细胞增殖"为核心；以"阿帕替尼""不良反应"为核心。

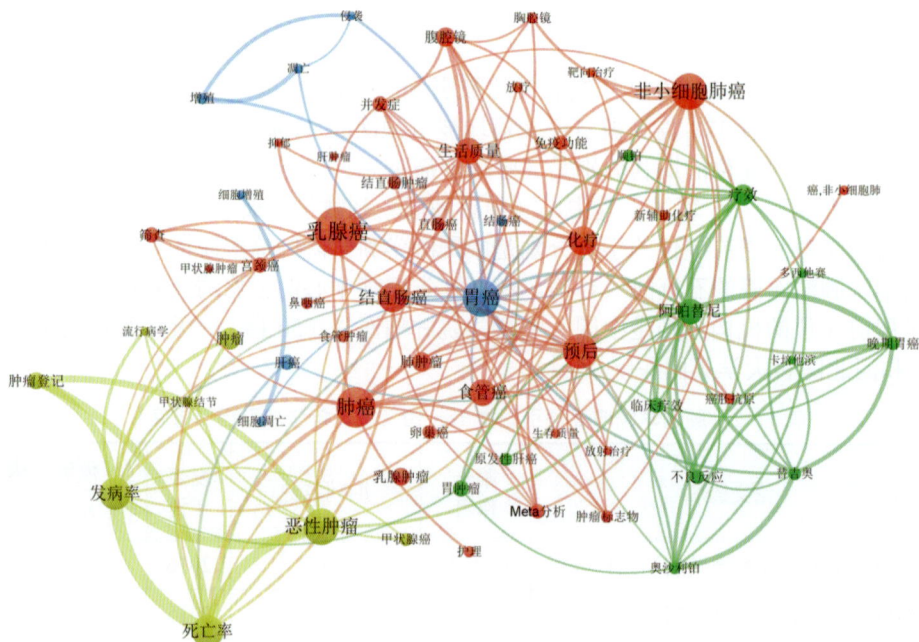

图 17-1　肿瘤学领域热点论文主题关联

17.4　高影响力期刊分析

在肿瘤学领域，5年影响因子Top 10期刊见表17-3，总被引频次最高的期刊是《现代肿瘤医学》（12950次），5年影响因子最高的期刊是《中华肿瘤杂志》。

表17-3　肿瘤学领域高被引期刊基本指标（按5年影响因子排序）

序号	期刊名称	5年载文量/篇	5年总被引频次/次	5年影响因子	高被引论文数量/篇	h指数
1	中华肿瘤杂志	993	5981	1.355	45	26
2	中国肿瘤	896	6675	1.128	35	23
3	中国肺癌杂志	701	3771	0.946	33	25
4	中国癌症研究（英文版）	376	2231	0.835	13	15
5	中国癌症杂志	740	3248	0.769	23	21
6	中国肿瘤临床	1410	6203	0.686	38	26
7	中华肿瘤防治杂志	1633	5881	0.608	28	22
8	癌症进展	2249	4923	0.562	20	17
9	中国肿瘤临床与康复	2179	6434	0.554	16	18
10	肿瘤预防与治疗	504	1228	0.550	6	13

17.5　高被引作者分析

2015—2019年肿瘤学领域论文总被引频次Top 10的作者见表17-4。其中，发文总被引频次居前3位的作者分别是中国医学科学院肿瘤医院的陈万青（3590次）、中国医学科学院肿瘤医院的左婷婷（603次）和首都医科大学宣武医院的支修益（547次）。5年发文量居前3位的作者分别是兰州军区兰州总医院的张百红（43篇）、昆山市疾病预防控制中心的胡文斌（25篇）和河北医科大学第四医院的沈文斌（17篇）。

表17-4　肿瘤学领域高被引作者Top 10（按5年总被引频次排序）

序号	作者	作者单位	发文量/篇	5年总被引频次/次	篇均被引频次/次	被引率/%	h指数
1	陈万青	中国医学科学院肿瘤医院	10	3590	359.00	100.0	10
2	左婷婷	中国医学科学院肿瘤医院	2	603	301.50	100.0	2
3	支修益	首都医科大学宣武医院	1	547	547.00	100.0	1
4	陈石林	湖南省肿瘤医院	1	406	406.00	100.0	1
5	李道娟	河北医科大学第四医院	3	399	133.00	100.0	3
6	秦叔逵	中国人民解放军第八一医院	3	222	74.00	66.7	2
7	孙可欣	中国医学科学院肿瘤医院	2	213	106.50	100.0	2

序号	作者	作者单位	发文量/篇	5年总被引频次/次	篇均被引频次/次	被引率/%	h指数
8	石远凯	中国医学科学院肿瘤医院	8	191	23.88	100.0	5
9	胡文斌	昆山市疾病预防控制中心	25	184	7.36	96.0	8
10	丁健	中国医科大学附属第一医院	1	159	159.00	100.0	1

17.6　高被引机构分析

肿瘤学领域总被引频次 Top 20 医院和总被引频次 Top 10 高等院校/科研院所的发文和被引情况分别见表 17-5 和表 17-6。

表 17-5　肿瘤学领域高被引医院 Top 20（按 5 年总被引频次排序）

序号	第一作者单位	发文量/篇	5年总被引频次/次	篇均被引频次/次	序号	第一作者单位	发文量/篇	5年总被引频次/次	篇均被引频次/次
1	中国医学科学院肿瘤医院	920	8932	9.71	11	新疆医科大学附属肿瘤医院	221	768	3.48
2	天津医科大学肿瘤医院	604	2035	3.37	12	湖南省肿瘤医院	124	760	6.13
3	河北医科大学第四医院	435	1978	4.55	13	郑州大学第一附属医院	362	739	2.04
4	哈尔滨医科大学附属肿瘤医院	551	1189	2.16	14	首都医科大学宣武医院	47	712	15.15
5	复旦大学附属肿瘤医院	357	1068	2.99	15	四川省肿瘤医院	173	577	3.34
6	北京大学肿瘤医院	300	933	3.11	16	中国医科大学附属第一医院	258	573	2.22
7	中国医科大学附属盛京医院	428	928	2.17	17	郑州大学附属肿瘤医院	249	564	2.27
8	四川大学华西医院	180	888	4.93	18	武汉大学人民医院	231	538	2.33
9	广西医科大学附属肿瘤医院	344	868	2.52	19	陕西省肿瘤医院	153	520	3.4
10	浙江省肿瘤医院	220	775	3.52	20	北京协和医院	157	473	3.01

表 17-6　肿瘤学领域高被引高等院校/科研院所 Top 10（按 5 年总被引频次排序）

序号	第一作者单位	发文量/篇	5年总被引频次/次	篇均被引频次/次	序号	第一作者单位	发文量/篇	5年总被引频次/次	篇均被引频次/次
1	国家癌症中心	58	687	11.84	2	中山大学肿瘤防治中心	164	418	2.55

序号	第一作者单位	发文量/篇	5年总被引频次/次	篇均被引频次/次	序号	第一作者单位	发文量/篇	5年总被引频次/次	篇均被引频次/次
3	济南大学	76	242	3.18	7	哈尔滨医科大学	76	167	2.20
4	南华大学	69	216	3.13	8	山东省医学科学院	57	166	2.91
5	山西医科大学	115	190	1.65	9	浙江省癌症中心	9	157	17.44
6	昆山市疾病预防控制中心	27	187	6.93	10	潍坊医学院	50	156	3.12

17.7　高被引国外期刊

肿瘤学领域 2020 年被引频次 Top 10 的国外期刊见表 17-7，排名居前 3 位的国外期刊分别是 *Ca: A Cancer Journal for Clinicians*、*Journal of Clinical Oncology* 和 *The New England Journal of Medicine*。

表 17-7　肿瘤学领域高被引国外期刊 Top 10（按 2020 年被引频次排序）

序号	期刊名称	2020 年被引频次/次
1	Ca: A Cancer Journal for Clinicians	1239
2	Journal of Clinical Oncology	1223
3	The New England Journal of Medicine	1016
4	Oncotarget	871
5	The lancet Oncology	767
6	The Lancet	538
7	Oncology Letters	527
8	Clinical Cancer Research	480
9	Oncogene	461
10	PLOS ONE	448

第 18 章　皮肤病学与性病学领域高被引分析

18.1　领域论文概况

2015—2019 年，皮肤病学与性病学领域的 10 种期刊上共发表学术论文 12985 篇，由来自 2545 所机构的 8845 位学者作为第一作者发表。上述论文中，有 6762 篇获得过引用，整体被引率为 52.1%，总被引频次为 21040 次，篇均被引 1.62 次；其中，高被引论文有 141 篇，高被引论文篇均被引 19.32 次（表 18-1）。另外，2020 年本领域共发表论文 2497 篇，其中有 161 篇在当年获得过引用，总共被引 199 次。

表 18-1　皮肤病学与性病学领域论文分布情况

年份	论文数量/篇	总被引频次/次	被引率/%	高被引论文数量/篇	高被引论文被引频次/次
2015	2688	6805	65.3	27	958
2016	2576	5877	64.1	24	539
2017	2529	4838	60.7	28	644
2018	2689	2445	43.1	30	356
2019	2503	1075	26.5	32	227
合计	12985	21040	52.1	141	2724

18.2　高被引论文分析

在皮肤病学与性病学领域，2015—2019 年发表的总被引频次 Top 10 论文（表 18-2）的平均被引频次为 55.4 次，是全部 141 篇高被引论文篇均被引频次的 2.87 倍。从论文分布来看，刊载高被引论文数量居前 3 位的期刊分别是《中国艾滋病性病》（48 篇）、《中华皮肤科杂志》（31 篇）和《中国中西医结合皮肤性病学杂志》（23 篇），其中，《中国艾滋病性病》刊载了高被引论文 Top 10 中的 5 篇；发表高被引论文数量居前 3 位的学者分别是广西壮族自治区疾病预防控制中心的孟琴（3 篇）、中国医学科学院皮肤病研究所的岳晓丽（3 篇）和广东省皮肤性病防治中心的陈磊（2 篇）；产出高被引论文数量居前 3 位的机构分别是广西壮族自治区疾病预防控制中心（4 篇）、中国疾病预防控制中心（4 篇）和中国医学科学院皮肤病研究所（4 篇）。

表 18-2　皮肤病学与性病学领域高被引论文 Top 10（按 5 年总被引频次排序）

序号	论文题名	第一作者	期刊名称	发表年份	被引频次/次	
					5 年总频次	2020 年
1	中国艾滋病全国疫情数据分析	王丽艳	中国艾滋病性病	2017	132	20
2	痤疮发病机制及治疗目标的新认识	马英	临床皮肤科杂志	2015	58	1
3	广西 2010—2015 年艾滋病流行特征及趋势分析	葛宪民	中国艾滋病性病	2017	56	6

续表

序号	论文题名	第一作者	期刊名称	发表年份	被引频次/次	
					5 年总频次	2020 年
4	CO_2 点阵激光联合胶原贴敷料治疗面部痤疮凹陷性瘢痕的临床观察	薛燕宁	中华皮肤科杂志	2015	53	2
5	2013 年北京市新报告 HIV/AIDS 病人中晚发现病例的特征	曾吉	中国艾滋病性病	2015	50	6
6	2008—2015 年中国性病监测点生殖道沙眼衣原体感染流行特征分析	岳晓丽	中华皮肤科杂志	2016	43	9
7	南京市 2002—2014 年青年学生艾滋病疫情特征分析	徐园园	中国艾滋病性病	2015	42	7
8	我国部分地区艾滋病非婚异性性传播病例感染方式构成及特征分析	陈方方	中国艾滋病性病	2015	41	1
9	2000—2014 年中国淋病流行特征与趋势分析	龚向东	中华皮肤科杂志	2015	40	4
10	中国敏感性皮肤诊治专家共识	何黎	中国皮肤性病学杂志	2017	39	9

18.3　研究主题关联分析

在皮肤病学与性病学领域，141 篇高被引论文共被引用了 2724 次。通过分析施引文献关键词的词频及关键词之间的共现关系，获得皮肤病学与性病学领域的热点主题和主题关联，如图 18-1 所示。由图可知："艾滋病""痤疮""黄褐斑""疗效"等关键词的文档词频较高，是皮肤病学与性病学领域的研究热点；本领域主要形成 6 个研究主题簇，分别以"痤疮""疗效"为核心；以"慢性荨麻疹""不良反应"为核心；以"艾滋病""男男性行为者"为核心；以"获得性免疫缺陷综合征""学生"为核心；以"晚发现""HIV/AIDS"为核心；以"流行病学""梅毒"为核心。

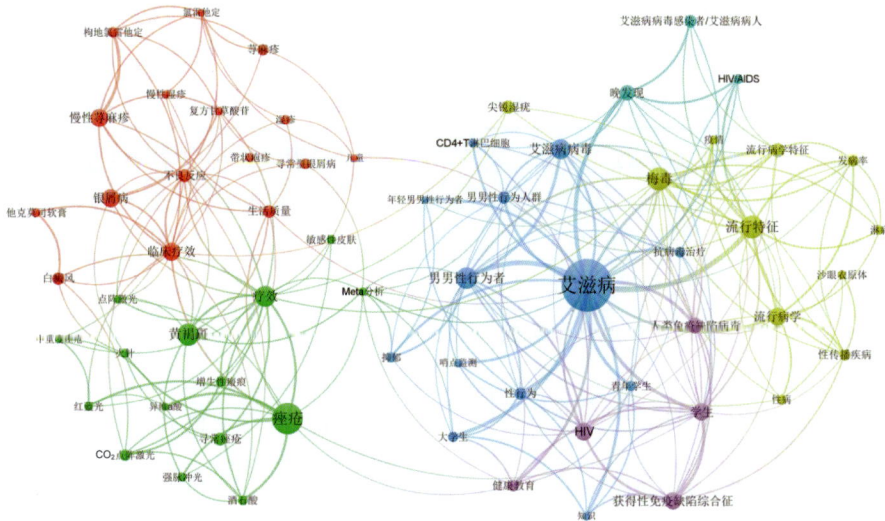

图 18-1　皮肤病学与性病学领域热点论文主题关联

18.4　高影响力期刊分析

在皮肤病学与性病学领域，5 年影响因子 Top 10 期刊见表 18-3，总被引频次最高的期刊是《中国艾滋病性病》（4836 次），5 年影响因子最高的期刊是《中国艾滋病性病》。

表 18-3　皮肤病学与性病学领域高被引期刊基本指标（按 5 年影响因子排序）

序号	期刊名称	5 年载文量/篇	5 年总被引频次/次	5 年影响因子	高被引论文数量/篇	h 指数
1	中国艾滋病性病	1728	4836	0.546	48	21
2	中国中西医结合皮肤性病学杂志	941	2056	0.507	23	15
3	中华皮肤科杂志	1439	2618	0.398	31	16
4	实用皮肤病学杂志	697	1183	0.275	6	11
5	皮肤性病诊疗学杂志	604	1059	0.258	5	11
6	中国皮肤性病学杂志	2248	3328	0.254	15	14
7	皮肤病与性病	1848	1728	0.252	5	10
8	中国麻风皮肤病杂志	1509	1992	0.213	4	11
9	临床皮肤科杂志	1497	1715	0.194	4	11
10	国际皮肤性病学杂志	474	525	0.143	0	8

18.5　高被引作者分析

2015—2019 年皮肤病学与性病学领域论文总被引频次 Top 10 的作者见表 18-4。其中，发文总被引频次居前 3 位的作者分别是中国疾病预防控制中心的王丽艳（132 次）、中国医学科学院皮肤病研究所的岳晓丽（90 次）和广西壮族自治区疾病预防控制中心的葛宪民（65 次）。5 年发文量居前 3 位的作者分别是重庆医科大学附属儿童医院的任发亮（21 篇）、宁波市北仑区人民医院的王松挺（16 篇）和北京协和医院的刘薇（16 篇）。

表 18-4　皮肤病学与性病学领域高被引作者 Top 10（按 5 年总被引频次排序）

序号	作者	作者单位	发文量/篇	5 年总被引频次/次	篇均被引频次/次	被引率/%	h 指数
1	王丽艳	中国疾病预防控制中心	1	132	132.00	100.0	1
2	岳晓丽	中国医学科学院皮肤病研究所	5	90	18.00	100.0	4
3	葛宪民	广西壮族自治区疾病预防控制中心	2	65	32.50	100.0	2
4	孟琴	广西壮族自治区疾病预防控制中心	5	62	12.40	80.0	4
5	徐园园	南京市疾病预防控制中心	4	59	14.75	100.0	3
6	何黎	昆明医科大学第一附属医院	7	58	8.29	100.0	3

序号	作者	作者单位	发文量/篇	5年总被引频次/次	篇均被引频次/次	被引率/%	h 指数
7	马英	复旦大学附属华山医院	1	58	58.00	100.0	1
8	陈磊	广东省皮肤性病防治中心	2	55	27.50	100.0	2
9	薛燕宁	江苏省中医院	1	53	53.00	100.0	1
10	曾吉	北京市疾病预防控制中心	1	50	50.00	100.0	1

18.6　高被引机构分析

皮肤病学与性病学领域总被引频次 Top 20 医院和总被引频次 Top 10 高等院校/科研院所的发文和被引情况分别见表 18-5 和表 18-6。

表 18-5　皮肤病学与性病学领域高被引医院 Top 20（按 5 年总被引频次排序）

序号	第一作者单位	发文量/篇	5年总被引频次/次	篇均被引频次/次	序号	第一作者单位	发文量/篇	5年总被引频次/次	篇均被引频次/次
1	昆明医科大学第一附属医院	172	340	1.98	11	第三军医大学西南医院	54	152	2.81
2	第四军医大学西京皮肤病医院	127	246	1.94	12	沈阳市第七人民医院	91	120	1.32
3	北京协和医院	182	233	1.28	13	首都医科大学附属北京佑安医院	66	116	1.76
4	复旦大学附属华山医院	64	198	3.09	14	北京大学第三医院	63	113	1.79
5	上海市皮肤病医院	107	196	1.83	15	新疆维吾尔自治区人民医院	66	105	1.59
6	中国医学科学院皮肤病医院	121	188	1.55	16	昆明医科大学第二附属医院	104	103	0.99
7	天津市中医药研究院附属医院	106	182	1.72	17	首都医科大学附属北京儿童医院	59	99	1.68
8	南京医科大学第一附属医院	119	176	1.48	18	大连市皮肤病医院	61	92	1.51
9	广东省皮肤病医院	65	164	2.52	19	武汉市第一医院	121	90	0.74
10	四川大学华西医院	140	154	1.10	20	北京大学第一医院	58	90	1.55

表 18-6　皮肤病学与性病学领域高被引高等院校/科研院所 Top 10（按 5 年总被引频次排序）

序号	第一作者单位	发文量/篇	5 年总被引频次/次	篇均被引频次/次	序号	第一作者单位	发文量/篇	5 年总被引频次/次	篇均被引频次/次
1	中国医学科学院皮肤病研究所	252	412	1.63	6	天津市疾病预防控制中心	16	120	7.50
2	广州市皮肤病防治所	115	239	2.08	7	广东省皮肤性病防治中心	13	109	8.38
3	广西壮族自治区疾病预防控制中心	33	214	6.48	8	南京市疾病预防控制中心	12	97	8.08
4	云南省疾病预防控制中心	68	144	2.12	9	浙江省疾病预防控制中心	14	95	6.79
5	中国疾病预防控制中心性病艾滋病预防控制中心	33	128	3.88	10	南宁市疾病预防控制中心	14	92	6.57

18.7　高被引国外期刊

皮肤病学与性病学领域 2020 年被引频次 Top 10 的国外期刊见表 18-7，排名居前 3 位的国外期刊分别是 *Journal of The American Academy of Dermatology*、*British Journal of Dermatology* 和 *The Journal of Investigative Dermatology*。

表 18-7　皮肤病学与性病学领域高被引国外期刊 Top 10（按 2020 年被引频次排序）

序号	期刊名称	2020 年被引频次/次
1	Journal of The American Academy of Dermatology	267
2	British Journal of Dermatology	201
3	The Journal of Investigative Dermatology	182
4	The Journal of Dermatology	142
5	Journal of the European Academy of Dermatology & Venereology	127
6	International Journal of Dermatology	93
7	Experimental Dermatology	84
8	Journal of Dermatological Science	83
9	JAMA Dermatology	80
10	The Lancet	76

第 19 章　五官科学领域高被引分析

19.1　领域论文概况

2015—2019 年，五官科学领域的 51 种期刊上共发表学术论文 37517 篇，由来自 4390 所机构的 27101 位学者作为第一作者发表。上述论文中，有 23448 篇获得过引用，整体被引率为 62.5%，总被引频次为 79703 次，篇均被引 2.12 次；其中，高被引论文有 373 篇，高被引论文篇均被引 23.28 次（表 19-1）。另外，2020 年本领域共发表论文 6995 篇，其中有 543 篇在当年获得过引用，总共被引 737 次。

表 19-1　五官科学领域论文分布情况

年份	论文数量/篇	总被引频次/次	被引率/%	高被引论文数量/篇	高被引论文被引频次/次
2015	8229	25922	74.6	84	3124
2016	7870	23490	72.6	81	2589
2017	7441	17663	70.6	71	1710
2018	7260	8773	54.7	88	876
2019	6717	3855	35.4	49	383
合计	37517	79703	62.5	373	8682

19.2　高被引论文分析

在五官科学领域，2015—2019 年发表的总被引频次 Top 10 论文（表 19-2）的平均被引频次为 57.1 次，是全部 373 篇高被引论文篇均被引频次的 2.45 倍。从论文分布来看，刊载高被引论文数量居前 3 位的期刊分别是《国际眼科杂志》（52 篇）、《中华耳鼻咽喉头颈外科杂志》（38 篇）和《中华耳科学杂志》（26 篇），其中，《中华眼底病杂志》刊载了高被引论文 Top 10 中的 4 篇；发表高被引论文数量居前 3 位的学者分别是首都医科大学附属北京同仁医院的王成硕（3 篇）、首都医科大学附属北京同仁医院的张茉莉（3 篇）和肇庆市高要区人民医院的李炎钊（2 篇）；产出高被引论文数量居前 3 位的机构分别是首都医科大学附属北京同仁医院（19 篇）、北京大学口腔医学院（8 篇）和上海交通大学医学院附属第九人民医院（6 篇）。

表 19-2　五官科学领域高被引论文 Top 10（按 5 年总被引频次排序）

序号	论文题名	第一作者	期刊名称	发表年份	被引频次/次 5 年总频次	2020 年
1	玻璃体腔注射康柏西普联合视网膜激光光凝治疗视网膜分支静脉阻塞继发黄斑水肿疗效观察	张菁	中华眼底病杂志	2015	91	2
2	耳鸣临床应用指南	贺璐	听力学及言语疾病杂志	2015	66	6

序号	论文题名	第一作者	期刊名称	发表年份	被引频次/次 5年总频次	2020年
3	耳内镜下鼓膜置管或穿刺治疗慢性分泌性中耳炎的临床效果对比	徐隽彦	中国耳鼻咽喉头颈外科	2015	59	2
4	根管治疗后牙体修复的治疗方案选择	陈智	华西口腔医学杂志	2015	58	5
5	干眼症眼表损害炎症机制	宿梦苍	国际眼科杂志	2015	54	6
6	玻璃体腔注射康柏西普治疗渗出型老年性黄斑变性的疗效观察	余岚	中华眼底病杂志	2015	54	1
7	玻璃体腔注射雷珠单抗联合曲安奈德或激光光凝治疗视网膜分支静脉阻塞继发黄斑水肿疗效观察	宋爽	中华眼底病杂志	2015	51	1
8	变应性鼻炎研究新进展	梁美君	临床耳鼻咽喉头颈外科杂志	2015	47	2
9	年龄相关性黄斑变性流行病学研究进展	武明星	国际眼科杂志	2015	46	3
10	学习推广中国糖尿病视网膜病变防治指南,科学规范防治糖尿病视网膜病变	黎晓新	中华眼底病杂志	2015	45	1

19.3　研究主题关联分析

在五官科学领域,373篇高被引论文共被引用了8682次。通过分析施引文献关键词的词频及关键词之间的共现关系,获得五官科学领域的热点主题和主题关联,如图19-1所示。由图可知:"变应性鼻炎""糖尿病视网膜病变""康柏西普""白内障"等关键词的文档词频较高,是五官科学领域的研究热点;本领域主要形成5个研究主题簇,分别以"突发性耳聋""良性阵发性位置性眩晕"为核心;以"变应性鼻炎""疗效"为核心;以"白内障""干眼症"为核心;以"糖尿病视网膜病变""康柏西普"为核心;以"牙周炎""临床效果"为核心。

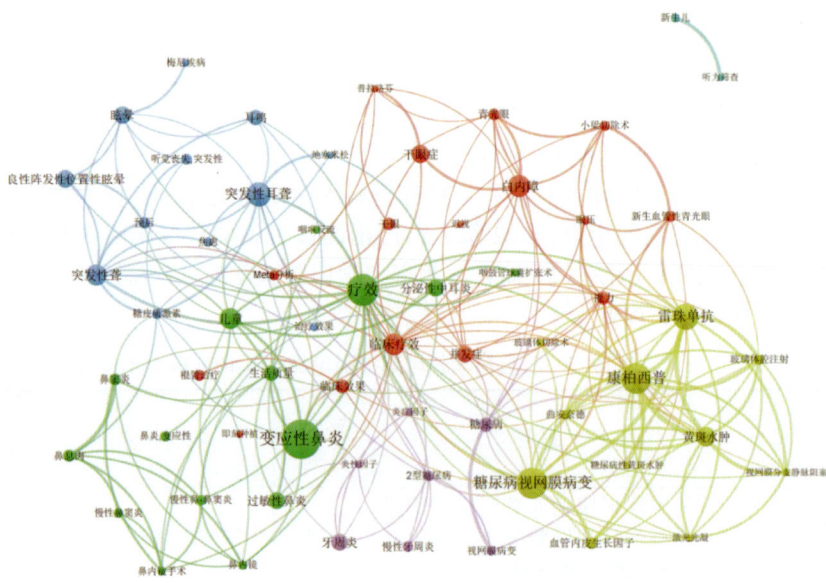

图 19-1　五官科学领域热点论文主题关联

19.4　高影响力期刊分析

在五官科学领域，5 年影响因子 Top 10 期刊见表 19-3，总被引频次最高的期刊是《国际眼科杂志》（8411 次），5 年影响因子最高的期刊是《中华耳鼻咽喉头颈外科杂志》。

表 19-3　五官科学领域高被引期刊基本指标（按 5 年影响因子排序）

序号	期刊名称	5 年载文量/篇	5 年总被引频次/次	5 年影响因子	高被引论文数量/篇	h 指数
1	中华耳鼻咽喉头颈外科杂志	1142	4949	0.795	38	21
2	中华耳科学杂志	870	2869	0.660	26	19
3	中华口腔医学杂志	839	2240	0.566	12	14
4	中华眼科杂志	1076	2931	0.564	25	17
5	华西口腔医学杂志	651	1855	0.484	12	14
6	临床耳鼻咽喉头颈外科杂志	2202	6254	0.475	25	19
7	国际眼科杂志	3023	8411	0.457	52	20
8	中国耳鼻咽喉头颈外科	1047	2670	0.447	13	16
9	中华实验眼科杂志	1124	2818	0.443	18	16
10	听力学及言语疾病杂志	812	2093	0.440	12	16

19.5　高被引作者分析

2015—2019 年五官科学领域论文总被引频次 Top 10 的作者见表 19-4。其中，发文总被引频次居前 3 位的作者分别是首都医科大学附属北京同仁医院的王明婕（94 次）、武汉大学中南医院的张菁（91 次）和首都医科大学附属北京友谊医院的贺璐（82 次）。5 年发文量居前 3 位的作者分别是复旦大学附属眼耳鼻喉科医院的田国红（31 篇）、中国人民解放军总医院的刘洪臣（20 篇）和首都医科大学附属北京同仁医院的李建军（20 篇）。

表 19-4　五官科学领域高被引作者 Top 10（按 5 年总被引频次排序）

序号	作者	作者单位	发文量/篇	5 年总被引频次/次	篇均被引频次/次	被引率/%	h 指数
1	王明婕	首都医科大学附属北京同仁医院	8	94	11.75	87.5	4
2	张菁	武汉大学中南医院	2	91	45.50	50.0	1
3	贺璐	首都医科大学附属北京友谊医院	3	82	27.33	66.7	2
4	程雷	南京医科大学第一附属医院	9	81	9.00	77.8	5
5	李进让	中国人民解放军海军总医院	7	81	11.57	100.0	4

续表

序号	作者	作者单位	发文量/篇	5年总被引频次/次	篇均被引频次/次	被引率/%	h指数
6	张茉莉	首都医科大学附属北京同仁医院	3	80	26.67	100.0	3
7	王成硕	首都医科大学附属北京同仁医院	6	76	12.67	66.7	3
8	田国红	复旦大学附属眼耳鼻喉科医院	31	70	2.26	74.2	4
9	黎晓新	北京大学人民医院	8	69	8.63	75.0	4
10	余岚	武汉大学人民医院	4	69	17.25	100.0	2

19.6　高被引机构分析

五官科学领域总被引频次 Top 20 医院和总被引频次 Top 10 高等院校/科研院所的发文和被引情况分别见表 19-5 和表 19-6。

表 19-5　五官科学领域高被引医院 Top 20（按 5 年总被引频次排序）

序号	第一作者单位	发文量/篇	5年总被引频次/次	篇均被引频次/次	序号	第一作者单位	发文量/篇	5年总被引频次/次	篇均被引频次/次
1	首都医科大学附属北京同仁医院	1223	2611	2.13	11	南京大学医学院附属口腔医院	216	496	2.30
2	上海交通大学医学院附属第九人民医院	915	1672	1.83	12	北京大学人民医院	128	488	3.81
3	中国人民解放军总医院	550	1418	2.58	13	中山大学附属口腔医院	308	482	1.56
4	四川大学华西口腔医院	582	1366	2.35	14	南京医科大学附属口腔医院	244	462	1.89
5	复旦大学附属眼耳鼻喉科医院	518	1033	1.99	15	中国医科大学附属口腔医院	180	444	2.47
6	第四军医大学口腔医院	393	848	2.16	16	中南大学湘雅医院	163	410	2.52
7	郑州大学第一附属医院	401	771	1.92	17	青岛大学附属医院	210	408	1.94
8	北京协和医院	277	699	2.52	18	天津医科大学眼科医院	204	404	1.98
9	武汉大学人民医院	271	602	2.22	19	北京大学第三医院	169	381	2.25
10	温州医科大学附属眼视光医院	217	512	2.36	20	吉林大学口腔医院	258	360	1.40

表 19-6　五官科学领域高被引高等院校/科研院所 Top 10（按 5 年总被引频次排序）

序号	第一作者单位	发文量/篇	5 年总被引频次/次	篇均被引频次/次	序号	第一作者单位	发文量/篇	5 年总被引频次/次	篇均被引频次/次
1	北京大学口腔医学院	407	1226	3.01	6	第四军医大学口腔医学院	110	284	2.58
2	中国医科大学口腔医学院	264	602	2.28	7	南京医科大学	168	281	1.67
3	首都医科大学口腔医学院	255	455	1.78	8	山西医科大学	108	267	2.47
4	武汉大学口腔医学院	177	388	2.19	9	四川大学华西口腔医学院	100	181	1.81
5	中山大学中山眼科中心	131	295	2.25	10	上海交通大学医学院口腔医学院	52	163	3.13

19.7　高被引国外期刊

五官科学领域 2020 年被引频次 Top 10 的国外期刊见表 19-7，排名居前 3 位的国外期刊分别是 *Investigative Ophthalmology & Visual Science*、*Ophthalmology* 和 *PLOS ONE*。

表 19-7　五官科学领域高被引国外期刊 Top 10（按 2020 年被引频次排序）

序号	期刊名称	2020 年被引频次/次
1	Investigative Ophthalmology & Visual Science	820
2	Ophthalmology	635
3	PLOS ONE	479
4	British Journal of Ophthalmology	452
5	Clinical Oral Implants Research	367
6	Retina	345
7	Journal of Endodontics	297
8	Acta Ophthalmologica	293
9	Scientific Reports	274
10	Clinical Oral Investigations	270

第 20 章　特种医学领域高被引分析

20.1　领域论文概况

2015—2019 年，特种医学领域的 57 种期刊上共发表学术论文 79906 篇，由来自 9263 所机构的 61577 位学者作为第一作者发表。上述论文中，有 50476 篇获得过引用，整体被引率为 63.2%，总被引频次为 181457 次，篇均被引 2.27 次；其中，高被引论文有 840 篇，高被引论文篇均被引 19.65 次（表 20-1）。另外，2020 年本领域共发表论文 15596 篇，其中有 1342 篇在当年获得过引用，总共被引 2440 次。

表 20-1　特种医学领域论文分布情况

年份	论文数量/篇	总被引频次/次	被引率/%	高被引论文数量/篇	高被引论文被引频次/次
2015	16759	57422	76.0	159	5088
2016	16439	54644	75.2	165	4877
2017	15648	40730	71.3	166	3676
2018	15505	19062	54.6	180	1801
2019	15555	9599	37.0	170	1066
合计	79906	181457	63.2	840	16508

20.2　高被引论文分析

在特种医学领域，2015—2019 年发表的总被引频次 Top 10 论文（表 20-2）的平均被引频次为 73.1 次，是全部 840 篇高被引论文篇均被引频次的 3.72 倍。从论文分布来看，刊载高被引论文数量居前 3 位的期刊分别是《中国 CT 和 MRI 杂志》（81 篇）、《解放军医药杂志》（70 篇）和《中华放射学杂志》（57 篇），其中，《解放军医学杂志》刊载了高被引论文 Top 10 中的 3 篇；发表高被引论文数量居前 3 位的学者分别是华中科技大学同济医学院附属同济医院的闵祥德（2 篇）、浙江大学医学院附属第二医院的陈粉红（2 篇）和中国人口与发展研究中心的许培海（2 篇）；产出高被引论文数量居前 3 位的机构分别是中国人民解放军总医院（28 篇）、郑州大学第一附属医院（9 篇）和中国医科大学附属盛京医院（9 篇）。

表 20-2　特种医学领域高被引论文 Top 10（按 5 年总被引频次排序）

序号	论文题名	第一作者	期刊名称	发表年份	被引频次/次	
					5 年总频次	2020 年
1	2014 年晚期非小细胞肺癌内科治疗进展	宋勇	解放军医学杂志	2015	113	7
2	2015 年肺癌诊疗指南：共识和争议	陆舜	解放军医学杂志	2016	94	18
3	动态心电图检查老年冠心病心肌缺血和心律失常临床价值分析	夏国宏	医学影像学杂志	2016	86	11

续表

序号	论文题名	第一作者	期刊名称	发表年份	被引频次/次	
					5 年总频次	2020 年
4	传统甲状腺切除术与改良小切口甲状腺切除术治疗甲状腺结节的临床疗效比较	高峰	标记免疫分析与临床	2016	72	5
5	对比分析 X 线、CT 和 MRI 在早期强直性脊柱炎骶髂关节病变诊断中应用的价值	梁佐堂	中国 CT 和 MRI 杂志	2015	71	1
6	互联网+医疗模式的初步探索	孙国强	中国数字医学	2015	64	1
7	2016 年 WHO 中枢神经系统肿瘤分类总结	苏昌亮	放射学实践	2016	61	9
8	CT、MRI 对急性脑梗塞患者早期诊断意义比较	王小乐	中国 CT 和 MRI 杂志	2016	58	4
9	宫腔球囊、纱条填塞以及 B-Lynch 缝合在预防和治疗产后出血中的作用	施怡如	第二军医大学学报	2016	57	3
10	中国成人肥胖、中心性肥胖与高血压和糖尿病的相关性研究	贺媛	解放军医学杂志	2015	55	4

20.3 研究主题关联分析

在特种医学领域，840 篇高被引论文共被引用了 16508 次。通过分析施引文献关键词的词频及关键词之间的共现关系，获得特种医学领域的热点主题和主题关联，如图 20-1 所示。由图可知："磁共振成像""超声检查""体层摄影术，X 线计算机""CT""MRI"等关键词的文档词频较高，是特种医学领域的研究热点；本领域主要形成 6 个研究主题簇，分别以"剖宫产""胎盘植入"为核心；以"CT""MRI"为核心；以"冠心病""疗效"为核心；以"乳腺癌""超声检查"为核心；以"磁共振成像""宫颈癌"为核心；以"体层摄影术，X 线计算机""辐射剂量"为核心。

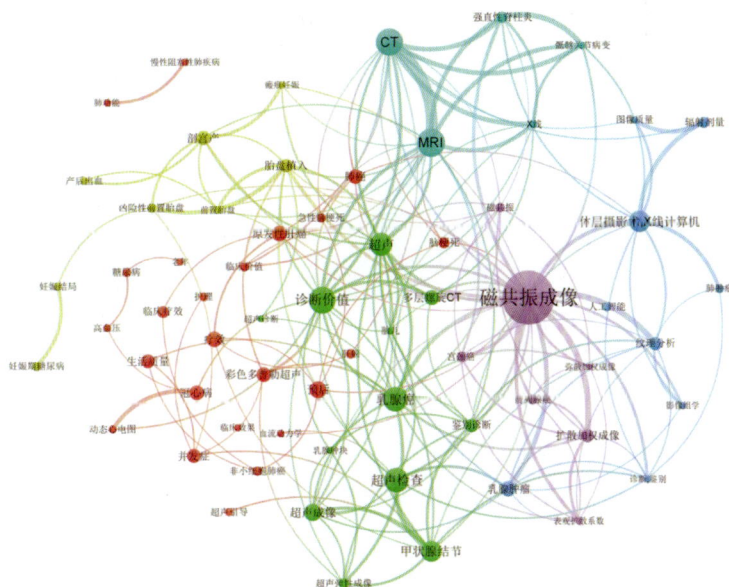

图 20-1 特种医学领域热点论文主题关联

20.4　高影响力期刊分析

在特种医学领域，5 年影响因子 Top 10 期刊见表 20-3，总被引频次最高的期刊是《中国 CT 和 MRI 杂志》（总被引频次 11218），5 年影响因子最高的期刊是《解放军医药杂志》。

表 20-3　特种医学领域高被引期刊基本指标（按 5 年影响因子排序）

序号	期刊名称	5 年载文量/篇	5 年总被引频次/次	5 年影响因子	高被引论文数量/篇	h 指数
1	解放军医药杂志	1737	7746	0.814	70	24
2	中华放射学杂志	1247	4804	0.722	57	24
3	中国 CT 和 MRI 杂志	2582	11218	0.711	81	25
4	解放军医学杂志	989	4348	0.679	37	22
5	介入放射学杂志	1282	5057	0.651	38	22
6	放射学实践	1320	4210	0.576	18	17
7	中国医学影像学杂志	1190	3985	0.567	21	20
8	中国超声医学杂志	2089	6773	0.557	46	23
9	中华航海医学与高气压医学杂志	803	1342	0.535	13	10
10	中国介入影像与治疗学	989	2718	0.533	20	15

20.5　高被引作者分析

2015—2019 年特种医学领域论文总被引频次 Top 10 的作者见表 20-4。其中，发文总被引频次居前 3 位的作者分别是南京军区南京总医院南京大学医学院金陵医院的宋勇（113 次）、上海交通大学附属胸科医院的陆舜（94 次）和舟山市妇幼保健院的夏国宏（86 次）。5 年发文量居前 3 位的作者分别是郑州大学第一附属医院的陈晨（21 篇）、大连医科大学附属第一医院的田士峰（20 篇）和北京大学第三医院的张立华（19 篇）。

表 20-4　特种医学领域高被引作者 Top 10（按 5 年总被引频次排序）

序号	作者	作者单位	发文量/篇	5 年总被引频次/次	篇均被引频次/次	被引率/%	h 指数
1	宋勇	南京军区南京总医院南京大学医学院金陵医院	1	113	113.00	100.0	1
2	陆舜	上海交通大学附属胸科医院	1	94	94.00	100.0	1
3	夏国宏	舟山市妇幼保健院	1	86	86.00	100.0	1
4	姜亮	南京医科大学附属南京第一医院	5	79	15.80	100.0	5
5	尚培中	中国人民解放军第二五一医院	6	78	13.00	100.0	5
6	孙国强	北京协和医院	4	78	19.50	75.0	2

续表

序号	作者	作者单位	发文量/篇	5年总被引频次/次	篇均被引频次/次	被引率/%	h指数
7	冯正直	中国人民解放军第三军医大学	5	73	14.60	100.0	5
8	武中林	河北医科大学第四医院	8	72	9.00	87.5	6
9	高峰	仙桃市中医医院	1	72	72.00	100.0	1
10	马燕	中国医科大学附属盛京医院	5	71	14.20	100.0	5

20.6　高被引机构分析

特种医学领域总被引频次 Top 20 医院和总被引频次 Top 10 高等院校/科研院所的发文和被引情况分别见表 20-5 和表 20-6。

表 20-5　特种医学领域高被引医院 Top 20（按 5 年总被引频次排序）

序号	第一作者单位	发文量/篇	5年总被引频次/次	篇均被引频次/次	序号	第一作者单位	发文量/篇	5年总被引频次/次	篇均被引频次/次
1	中国人民解放军总医院	1627	4316	2.65	11	兰州军区兰州总医院	447	860	1.92
2	郑州大学第一附属医院	816	1578	1.93	12	北京大学第三医院	286	841	2.94
3	中国医科大学附属盛京医院	494	1535	3.11	13	青岛大学附属医院	288	811	2.82
4	第二军医大学附属长海医院	419	1339	3.20	14	第三军医大学新桥医院	220	793	3.60
5	第三军医大学西南医院	304	1106	3.64	15	中国人民解放军海军总医院	309	776	2.51
6	重庆医科大学附属第一医院	431	1092	2.53	16	武警总医院	393	750	1.91
7	第二军医大学长征医院	280	1091	3.90	17	四川大学华西医院	338	723	2.14
8	空军总医院	402	997	2.48	18	沈阳军区总医院	173	674	3.90
9	华中科技大学同济医学院附属同济医院	329	950	2.89	19	南京医科大学第一附属医院	231	657	2.84
10	中国医科大学附属第一医院	339	882	2.60	20	中国人民解放军南京军区南京总医院	228	656	2.88

表 20-6　特种医学领域高被引高等院校/科研院所 Top 10（按 5 年总被引频次排序）

序号	第一作者单位	发文量/篇	5年总被引频次/次	篇均被引频次/次	序号	第一作者单位	发文量/篇	5年总被引频次/次	篇均被引频次/次
1	中国人民解放军第三军医大学	299	1016	3.40	6	山西医科大学	173	302	1.75
2	重庆医科大学	268	701	2.62	7	广州市妇女儿童医疗中心	100	264	2.64
3	中国人民解放军第二军医大学	218	540	2.48	8	第三军医大学野战外科研究所	92	259	2.82
4	中国人民解放军军事医学科学院	247	368	1.49	9	河北北方学院	77	242	3.14
5	南方医科大学	135	349	2.59	10	宁夏医科大学	67	242	3.61

20.7　高被引国外期刊

特种医学领域 2020 年被引频次 Top 10 的国外期刊见表 20-7，排名居前 3 位的国外期刊分别是 *European Radiology*、*Radiology* 和 *European Journal of Radiology*。

表 20-7　特种医学领域高被引国外期刊 Top 10（按 2020 年被引频次排序）

序号	期刊名称	2020 年被引频次/次
1	European Radiology	1076
2	Radiology	869
3	European Journal of Radiology	596
4	PLOS ONE	469
5	Medicine	385
6	Journal of Magnetic Resonance Imaging	363
7	Ca: A Cancer Journal for Clinicians	340
8	Scientific Reports	332
9	The New England Journal of Medicine	283
10	Acta Radiologica	228

第 21 章 药学领域高被引分析

21.1 领域论文概况

2015—2019 年，药学领域的 69 种期刊上共发表学术论文 141014 篇，由来自 15877 所机构的 106678 位学者作为第一作者发表。上述论文中，有 88879 篇获得过引用，整体被引率为 63.0%，总被引频次为 294092 次，篇均被引 2.09 次；其中，高被引论文有 1354 篇，高被引论文篇均被引 23.09 次（表 21-1）。另外，2020 年本领域共发表论文 25356 篇，其中有 2546 篇在当年获得过引用，总共被引 3576 次。

表 21-1 药学领域论文分布情况

年份	论文数量/篇	总被引频次/次	被引率/%	高被引论文数量/篇	高被引论文被引频次/次
2015	31157	89985	73.3	334	10043
2016	29057	88046	74.5	290	9615
2017	26497	64399	71.3	263	6540
2018	26732	33549	55.9	253	3318
2019	27571	18113	38.3	214	1747
合计	141014	294092	63.0	1354	31263

21.2 高被引论文分析

在药学领域，2015—2019 年发表的总被引频次 Top 10 论文（表 21-2）的平均被引频次为 103.4 次，是全部 1354 篇高被引论文篇均被引频次的 4.48 倍。从论文分布来看，刊载高被引论文数量居前 3 位的期刊分别是《中国药房》（218 篇）、《中国临床药理学杂志》（211 篇）和《中国药物与临床》（175 篇），其中，《中国临床药理学杂志》刊载了高被引论文 Top 10 中的 4 篇；发表高被引论文数量居前 3 位的学者分别是上海美优制药有限公司的张明发（34 篇）、天津药物研究院的刘昌孝（5 篇）和首都医科大学附属北京世纪坛医院的金锐（4 篇）；产出高被引论文数量居前 3 位的机构分别是上海美优制药有限公司（35 篇）、中国药科大学（14 篇）和中国食品药品检定研究院（14 篇）。

表 21-2 药学领域高被引论文 Top 10（按 5 年总被引频次排序）

序号	论文题名	第一作者	期刊名称	发表年份	被引频次/次 5 年总频次	被引频次/次 2020 年
1	2 型糖尿病周围神经病变机制研究进展	杨秀颖	中国药理学通报	2016	146	15
2	曲美他嗪联合阿托伐他汀钙治疗冠心病心绞痛伴血脂异常的临床研究	陈慧敏	中国临床药理学杂志	2016	135	12

续表

序号	论文题名	第一作者	期刊名称	发表年份	被引频次/次 5年总频次	被引频次/次 2020年
3	红霉素与阿奇霉素治疗小儿肺炎支原体肺炎的临床研究	陈嘉慧	中国临床药理学杂志	2015	120	9
4	地黄化学成分及其药理作用研究进展	李红伟	药物评价研究	2015	105	16
5	美托洛尔联合曲美他嗪治疗冠心病心力衰竭的临床疗效观察	孙小军	中国医院用药评价与分析	2015	105	0
6	网络药理学与中医药现代研究的若干进展	张彦琼	中国药理学与毒理学杂志	2015	90	26
7	孟鲁司特钠片联合布地奈德混悬液治疗咳嗽变异性哮喘患儿的临床研究	吴莉菁	中国临床药理学杂志	2016	86	5
8	杜仲的化学成分及药理作用研究进展	冯晗	中国临床药理学与治疗学	2015	84	7
9	茯苓的化学成分及生物活性研究进展	徐硕	西北药学杂志	2016	83	11
10	我国中药新药临床研究技术指导原则体系发布概况	周贝	中国临床药理学杂志	2017	80	21

21.3 研究主题关联分析

在药学领域，1354篇高被引论文共被引用了31263次。通过分析施引文献关键词的词频及关键词之间的共现关系，获得药学领域的热点主题和主题关联，如图21-1所示。由图可知："临床疗效""疗效""2型糖尿病""合理用药"等关键词的文档词频较高，是药学领域的研究热点；本领域主要形成6个研究主题簇，分别以"疗效""临床疗效"为核心；以"2型糖尿病""二甲双胍"为核心；以"冠心病""急性脑梗死"为核心；以"产后出血""剖宫产"为核心；以"合理用药""药理作用"为核心；以"含量测定""化学指纹图谱"为核心。

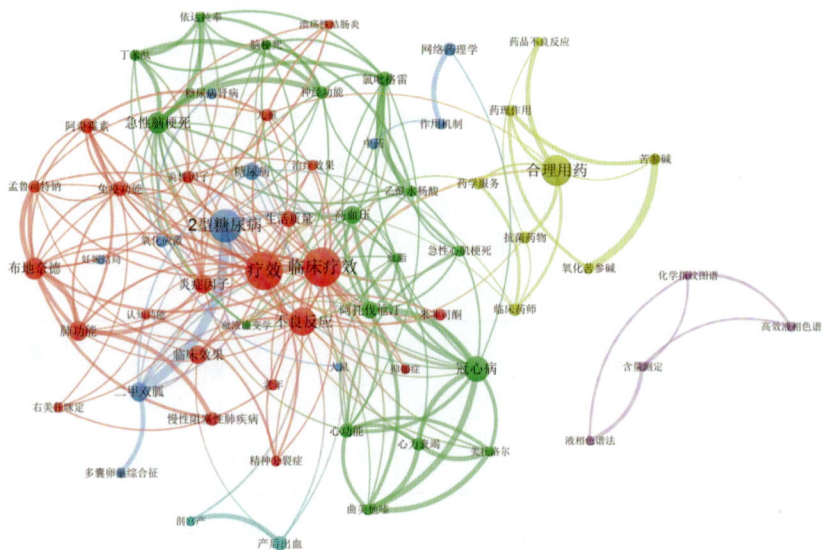

图21-1 药学领域热点论文主题关联

21.4　高影响力期刊分析

在药学领域，5年影响因子 Top 10 期刊见表 21-3，总被引频次最高的期刊是《中国现代药物应用》（28958 次），5年影响因子最高的期刊是《中国药物与临床》。

表 21-3　药学领域高被引期刊基本指标（按 5 年影响因子排序）

序号	期刊名称	5 年载文量/篇	5 年总被引频次/次	5 年影响因子	高被引论文数量/篇	h 指数
1	中国药物与临床	6113	15508	1.062	175	23
2	现代药物与临床	2904	11239	0.802	75	25
3	中国临床药理学杂志	3803	18225	0.742	211	42
4	天津药学	733	1740	0.670	12	14
5	药物评价研究	1597	5472	0.636	59	25
6	中国药房	6205	26947	0.577	218	33
7	中国医院药学杂志	2938	10467	0.575	76	26
8	中国药理学通报	1747	8579	0.537	72	24
9	临床药物治疗杂志	1069	2394	0.515	12	14
10	药学学报	1381	3999	0.499	24	19

21.5　高被引作者分析

2015—2019 年药学领域论文总被引频次 Top 10 的作者见表 21-4。其中，发文总被引频次居前 3 位的作者分别是上海美优制药有限公司的张明发（907 次）、首都医科大学附属北京世纪坛医院的金锐（209 次）和浙江省中医院的陈慧敏（195 次）。5年发文量居前 3 位的作者分别是上海美优制药有限公司的张明发（66 篇）、中国医学科学院药物研究所的郭宗儒（33 篇）和湖北丽益医药科技有限公司的陈本川（33 篇）。

表 21-4　药学领域高被引作者 Top 10（按 5 年总被引频次排序）

序号	作者	作者单位	发文量/篇	5 年总被引频次/次	篇均被引频次/次	被引率/%	h 指数
1	张明发	上海美优制药有限公司	66	907	13.74	98.5	18
2	金锐	首都医科大学附属北京世纪坛医院	18	209	11.61	100.0	10
3	陈慧敏	浙江省中医院	2	195	97.50	100	2
4	徐硕	北京医院	30	193	6.43	86.7	6
5	杨秀颖	中国医学科学院药物研究所	2	147	73.50	100.0	1
6	杨晓莉	陕西省食品药品检验所	7	125	17.86	85.7	5
7	李红伟	河南中医学院	5	122	24.40	100.0	4

序号	作者	作者单位	发文量/篇	5年总被引频次/次	篇均被引频次/次	被引率/%	h 指数
8	陈嘉慧	广州市妇女儿童医疗中心	1	120	120.00	100.0	1
9	蒙光义	玉林市第一人民医院	12	114	9.50	83.3	6
10	刘昌孝	天津药物研究院	9	108	12.00	88.9	6

21.6 高被引机构分析

药学领域总被引频次 Top 20 医院和总被引频次 Top 10 高等院校/科研院所的发文和被引情况分别见表 21-5 和表 21-6。

表 21-5　药学领域高被引医院 Top 20（按 5 年总被引频次排序）

序号	第一作者单位	发文量/篇	5年总被引频次/次	篇均被引频次/次	序号	第一作者单位	发文量/篇	5年总被引频次/次	篇均被引频次/次
1	中国医科大学附属盛京医院	437	1509	3.45	11	北京医院	276	740	2.68
2	山西省人民医院	545	1357	2.49	12	山西省儿童医院	344	692	2.01
3	中国人民解放军总医院	409	1271	3.11	13	武汉大学人民医院	311	663	2.13
4	南阳市中心医院	357	1009	2.83	14	佛山市第一人民医院	419	625	1.49
5	北京大学第一医院	287	945	3.29	15	中南大学湘雅医院	177	621	3.51
6	北京大学第三医院	251	849	3.38	16	首都医科大学宣武医院	235	618	2.63
7	山西省肿瘤医院	314	822	2.62	17	四川省人民医院	162	613	3.78
8	山西医科大学第二医院	386	813	2.11	18	福建省立医院	468	608	1.30
9	山西医学科学院山西大医院	321	790	2.46	19	重庆医科大学附属第一医院	155	608	3.92
10	华中科技大学同济医学院附属同济医院	309	786	2.54	20	苏州大学附属第一医院	202	607	3.00

表 21-6　药学领域高被引高等院校/科研院所 Top 10（按 5 年总被引频次排序）

序号	第一作者单位	发文量/篇	5年总被引频次/次	篇均被引频次/次	序号	第一作者单位	发文量/篇	5年总被引频次/次	篇均被引频次/次
1	中国药科大学	2130	4363	2.05	2	沈阳药科大学	1352	2263	1.67

续表

序号	第一作者单位	发文量/篇	5年总被引频次/次	篇均被引频次/次	序号	第一作者单位	发文量/篇	5年总被引频次/次	篇均被引频次/次
3	中国食品药品检定研究院	963	1994	2.07	7	中国医学科学院药物研究所	393	1074	2.73
4	南京中医药大学	411	1491	3.63	8	北京大学	445	1046	2.35
5	北京中医药大学	557	1351	2.43	9	国家食品药品监督管理总局	301	918	3.05
6	天津中医药大学	378	1293	3.42	10	广东药科大学	587	867	1.48

21.7　高被引国外期刊

药学领域 2020 年被引频次 Top 10 的国外期刊见表 21-7，排名居前 3 位的国外期刊分别是 *The New England Journal of Medicine*、*PLOS ONE* 和 *Journal of Medicinal Chemistry*。

表 21-7　药学领域高被引国外期刊 Top 10（按 2020 年被引频次排序）

序号	期刊名称	2020 年被引频次/次
1	The New England Journal of Medicine	708
2	PLOS ONE	538
3	Journal of Medicinal Chemistry	511
4	The Lancet	462
5	International Journal of Pharmaceutics	442
6	Biomedicine & Pharmacotherapy	391
7	Scientific Reports	379
8	International Journal of Molecular Sciences	354
9	Journal of Controlled Release	320
10	Oncotarget	319

第 22 章　农业科学与工程领域高被引分析

22.1　领域论文概况

2015—2019 年，农业科学与工程领域的 168 种期刊上共发表学术论文 283749 篇，由来自 52446 所机构的 196498 位学者作为第一作者发表。上述论文中，有 127301 篇获得过引用，整体被引率为 44.9%，总被引频次为 367861 次，篇均被引 1.30 次；其中，高被引论文有 2882 篇，高被引论文篇均被引 17.39 次（表 22-1）。另外，2020 年本领域共发表论文 61062 篇，其中有 5150 篇在当年获得过引用，总共被引 6301 次。

表 22-1　农业科学与工程领域论文分布情况

年份	论文数量/篇	总被引频次/次	被引率/%	高被引论文数量/篇	高被引论文被引频次/次
2015	58140	122770	55.8	583	17870
2016	56856	98816	52.4	555	13145
2017	55657	75498	48.6	533	9892
2018	54872	47129	40.9	505	5649
2019	58224	23648	26.7	706	3560
合计	283749	367861	44.9	2882	50116

22.2　高被引论文分析

在农业科学与工程领域，2015—2019 年发表的总被引频次 Top 10 论文（表 22-2）的平均被引频次为 116.6 次，是全部 2882 篇高被引论文篇均被引频次的 6.71 倍。从论文分布来看，刊载高被引论文数量居前 3 位的期刊分别是《农业工程学报》（577 篇）、《中国农业科学》（264 篇）和《农业机械学报》（244 篇），其中，《农业工程学报》刊载了高被引论文 Top 10 中的 3 篇；发表高被引论文数量居前 3 位的学者分别是东北农业大学的吕金庆（7 篇）、湖南省土壤肥料研究所的鲁艳红（6 篇）和甘肃农业大学的戴飞（6 篇）；产出高被引论文数量居前 3 位的机构分别是中国农业大学（185 篇）、西北农林科技大学（138 篇）和中国农业科学院（100 篇）。

表 22-2　农业科学与工程领域高被引论文 Top 10（按 5 年总被引频次排序）

序号	论文题名	第一作者	期刊名称	发表年份	5 年总频次	2020 年
1	凌河流域水资源现状及保护措施	李学森	水土保持应用技术	2015	203	4
2	中国水稻高产栽培技术创新与实践	朱德峰	中国农业科学	2015	130	15
3	提高农业机械化水平促进农业可持续发展	罗锡文	农业工程学报	2016	129	17

续表

序号	论文题名	第一作者	期刊名称	发表年份	被引频次/次	
					5 年总频次	2020 年
4	基于可见光波段无人机遥感的植被信息提取	汪小钦	农业工程学报	2015	113	18
5	滴灌施肥水肥耦合对温室番茄产量、品质和水氮利用的影响	邢英英	中国农业科学	2015	109	8
6	农业机械自动导航技术研究进展	胡静涛	农业工程学报	2015	107	9
7	农业遥感研究现状与展望	史舟	农业机械学报	2015	99	10
8	中国节水灌溉装备发展现状、问题、趋势与建议	袁寿其	排灌机械工程学报	2015	99	6
9	不同秸秆生物炭对红壤性水稻土养分及微生物群落结构的影响	李明	中国农业科学	2015	89	7
10	土壤酸化及其调控研究进展	徐仁扣	土壤	2015	88	14

22.3　研究主题关联分析

在农业科学与工程领域，2882 篇高被引论文共被引用了 50116 次。通过分析施引文献关键词的词频及关键词之间的共现关系，获得农业科学与工程领域的热点主题和主题关联，如图 22-1 所示。由图可知："产量""农业机械""土壤""无人机"等关键词的文档词频较高，是农业科学与工程领域的研究热点；本领域主要形成 4 个研究主题簇，分别以"无人机""遥感"为核心；以"马铃薯""农业机械"为核心；以"产量""玉米"为核心；以"土壤""生物活性炭"为核心。

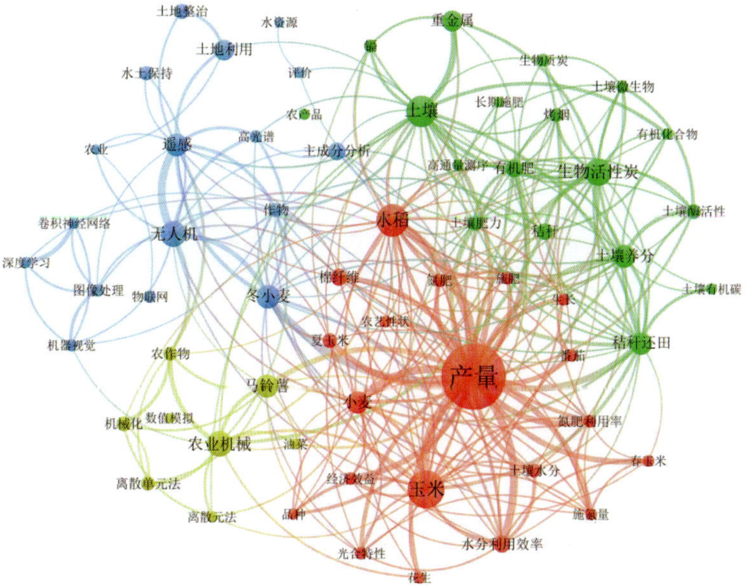

图 22-1　农业科学与工程领域热点论文主题关联

22.4　高影响力期刊分析

在农业科学与工程领域，5 年影响因子 Top 10 期刊见表 22-3，总被引频次最高的期刊是《农业工程学报》（31338 次），5 年影响因子最高的期刊是《植物营养与肥料学报》。

表 22-3　农业科学与工程领域高被引期刊基本指标（按 5 年影响因子排序）

序号	期刊名称	5 年载文量/篇	5 年总被引频次/次	5 年影响因子	高被引论文数量/篇	h 指数
1	植物营养与肥料学报	970	6811	1.451	146	30
2	中国土地科学	697	4597	1.343	112	23
3	土壤学报	727	4949	1.195	109	27
4	中国农业科学	2152	13385	1.022	264	36
5	农业工程学报	5122	31338	0.955	577	39
6	中国生态农业学报	951	5142	0.945	100	24
7	土壤	875	3614	0.859	50	21
8	中国土壤与肥料	787	2743	0.855	37	16
9	农业机械学报	3196	16070	0.775	244	32
10	水土保持学报	1685	6813	0.773	80	19

22.5　高被引作者分析

2015—2019 年农业科学与工程领域论文总被引频次 Top 10 的作者见表 22-4。其中，发文总被引频次居前 3 位的作者分别是东北农业大学的王金武（255 次）、东北农业大学的吕金庆（218 次）和辽宁省凌河保护区管理局的李学森（203 次）。5 年发文量居前 3 位的作者分别是湖南省沅江市农村工作办公室的曹涤环（57 篇）、湖北省十堰农校的陈茂春（47 篇）和中国热带农业科学院科技信息研究所的黄慧德（42 篇）。

表 22-4　农业科学与工程领域高被引作者 Top 10（按 5 年总被引频次排序）

序号	作者	作者单位	发文量/篇	5 年总被引频次/次	篇均被引频次/次	被引率/%	h 指数
1	王金武	东北农业大学	21	255	12.14	95.2	8
2	吕金庆	东北农业大学	19	218	11.47	94.7	8
3	李学森	辽宁省凌河保护区管理局	1	203	203.00	100.0	1
4	严金明	中国人民大学	7	187	26.71	100.0	5
5	贾洪雷	吉林大学	21	169	8.05	95.2	8
6	鲁艳红	湖南省土壤肥料研究所	10	167	16.70	90.0	7
7	邢英英	西北农林科技大学	2	156	78.00	100.0	2

序号	作者	作者单位	发文量/篇	5年总被引频次/次	篇均被引频次/次	被引率/%	h指数
8	付强	东北农业大学	25	148	5.92	92.0	9
9	孙俊	江苏大学	16	148	9.25	100.0	7
10	戴飞	甘肃农业大学	22	135	6.14	90.9	7

22.6　高被引机构分析

农业科学与工程领域总被引频次 Top 20 高等院校和总被引频次 Top 10 科研院所的发文和被引情况分别见表 22-5 和表 22-6。

表 22-5　农业科学与工程领域高被引高等院校 Top 20（按 5 年总被引频次排序）

序号	第一作者单位	发文量/篇	5年总被引频次/次	篇均被引频次/次	序号	第一作者单位	发文量/篇	5年总被引频次/次	篇均被引频次/次
1	西北农林科技大学	3480	11616	3.34	11	石河子大学	2130	3660	1.72
2	中国农业大学	2649	10701	4.04	12	山西农业大学	1772	3540	2.00
3	南京农业大学	2373	6624	2.79	13	新疆农业大学	2269	3497	1.54
4	东北农业大学	1977	5214	2.64	14	湖南农业大学	1669	3356	2.01
5	华南农业大学	1662	4766	2.87	15	四川农业大学	1340	3342	2.49
6	华中农业大学	1441	4593	3.19	16	河北农业大学	1742	3311	1.90
7	甘肃农业大学	1755	4448	2.53	17	江苏大学	1049	3259	3.11
8	山东农业大学	1564	3873	2.48	18	内蒙古农业大学	1458	3240	2.22
9	河南农业大学	1636	3829	2.34	19	吉林农业大学	1296	3215	2.48
10	沈阳农业大学	1491	3784	2.54	20	北京林业大学	919	2836	3.09

表 22-6　农业科学与工程领域高被引科研机构 Top 10（按 5 年总被引频次排序）

序号	第一作者单位	发文量/篇	5年总被引频次/次	篇均被引频次/次	序号	第一作者单位	发文量/篇	5年总被引频次/次	篇均被引频次/次
1	江苏省农业科学院	1285	3162	2.46	4	中国农业科学院农业资源与农业区划研究所	213	1933	9.08
2	山西省农业科学院	1297	2431	1.87	5	中国科学院南京土壤研究所	363	1859	5.12
3	福建省农业科学院	1117	1959	1.75	6	甘肃省农业科学院	811	1825	2.25

序号	第一作者单位	发文量/篇	5年总被引频次/次	篇均被引频次/次	序号	第一作者单位	发文量/篇	5年总被引频次/次	篇均被引频次/次
7	广西农业科学院	691	1686	2.44	9	农业部南京农业机械化研究所	444	1524	3.43
8	河南省农业科学院	541	1567	2.90	10	山东省农业科学院	755	1492	1.98

22.7　高被引国外期刊

农业科学与工程领域 2020 年被引频次 Top 10 的国外期刊见表 22-7，排名居前 3 位的国外期刊分别是 *Science of the Total Environment*、*PLOS ONE* 和 *Field Crops Research*。

表 22-7　农业科学与工程领域高被引国外期刊 Top 10（按 2020 年被引频次排序）

序号	期刊名称	2020 年被引频次/次
1	Science of the Total Environment	1029
2	PLOS ONE	657
3	Field Crops Research	575
4	Scientific Reports	563
5	Food Chemistry	553
6	Frontiers in Plant Science	527
7	Agricultural Water Management	495
8	Bioresource Technology	383
9	Computers & Electronics in Agriculture	379
10	Scientia Horticulturae	371

第 23 章　植物保护学领域高被引分析

23.1　领域论文概况

2015—2019 年，植物保护学领域的 16 种期刊上共发表学术论文 11163 篇，由来自 2231 所机构的 8209 位学者作为第一作者发表。上述论文中，有 6674 篇获得过引用，整体被引率为 59.8%，总被引频次为 21875 次，篇均被引 1.96 次；其中，高被引论文有 121 篇，高被引论文篇均被引 22.31 次（表 23-1）。另外，2020 年本领域共发表论文 2459 篇，其中有 325 篇在当年获得过引用，总共被引 495 次。

表 23-1　植物保护学领域论文分布情况

年份	论文数量/篇	总被引频次/次	被引率/%	高被引论文数量/篇	高被引论文被引频次/次
2015	2369	7148	71.8	25	771
2016	2204	5700	71.2	25	518
2017	2175	4093	65.6	24	382
2018	2196	2564	52.7	25	322
2019	2219	2370	37.0	22	707
合计	11163	21875	59.8	121	2700

23.2　高被引论文分析

在植物保护学领域，2015—2019 年发表的总被引频次 Top 10 论文（表 23-2）的平均被引频次为 62.8 次，是全部 121 篇高被引论文篇均被引频次的 2.81 倍。从论文分布来看，刊载高被引论文数量居前 3 位的期刊分别是《植物保护》（46 篇）、《中国生物防治学报》（19 篇）和《植物保护学报》（14 篇），其中，《植物保护》刊载了高被引论文 Top 10 中的 6 篇；发表高被引论文数量居前 3 位的学者分别是全国农业技术推广服务中心的杨普云（4 篇）、中国农业科学院的赵胜园（4 篇）和华南农业大学的王磊（2 篇）；产出高被引论文数量居前 3 位的机构分别是中国农业科学院（20 篇）、全国农业技术推广服务中心（14 篇）和中国农业大学（8 篇）。

表 23-2　植物保护学领域高被引论文 Top 10（按 5 年总被引频次排序）

序号	论文题名	第一作者	期刊名称	发表年份	被引频次/次 5 年总频次	被引频次/次 2020 年
1	植物源农药研究进展	张兴	中国生物防治学报	2015	111	10
2	草地贪夜蛾侵入我国的发生动态和未来趋势分析	姜玉英	中国植保导刊	2019	78	30
3	警惕危险性害虫草地贪夜蛾入侵中国	郭井菲	植物保护	2018	66	22

序号	论文题名	第一作者	期刊名称	发表年份	被引频次/次	
					5年总频次	2020年
4	草地贪夜蛾缅甸虫源迁入中国的路径分析	吴秋琳	植物保护	2019	57	23
5	入侵云南草地贪夜蛾的分子鉴定	张磊	植物保护	2019	57	19
6	常用化学杀虫剂对草地贪夜蛾防效的室内测定	赵胜园	植物保护	2019	55	24
7	生物农药的发展现状与趋势分析	邱德文	中国生物防治学报	2015	54	2
8	雾滴大小和覆盖密度与农药防治效果的关系	袁会珠	植物保护	2015	51	7
9	中国农药使用现状及对策建议	陈晓明	农药科学与管理	2016	51	4
10	近10年农作物主要病虫害发生危害情况的统计和分析	刘万才	植物保护	2016	48	10

23.3 研究主题关联分析

在植物保护学领域，121篇高被引论文共被引用了2700次。通过分析施引文献关键词的词频及关键词之间的共现关系，获得植物保护学领域的热点主题和主题关联，如图23-1所示。由图可知："草地贪夜蛾""防治效果""生物防治""杀虫剂"等关键词的文档词频较高，是植物保护学领域的研究热点；本领域主要形成5个研究主题簇，分别以"监测预警""综合防治"为核心；以"防效""水稻"为核心；以"草地贪夜蛾""生物防治"为核心；以"防治效果""杀虫剂"为核心；以"农药残留""QuEChERS"为核心。

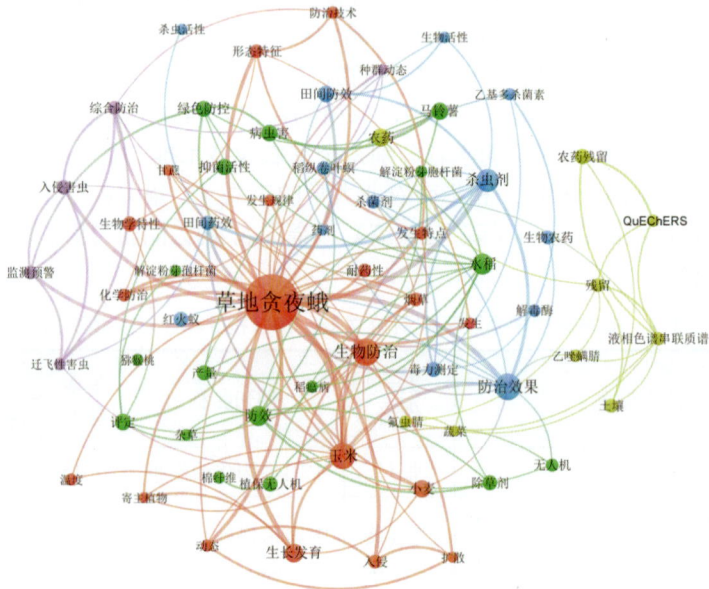

图 23-1 植物保护学领域热点论文主题关联

23.4　高影响力期刊分析

在植物保护学领域，5 年影响因子 Top 10 期刊见表 23-3，总被引频次最高的期刊是《植物保护》（4237 次），5 年影响因子最高的期刊是《植物保护》。

表 23-3　植物保护学领域高被引期刊基本指标（按 5 年影响因子排序）

序号	期刊名称	5 年载文量/篇	5 年总被引频次/次	5 年影响因子	高被引论文数量/篇	h 指数
1	植物保护	1311	4237	0.893	46	21
2	中国生物防治学报	603	2115	0.713	19	15
3	杂草学报	234	535	0.662	0	7
4	植物保护学报	869	2435	0.627	14	14
5	农药学学报	536	1478	0.550	2	12
6	环境昆虫学报	916	1797	0.512	8	13
7	世界农药	387	521	0.468	3	9
8	中国植保导刊	1225	2415	0.377	11	14
9	农药	1304	2302	0.356	9	13
10	植物病理学报	516	952	0.341	4	10

23.5　高被引作者分析

2015—2019 年植物保护学领域论文总被引频次 Top 10 的作者见表 23-4。其中，发文总被引频次居前 3 位的作者分别是全国农业技术推广服务中心的姜玉英（170 次）、中国农业科学院的赵胜园（116 次）和西北农林科技大学的张兴（111 次）。5 年发文量居前 3 位的作者分别是上海市农药研究所的叶萱（35 篇）、上海市农药研究所的筱禾（27 篇）和上海市农药研究所的张一宾（26 篇）。

表 23-4　植物保护学领域高被引作者 Top 10（按 5 年总被引频次排序）

序号	作者	作者单位	发文量/篇	5 年总被引频次/次	篇均被引频次/次	被引率/%	h 指数
1	姜玉英	全国农业技术推广服务中心	8	170	21.25	100.0	5
2	赵胜园	中国农业科学院	5	116	23.20	100.0	5
3	张兴	西北农林科技大学	1	111	111.00	100.0	1
4	吴秋琳	中国农业科学院	2	103	51.50	100.0	2
5	郭井菲	中国农业科学院	2	98	49.00	100.0	2
6	黄冲	全国农业技术推广服务中心	13	97	7.46	92.3	5
7	刘杰	全国农业技术推广服务中心	11	88	8.00	90.9	6

续表

序号	作者	作者单位	发文量/篇	5年总被引频次/次	篇均被引频次/次	被引率/%	h指数
8	刘万才	全国农业技术推广服务中心	7	86	12.29	100.0	5
9	杨普云	全国农业技术推广服务中心	9	79	8.78	77.8	5
10	张磊	中国农业科学院深圳农业基因组研究所	2	79	39.50	100.0	2

23.6　高被引机构分析

植物保护学领域总被引频次 Top 20 高等院校和总被引频次 Top 10 科研院所的发文和被引情况分别见表 23-5 和表 23-6。

表 23-5　植物保护学领域高被引高等院校 Top 20（按 5 年总被引频次排序）

序号	第一作者单位	发文量/篇	5年总被引频次/次	篇均被引频次/次	序号	第一作者单位	发文量/篇	5年总被引频次/次	篇均被引频次/次
1	中国农业大学	189	497	2.63	11	湖南农业大学	96	220	2.29
2	西北农林科技大学	149	482	3.23	12	浙江大学	80	219	2.74
3	华南农业大学	175	466	2.66	13	海南大学	77	201	2.61
4	山东农业大学	149	415	2.79	14	甘肃农业大学	71	199	2.80
5	沈阳农业大学	133	322	2.42	15	江西农业大学	116	184	1.59
6	河北农业大学	131	307	2.34	16	青岛农业大学	83	178	2.14
7	南京农业大学	100	278	2.78	17	西南大学	68	177	2.60
8	云南农业大学	110	250	2.27	18	扬州大学	75	152	2.03
9	吉林农业大学	112	249	2.22	19	广西大学	94	143	1.52
10	贵州大学	113	231	2.04	20	东北农业大学	67	140	2.09

表 23-6　植物保护学领域高被引科研院所 Top 10（按 5 年总被引频次排序）

序号	第一作者单位	发文量/篇	5年总被引频次/次	篇均被引频次/次	序号	第一作者单位	发文量/篇	5年总被引频次/次	篇均被引频次/次
1	全国农业技术推广服务中心	119	791	6.65	4	江苏省农业科学院	61	240	3.93
2	中国农业科学院植物保护研究所	176	767	4.36	5	农业部农药检定所	164	223	1.36
3	广东省农业科学院	94	287	3.05	6	北京市农林科学院	54	204	3.78

续表

序号	第一作者单位	发文量/篇	5年总被引频次/次	篇均被引频次/次	序号	第一作者单位	发文量/篇	5年总被引频次/次	篇均被引频次/次
7	中国热带农业科学院环境与植物保护研究所	66	201	3.05	9	河南省农业科学院	69	188	2.72
8	云南省农业科学院	58	190	3.28	10	河北省农林科学院	58	174	3.00

23.7 高被引国外期刊

植物保护学领域 2020 年被引频次 Top 10 的国外期刊见表 23-7，排名居前 3 位的国外期刊分别是 *Pest Management Science*、*Plant Disease* 和 *Scientific Reports*。

表 23-7　植物保护学领域高被引国外期刊 Top 10（按 2020 年被引频次排序）

序号	期刊名称	2020 年被引频次/次
1	Pest Management Science	179
2	Plant Disease	139
3	Scientific Reports	119
4	Journal of Economic Entomology	113
5	PLOS ONE	96
6	Journal of Agricultural & Food Chemistry	62
7	Crop Protection	60
8	Proceedings of the National Academy of Sciences of the United States of America	52
9	African Entomology	45
10	The New Phytologist	44

第 24 章　农作物领域高被引分析

24.1　领域论文概况

2015—2019 年，农作物领域的 41 种期刊上共发表学术论文 37261 篇，由来自 8178 所机构的 27782 位学者作为第一作者发表。上述论文中，有 20618 篇获得过引用，整体被引率为 55.3%，总被引频次为 62585 次，篇均被引 1.68 次；其中，高被引论文有 385 篇，高被引论文篇均被引 16.32 次（表 24-1）。另外，2020 年本领域共发表论文 8713 篇，其中有 1088 篇在当年获得过引用，总共被引 1373 次。

表 24-1　农作物领域论文分布情况

年份	论文数量/篇	总被引频次/次	被引率/%	高被引论文数量/篇	高被引论文被引频次/次
2015	6793	19837	69.7	69	2026
2016	6773	15999	65.9	61	1429
2017	7358	13427	61.6	81	1287
2018	7647	8315	49.8	87	989
2019	8690	5007	35.5	87	554
合计	37261	62585	55.3	385	6285

24.2　高被引论文分析

在农作物领域，2015—2019 年发表的总被引频次 Top 10 论文（表 24-2）的平均被引频次为 53.6 次，是全部 385 篇高被引论文篇均被引频次的 3.28 倍。从论文分布来看，刊载高被引论文数量居前 3 位的期刊分别是《作物学报》（68 篇）、《核农学报》（57 篇）和《植物遗传资源学报》（40 篇），其中，《作物杂志》《作物学报》各刊载了高被引论文 Top 10 中的 2 篇；发表高被引论文数量居前 3 位的学者分别是中国农业科学院棉花研究所的喻树迅（3 篇）、北京工商大学的刘晓雪（3 篇）和中国农业科学院的李少昆（2 篇）；产出高被引论文数量居前 3 位的机构分别是中国农业科学院（23 篇）、山东农业大学（17 篇）和甘肃农业大学（16 篇）。

表 24-2　农作物领域高被引论文 Top 10（按 5 年总被引频次排序）

序号	论文题名	第一作者	期刊名称	发表年份	被引频次/次	
					5 年总频次	2020 年
1	中国藜麦产业现状	任贵兴	作物杂志	2015	80	16
2	实施密植高产机械化生产实现玉米高产高效协同	李少昆	作物杂志	2016	74	24
3	黄柏的药理作用及其活性成分提取	陈阳峰	作物研究	2015	74	3
4	超氧化物歧化酶与植物抗逆性	夏民旋	分子植物育种	2015	50	7

序号	论文题名	第一作者	期刊名称	发表年份	被引频次/次	
					5 年总频次	2020 年
5	谷子核心种质表型遗传多样性分析及综合评价	王海岗	作物学报	2016	46	8
6	鹰嘴豆种质资源农艺性状遗传多样性分析	聂石辉	植物遗传资源学报	2015	44	7
7	快乐植棉——中国棉花生产的发展方向	喻树迅	棉花学报	2015	44	3
8	不同青稞品种的营养品质评价	徐菲	麦类作物学报	2016	43	11
9	茶叶生物化学研究进展	宛晓春	茶叶科学	2015	42	4
10	秸秆还田条件下适量施氮对冬小麦氮素利用及产量的影响	陈金	作物学报	2015	39	3

24.3 研究主题关联分析

在农作物领域，385 篇高被引论文共被引用了 6285 次。通过分析施引文献关键词的词频及关键词之间的共现关系，获得农作物领域的热点主题和主题关联，如图 24-1 所示。由图可知："产量""玉米""遗传多样性""农艺性状"等关键词的文档词频较高，是农作物领域的研究热点；本领域主要形成 6 个研究主题簇，分别以"玉米""品种"为核心；以"产量""水稻"为核心；以"烤烟""生物活性炭"为核心；以"小麦""干旱胁迫"为核心；以"棉纤维""低温胁迫"为核心；以"遗传多样性""主成分分析"为核心。

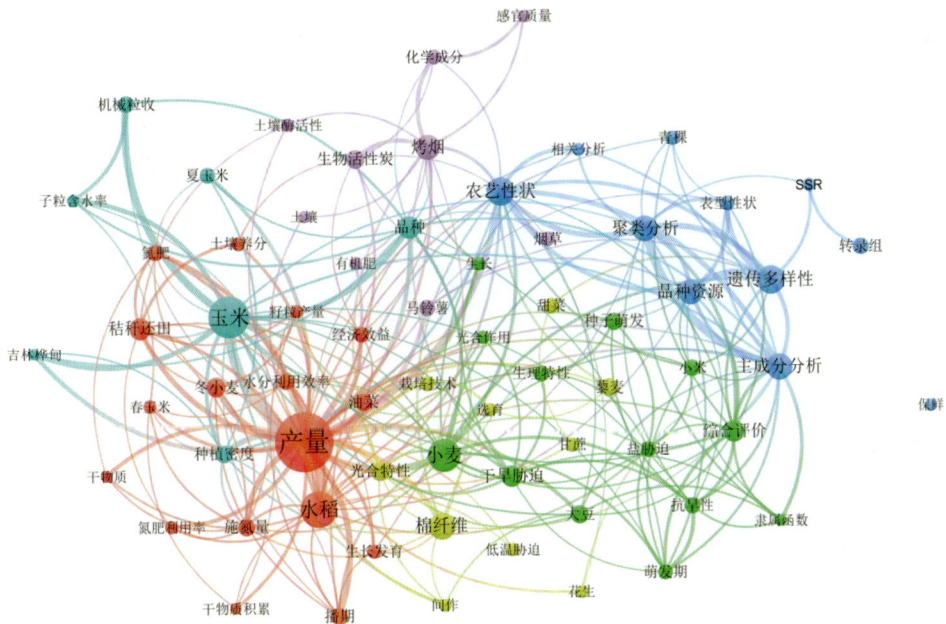

图 24-1 农作物领域热点论文主题关联

24.4　高影响力期刊分析

在农作物领域，5 年影响因子 Top 10 期刊见表 24-3，总被引频次最高的期刊是《核农学报》（6062 次），5 年影响因子最高的期刊是《作物学报》。

表 24-3　农作物领域高被引期刊基本指标（按 5 年影响因子排序）

序号	期刊名称	5 年载文量/篇	5 年总被引频次/次	5 年影响因子	高被引论文数量/篇	h 指数
1	作物学报	960	4254	0.798	68	24
2	茶叶科学	377	1408	0.775	12	14
3	核农学报	1509	6062	0.683	57	19
4	中国水稻科学	353	1254	0.683	14	13
5	作物杂志	905	2866	0.674	16	14
6	植物遗传资源学报	790	3101	0.671	40	17
7	中国烟草科学	477	1699	0.658	12	15
8	玉米科学	803	2154	0.609	9	14
9	中国糖料	696	1579	0.578	15	12
10	中国油料作物学报	608	1720	0.572	12	12

24.5　高被引作者分析

2015—2019 年农作物领域论文总被引频次 Top 10 的作者见表 24-4。其中，发文总被引频次居前 3 位的作者分别是中国农业科学院的李少昆（100 次）、中国农业科学院棉花研究所的喻树迅（80 次）和中国农业科学院作物科学研究所的任贵兴（80 次）。5 年发文量居前 3 位的作者分别是军事医学科学院长春离职干部休养所的郭文场（34 篇）、中国农业科学院特产研究所的周淑荣（29 篇）和吉林农业科技学院的李沐森（26 篇）。

表 24-4　农作物领域高被引作者 Top 10（按 5 年总被引频次排序）

序号	作者	作者单位	发文量/篇	5 年总被引频次/次	篇均被引频次/次	被引率/%	h 指数
1	李少昆	中国农业科学院	8	100	12.50	100.0	3
2	喻树迅	中国农业科学院棉花研究所	3	80	26.67	100.0	3
3	任贵兴	中国农业科学院作物科学研究所	1	80	80.00	100.0	1
4	陈阳峰	湖南农业大学	1	74	74.00	100.0	1
5	方向前	吉林省农业科学院	5	73	14.60	80.0	3
6	魏国强	河南省农业厅	15	69	4.60	100.0	5
7	赵久然	北京市农林科学院	4	69	17.25	100.0	4

序号	作者	作者单位	发文量/篇	5年总被引频次/次	篇均被引频次/次	被引率/%	h指数
8	李璐璐	中国农业科学院作物科学研究所	3	56	18.67	100.0	2
9	陈灿	湖南农业大学	6	51	8.50	66.7	3
10	叶协锋	河南农业大学	6	50	8.33	83.3	4

24.6　高被引机构分析

农作物领域总被引频次 Top 20 高等院校和总被引频次 Top 10 科研院所的发文和被引情况分别见表 24-5 和表 24-6。

表 24-5　农作物领域高被引高等院校 Top 20（按 5 年总被引频次排序）

序号	第一作者单位	发文量/篇	5年总被引频次/次	篇均被引频次/次	序号	第一作者单位	发文量/篇	5年总被引频次/次	篇均被引频次/次
1	湖南农业大学	788	1962	2.49	11	山东农业大学	183	769	4.20
2	四川农业大学	393	1250	3.18	12	沈阳农业大学	200	653	3.27
3	扬州大学	289	1120	3.88	13	中国农业大学	208	615	2.96
4	河南农业大学	364	1035	2.84	14	河北农业大学	236	571	2.42
5	东北农业大学	387	964	2.49	15	新疆农业大学	189	525	2.78
6	福建农林大学	449	943	2.10	16	华中农业大学	176	497	2.82
7	南京农业大学	359	910	2.53	17	内蒙古农业大学	219	483	2.21
8	海南大学	556	844	1.52	18	石河子大学	170	469	2.76
9	甘肃农业大学	207	808	3.90	19	云南农业大学	233	457	1.96
10	西北农林科技大学	324	796	2.46	20	吉林农业大学	236	407	1.72

表 24-6　农作物领域高被引科研院所 Top 10（按 5 年总被引频次排序）

序号	第一作者单位	发文量/篇	5年总被引频次/次	篇均被引频次/次	序号	第一作者单位	发文量/篇	5年总被引频次/次	篇均被引频次/次
1	中国农业科学院作物科学研究所	171	888	5.19	4	广西农业科学院	256	516	2.02
2	中国农业科学院棉花研究所	283	715	2.53	5	中国水稻研究所	185	509	2.75
3	中国农业科学院烟草研究所	193	631	3.27	6	福建省农业科学院	233	476	2.04

序号	第一作者单位	发文量/篇	5年总被引频次/次	篇均被引频次/次	序号	第一作者单位	发文量/篇	5年总被引频次/次	篇均被引频次/次
7	吉林省农业科学院	191	470	2.46	9	江苏省农业科学院	184	459	2.49
8	山西省农业科学院	195	465	2.38	10	中国农业科学院茶叶研究所	97	459	4.73

24.7　高被引国外期刊

农作物领域 2020 年被引频次 Top 10 的国外期刊见表 24-7，排名居前 3 位的国外期刊分别是 *Journal of Experimental Botany*、*Frontiers in Plant Science* 和 *PLOS ONE*。

表 24-7　农作物领域高被引国外期刊 Top 10（按 2020 年被引频次排序）

序号	期刊名称	2020 年被引频次/次
1	Journal of Experimental Botany	300
2	Frontiers in Plant Science	300
3	PLOS ONE	272
4	Plant Physiology	269
5	Field Crops Research	206
6	Scientific Reports	182
7	Food Chemistry	175
8	Frontiers in Plant Science	164
9	BMC Plant Biology	161
10	Nature Genetics	154

第 25 章　园艺学领域高被引分析

25.1　领域论文概况

2015—2019 年，园艺学领域的 32 种期刊上共发表学术论文 32581 篇，由来自 7254 所机构的 22279 位学者作为第一作者发表。上述论文中，有 15619 篇获得过引用，整体被引率为 47.9%，总被引频次为 39644 次，篇均被引 1.22 次；其中，高被引论文有 318 篇，高被引论文篇均被引 15.22 次（表 25-1）。另外，2020 年本领域共发表论文 6852 篇，其中有 798 篇在当年获得过引用，总共被引 1120 次。

表 25-1　园艺学领域论文分布情况

年份	论文数量/篇	总被引频次/次	被引率/%	高被引论文数量/篇	高被引论文被引频次/次
2015	6981	12488	56.5	67	1574
2016	6859	10483	53.7	68	1324
2017	6458	7970	51.6	72	938
2018	6057	5180	43.7	51	512
2019	6226	3523	32.3	60	491
合计	32581	39644	47.9	318	4839

25.2　高被引论文分析

在园艺学领域，2015—2019 年发表的总被引频次 Top 10 论文（表 25-2）的平均被引频次为 55.4 次，是全部 318 篇高被引论文篇均被引频次的 3.64 倍。从论文分布来看，刊载高被引论文数量居前 3 位的期刊分别是《园艺学报》（61 篇）、《中国食用菌》（60 篇）和《果树学报》（55 篇），其中，《园艺学报》刊载了高被引论文 Top 10 中的 3 篇；发表高被引论文数量居前 3 位的学者分别是山东农业大学的陈学森（4 篇）、中国农业科学院的杨念（2 篇）和山西省农业科学院的周林（2 篇）；产出高被引论文数量居前 3 位的机构分别是山东农业大学（18 篇）、中国农业科学院郑州果树研究所（13 篇）和西北农林科技大学（11 篇）。

表 25-2　园艺学领域高被引论文 Top 10（按 5 年总被引频次排序）

序号	论文题名	第一作者	期刊名称	发表年份	被引频次/次	
					5 年总频次	2020 年
1	马铃薯营养综述	曾凡逵	中国马铃薯	2015	79	9
2	刺梨转录组 SSR 信息分析及其分子标记开发	鄢秀芹	园艺学报	2015	75	4
3	我国西瓜品种选育研究进展	刘文革	中国瓜菜	2016	55	9
4	糖酸组分及其对水果风味的影响研究进展	郑丽静	果树学报	2015	55	6

续表

序号	论文题名	第一作者	期刊名称	发表年份	被引频次/次	
					5年总频次	2020年
5	"十二五"我国辣椒遗传育种研究进展及其展望	王立浩	中国蔬菜	2016	54	8
6	中国葡萄栽培现状与发展趋势	刘凤之	落叶果树	2017	50	4
7	早实核桃不同品种抗寒性综合评价	刘杜玲	园艺学报	2015	47	7
8	中国枣生产与科研成就及前沿进展	刘孟军	园艺学报	2015	46	3
9	我国辣椒品种市场需求变化趋势及育种对策	耿三省	中国蔬菜	2015	46	2
10	我国设施蔬菜产业概况与"十三五"发展重点——中国蔬菜协会副会长张真和访谈录	张真和	中国蔬菜协会	2017	43	9

25.3　研究主题关联分析

在园艺学领域，318篇高被引论文共被引用了4839次。通过分析施引文献关键词的词频及关键词之间的共现关系，获得园艺学领域的热点主题和主题关联，如图25-1所示。由图可知："食用菌""转录组""产量""遗传多样性"等关键词的文档词频较高，是园艺学领域的研究热点；本领域主要形成4个研究主题簇，分别以"产量""苹果"为核心；以"食用菌""抗寒性"为核心；以"辣椒""番茄"为核心；以"转录组""SSR"为核心。

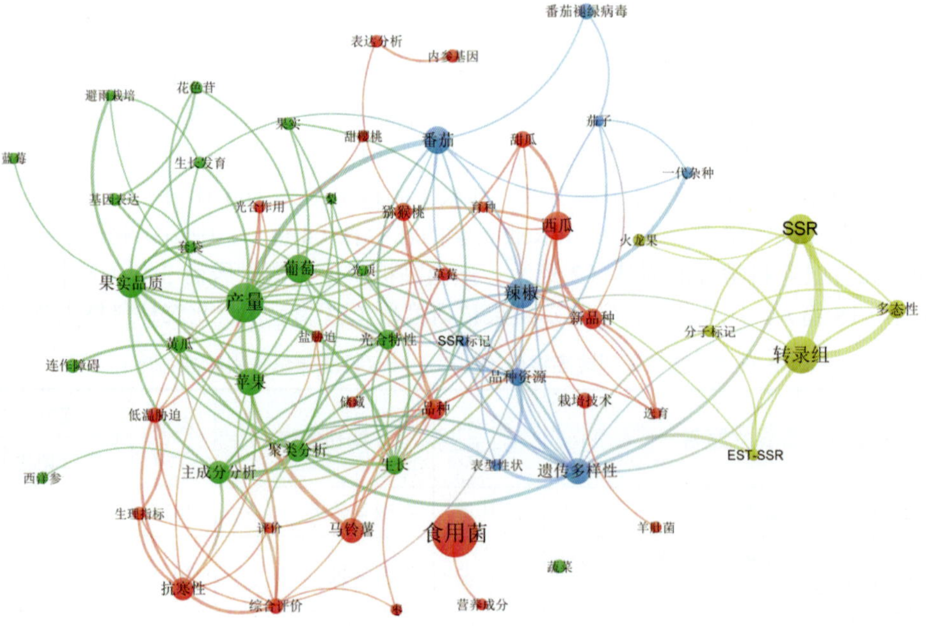

图25-1　园艺学领域热点论文主题关联

25.4　高影响力期刊分析

在园艺学领域，5 年影响因子 Top 10 期刊见表 25-3，总被引频次最高的期刊是《北方园艺》（8396 次），5 年影响因子最高的期刊是《中国食用菌》。

表 25-3　园艺学领域高被引期刊基本指标（按 5 年影响因子排序）

序号	期刊名称	5 年载文量/篇	5 年总被引频次/次	5 年影响因子	高被引论文数量/篇	h 指数
1	中国食用菌	1058	2169	1.210	60	13
2	果树学报	965	3374	0.631	55	17
3	中国马铃薯	361	916	0.590	7	11
4	食用菌学报	346	701	0.569	6	9
5	园艺学报	1446	4600	0.559	61	19
6	花生学报	255	505	0.404	2	8
7	河北林果研究	382	492	0.403	0	6
8	中国果树	868	1456	0.359	11	10
9	中国蔬菜	1563	2692	0.358	33	14
10	中国南方果树	1304	2032	0.331	6	10

25.5　高被引作者分析

2015—2019 年园艺学领域论文总被引频次 Top 10 的作者见表 25-4。其中，发文总被引频次居前 3 位的作者分别是中国科学院兰州化学物理研究所的曾凡逵（92 次）、贵州大学的鄢秀芹（75 次）和山东农业大学的陈学森（74 次）。5 年发文量居前 3 位的作者分别是甘肃省静宁县林业局的王田利（101 篇）、北京市新发地农产品股份有限公司的张玉玺（39 篇）和湖北瑞通天元律师事务所的杨晓峰（38 篇）。

表 25-4　园艺学领域高被引作者 Top 10（按 5 年总被引频次排序）

序号	作者	作者单位	发文量/篇	5 年总被引频次/次	篇均被引频次/次	被引率/%	h 指数
1	曾凡逵	中国科学院兰州化学物理研究所	3	92	30.67	100.0	2
2	鄢秀芹	贵州大学	1	75	75.00	100.0	1
3	陈学森	山东农业大学	10	74	7.40	90.0	5
4	郑丽静	中国农业科学院果树研究所	2	68	34.00	100.0	2
5	刘文革	中国农业科学院郑州果树研究所	4	65	16.25	100.0	3
6	刘孟军	河北农业大学	5	62	12.40	80.0	4

续表

序号	作者	作者单位	发文量/篇	5年总被引频次/次	篇均被引频次/次	被引率/%	h指数
7	王立浩	中国农业科学院蔬菜花卉研究所	1	54	54.00	100.0	1
8	刘杜玲	西北农林科技大学	3	50	16.67	66.7	2
9	刘凤之	中国农业科学院果树研究所	1	50	50.00	100.0	1
10	张玉玺	北京市新发地农产品股份有限公司	39	49	1.26	79.5	3

25.6　高被引机构分析

园艺学领域总被引频次 Top 20 高等院校和总被引频次 Top 10 科研院所的发文和被引情况分别见表 25-5 和表 25-6。

表 25-5　园艺学领域高被引高等院校 Top 20（按 5 年总被引频次排序）

序号	第一作者单位	发文量/篇	5年总被引频次/次	篇均被引频次/次	序号	第一作者单位	发文量/篇	5年总被引频次/次	篇均被引频次/次
1	山东农业大学	307	966	3.15	11	贵州大学	95	323	3.40
2	西北农林科技大学	454	921	2.03	12	福建农林大学	198	320	1.62
3	河北农业大学	466	794	1.70	13	沈阳农业大学	151	289	1.91
4	中国农业大学	179	496	2.77	14	青岛农业大学	173	280	1.62
5	西南大学	201	444	2.21	15	新疆农业大学	144	265	1.84
6	南京农业大学	160	442	2.76	16	内蒙古农业大学	131	258	1.97
7	华中农业大学	193	406	2.10	17	华南农业大学	136	233	1.71
8	吉林农业大学	194	361	1.86	18	湖南农业大学	117	226	1.93
9	宁夏大学	163	347	2.13	19	石河子大学	101	212	2.10
10	东北农业大学	219	340	1.55	20	河南农业大学	108	205	1.90

表 25-6　园艺学领域高被引科研院所 Top 10（按 5 年总被引频次排序）

序号	第一作者单位	发文量/篇	5年总被引频次/次	篇均被引频次/次	序号	第一作者单位	发文量/篇	5年总被引频次/次	篇均被引频次/次
1	中国农业科学院郑州果树研究所	259	742	2.86	3	福建省农业科学院	311	433	1.39
2	中国农业科学院果树研究所	254	724	2.85	4	北京市农林科学院	224	410	1.83

序号	第一作者单位	发文量/篇	5年总被引频次/次	篇均被引频次/次	序号	第一作者单位	发文量/篇	5年总被引频次/次	篇均被引频次/次
5	中国农业科学院蔬菜花卉研究所	129	356	2.76	8	上海市农业科学院	159	322	2.03
6	山西省农业科学院	195	350	1.79	9	山东省果树研究所	287	321	1.12
7	广西农业科学院	213	322	1.51	10	湖北省农业科学院	130	226	1.74

25.7　高被引国外期刊

园艺学领域 2020 年被引频次 Top 10 的国外期刊见表 25-7，排名居前 3 位的国外期刊分别是 *Scientia Horticulturae*、*Frontiers in Plant Science* 和 *Plant Physiology*。

表 25-7　园艺学领域高被引国外期刊 Top 10（按 2020 年被引频次排序）

序号	期刊名称	2020 年被引频次/次
1	Scientia Horticulturae	149
2	Frontiers in Plant Science	121
3	Plant Physiology	114
4	Food Chemistry	102
5	Journal of Experimental Botany	100
6	PLOS ONE	88
7	Scientific Reports	75
8	Plant Disease	72
9	BMC Plant Biology	57
10	Plant Biotechnology Journal	53

第 26 章　林业领域高被引分析

26.1　领域论文概况

2015—2019 年，林业领域的 66 种期刊上共发表学术论文 47929 篇，由来自 9401 所机构的 33535 位学者作为第一作者发表。上述论文中，有 23441 篇获得过引用，整体被引率为 48.9%，总被引频次为 63073 次，篇均被引 1.32 次；其中，高被引论文有 433 篇，高被引论文篇均被引 15.12 次（表 26-1）。另外，2020 年本领域共发表论文 9287 篇，其中有 837 篇在当年获得过引用，总共被引 1022 次。

表 26-1　林业领域论文分布情况

年份	论文数量/篇	总被引频次/次	被引率/%	高被引论文数量/篇	高被引论文被引频次/次
2015	10128	20641	59.2	98	2417
2016	9735	16853	56.8	99	1823
2017	9487	13299	54.1	89	1136
2018	9408	8000	43.0	81	755
2019	9171	4280	29.9	66	416
合计	47929	63073	48.9	433	6547

26.2　高被引论文分析

在林业领域，2015—2019 年发表的总被引频次 Top 10 论文（表 26-2）的平均被引频次为 55.6 次，是全部 433 篇高被引论文篇均被引频次的 3.68 倍。从论文分布来看，刊载高被引论文数量居前 3 位的期刊分别是《林业科学》（63 篇）、《中南林业科技大学学报》（61 篇）和《西北林学院学报》（31 篇），其中，《林业科学》刊载了高被引论文 Top 10 中的 3 篇；发表高被引论文数量居前 3 位的学者分别是福建省明溪县林业局的欧建德（6 篇）、沙县林业局的洪宜聪（3 篇）和中国林业科学研究院亚热带林业研究所的常君（3 篇）；产出高被引论文数量居前 3 位的机构分别是南京林业大学（44 篇）、中南林业科技大学（34 篇）和东北林业大学（33 篇）。

表 26-2　林业领域高被引论文 Top 10（按 5 年总被引频次排序）

序号	论文题名	第一作者	期刊名称	发表年份	被引频次/次	
					5 年总频次	2020 年
1	沈阳地区水资源短缺原因分析及对策研究	徐飞	水资源开发与管理	2015	111	4
2	我国竹材加工产业现状与对策分析	李延军	林业工程学报	2016	62	5
3	森林康养的理论研究与实践	邓三龙	世界林业研究	2016	60	9

续表

序号	论文题名	第一作者	期刊名称	发表年份	被引频次/次	
					5年总频次	2020年
4	湖南会同3个林龄杉木人工林土壤碳、氮、磷化学计量特征	曹娟	林业科学	2015	55	7
5	中国重楼资源现状评价及其种植业的发展对策	李恒	西部林业科学	2015	51	10
6	1950—2010年中国森林火灾时空特征及风险分析	苏立娟	林业科学	2015	47	6
7	红松转录组SSR分析及EST-SSR标记开发	张振	林业科学	2015	46	2
8	第五次全国荒漠化和沙化监测结果及分析	屠志方	林业资源管理	2016	43	9
9	基于Maxent生态位模型的松材线虫在中国的适生区预测分析	韩阳阳	南京林业大学学报（自然科学版）	2015	42	2
10	木本植物扦插繁殖及其影响因素	贾志远	世界林业研究	2015	39	3

26.3 研究主题关联分析

在林业领域，433篇高被引论文共被引用了6547次。通过分析施引文献关键词的词频及关键词之间的共现关系，获得林业领域的热点主题和主题关联，如图26-1所示。由图可知："森林康养""主成分分析""杉木""光合特性"等关键词的文档词频较高，是林业领域的研究热点；本领域主要形成5个研究主题簇，分别以"光合特性""油茶"为核心；以"杉木""土壤养分"为核心；以"主成分分析""层次分析法"为核心；以"森林康养""森林公园"为核心；以"景观格局""土地利用"为核心。

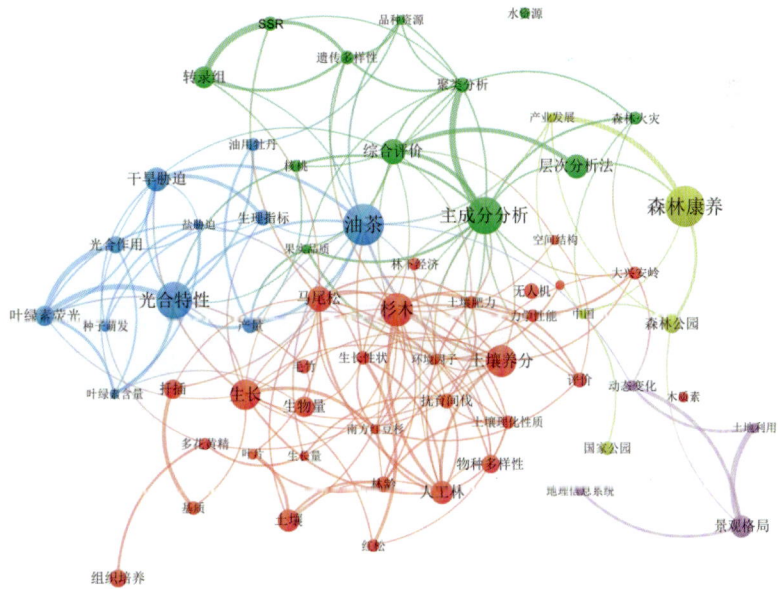

图 26-1 林业领域热点论文主题关联

26.4　高影响力期刊分析

在林业领域，5 年影响因子 Top 10 期刊见表 26-3，总被引频次最高的期刊是《中南林业科技大学学报》（4946 次），5 年影响因子最高的期刊是《林业科学》。

表 26-3　林业领域高被引期刊基本指标（按 5 年影响因子排序）

序号	期刊名称	5 年载文量/篇	5 年总被引频次/次	5 年影响因子	高被引论文数量/篇	h 指数
1	林业科学	1202	4160	0.612	63	22
2	中南林业科技大学学报	1349	4946	0.554	61	16
3	林业科学研究	694	1912	0.527	10	12
4	世界林业研究	520	1305	0.527	17	11
5	水资源开发与管理	950	1146	0.519	17	9
6	南京林业大学学报（自然科学版）	919	2641	0.513	24	14
7	浙江农林大学学报	737	1824	0.507	12	12
8	北京林业大学学报	931	2754	0.491	26	15
9	经济林研究	629	2167	0.486	23	15
10	森林与环境学报	408	1065	0.483	6	11

26.5　高被引作者分析

2015—2019 年林业领域论文总被引频次 Top 10 的作者见表 26-4。其中，发文总被引频次居前 3 位的作者分别是福建省明溪县林业局的欧建德（188 次）、辽宁省沈阳市水文局的徐飞（111 次）和沙县林业局的洪宜聪（87 次）。5 年发文量居前 3 位的作者分别是甘肃省林业科学研究院的王俊杰（35 篇）、福建省明溪县林业局的欧建德（27 篇）和淳安县新安江开发总公司的徐高福（24 篇）。

表 26-4　林业领域高被引作者 Top 10（按 5 年总被引频次排序）

序号	作者	作者单位	发文量/篇	5 年总被引频次/次	篇均被引频次/次	被引率/%	h 指数
1	欧建德	福建省明溪县林业局	27	188	6.96	85.2	9
2	徐飞	辽宁省沈阳市水文局	1	111	111.00	100.0	1
3	洪宜聪	沙县林业局	10	87	8.70	100.0	5
4	张振	东北林业大学	3	75	25.00	100.0	3
5	韩长志	西南林业大学	9	67	7.44	88.9	5
6	徐高福	淳安县新安江开发总公司	24	66	2.75	83.3	5
7	李延军	南京林业大学	1	62	62.00	100.0	1

续表

序号	作者	作者单位	发文量/篇	5年总被引频次/次	篇均被引频次/次	被引率/%	h指数
8	邓三龙	湖南省林业厅	1	60	60.00	100.0	1
9	唐小平	国家林业局调查规划设计院	5	58	11.60	80.0	3
10	杨春梅	东北林业大学	18	55	3.06	72.2	5

26.6　高被引机构分析

林业领域总被引频次 Top 20 高等院校和总被引频次 Top 10 科研院所的发文和被引情况分别见表 26-5 和表 26-6。

表 26-5　林业领域高被引高等院校 Top 20（按 5 年总被引频次排序）

序号	第一作者单位	发文量/篇	5年总被引频次/次	篇均被引频次/次	序号	第一作者单位	发文量/篇	5年总被引频次/次	篇均被引频次/次
1	东北林业大学	2015	4165	2.07	11	贵州大学	192	410	2.14
2	北京林业大学	1587	4038	2.54	12	内蒙古农业大学	279	396	1.42
3	南京林业大学	1534	3758	2.45	13	河北农业大学	191	358	1.87
4	中南林业科技大学	783	2680	3.42	14	新疆农业大学	131	344	2.63
5	西南林业大学	974	1798	1.85	15	广西大学	161	263	1.63
6	浙江农林大学	735	1566	2.13	16	沈阳农业大学	88	255	2.9
7	福建农林大学	622	1341	2.16	17	四川农业大学	125	239	1.91
8	西北农林科技大学	512	1267	2.47	18	海南大学	92	208	2.26
9	华南农业大学	325	818	2.52	19	同济大学	82	188	2.29
10	江西农业大学	167	487	2.92	20	山东农业大学	110	184	1.67

表 26-6　林业领域高被引科研院所 Top 10（按 5 年总被引频次排序）

序号	第一作者单位	发文量/篇	5年总被引频次/次	篇均被引频次/次	序号	第一作者单位	发文量/篇	5年总被引频次/次	篇均被引频次/次
1	广西壮族自治区林业科学研究院	478	905	1.89	4	湖南省林业科学院	231	500	2.16
2	中国林业科学研究院亚热带林业研究所	181	565	3.12	5	云南省林业科学院	239	389	1.63
3	中国林业科学研究院林业研究所	147	519	3.53	6	中国林业科学研究院热带林业研究所	124	355	2.86

续表

序号	第一作者单位	发文量/篇	5年总被引频次/次	篇均被引频次/次	序号	第一作者单位	发文量/篇	5年总被引频次/次	篇均被引频次/次
7	江西省林业科学院	239	347	1.45	9	广东省林业科学研究院	154	333	2.16
8	国家林业局调查规划设计院	120	347	2.89	10	四川省林业科学研究院	207	309	1.49

26.7　高被引国外期刊

林业领域 2020 年被引频次 Top 10 的国外期刊见表 26-7，排名居前 3 位的国外期刊分别是 *Forest Ecology and Management*、*Forests* 和 *Science of the Total Environment*。

表 26-7　林业领域高被引国外期刊 Top 10（按 2020 年被引频次排序）

序号	期刊名称	2020 年被引频次/次
1	Forests Ecology and Management	294
2	Forest	186
3	Science of the Total Environment	177
4	PLOS ONE	107
5	Global Change Biology	89
6	Scientific Reports	86
7	Frontiers in Plant Science	84
8	Remote Sensing of Environment	73
9	Soil Biology & Biochemistry	70
10	Urban Forestry & Urban Greening	69

第 27 章　畜牧兽医领域高被引分析

27.1　领域论文概况

2015—2019 年，畜牧兽医领域的 92 种期刊上共发表学术论文 162336 篇，由来自 29152 所机构的 94636 位学者作为第一作者发表。上述论文中，有 58335 篇获得过引用，整体被引率为 35.9%，总被引频次为 135057 次，篇均被引 0.83 次；其中，高被引论文有 1532 篇，高被引论文篇均被引 12.30 次（表 27-1）。另外，2020 年本领域共发表论文 35506 篇，其中有 2521 篇在当年获得过引用，总共被引 3032 次。

表 27-1　畜牧兽医领域论文分布情况

年份	论文数量/篇	总被引频次/次	被引率/%	高被引论文数量/篇	高被引论文被引频次/次
2015	31446	39778	42.6	340	6620
2016	33339	34911	40.4	313	4856
2017	33650	30156	40.1	282	3423
2018	32057	19148	32.6	300	2494
2019	31844	11064	23.6	297	1452
合计	162336	135057	35.9	1532	18845

27.2　高被引论文分析

在畜牧兽医领域，2015—2019 年发表的总被引频次 Top 10 论文（表 27-2）的平均被引频次为 53.3 次，是全部 1532 篇高被引论文篇均被引频次的 4.33 倍。从论文分布来看，刊载高被引论文数量居前 3 位的期刊分别是《动物营养学报》（235 篇）、《草业学报》（195 篇）和《草业科学》（141 篇），其中，《动物营养学报》刊载了高被引论文 Top 10 中的 4 篇；发表高被引论文数量居前 3 位的学者分别是安琪酵母股份有限公司的龚阿琼（4 篇）、中国动物卫生与流行病学中心的戈胜强（4 篇）和新疆农业大学的董乙强（3 篇）；产出高被引论文数量居前 3 位的机构分别是甘肃农业大学（76 篇）、兰州大学（52 篇）和四川农业大学（44 篇）。

表 27-2　畜牧兽医领域高被引论文 Top 10（按 5 年总被引频次排序）

序号	论文题名	第一作者	期刊名称	发表年份	被引频次/次 5 年总频次	被引频次/次 2020 年
1	我国首例非洲猪瘟的确诊	王清华	中国动物检疫	2018	70	15
2	植物多糖的免疫调节作用及其机制研究进展	尚庆辉	动物营养学报	2015	64	3
3	常用粗饲料营养成分和饲用价值分析	陈艳	草业学报	2015	56	8

序号	论文题名	第一作者	期刊名称	发表年份	被引频次/次	
					5年总频次	2020年
4	若尔盖高寒退化湿地土壤碳氮磷比及相关性分析	青烨	草业学报	2015	53	4
5	猪伪狂犬病流行病学特征、净化技术及其应用示范	何启盖	中国畜牧杂志	2015	47	3
6	青贮发酵对玉米秸秆品质及菌群构成的影响	陶莲	动物营养学报	2016	46	2
7	粪肠球菌替代抗生素对断奶仔猪生长性能、腹泻率、血液生化指标和免疫器官的影响	史自涛	动物营养学报	2015	45	6
8	包虫病病原在我国的流行现状及成因分析	刘平	中国动物检疫	2016	44	9
9	益生菌对生长猪生长性能、粪便微生物数量、养分表观消化率和血清免疫指标的影响	刘辉	动物营养学报	2015	44	3
10	2015年我国I群禽腺病毒分子流行病学调查	牛登云	中国家禽	2016	44	2

27.3　研究主题关联分析

在畜牧兽医领域，1532篇高被引论文共被引用了18845次。通过分析施引文献关键词的词频及关键词之间的共现关系，获得畜牧兽医领域的热点主题和主题关联，如图27-1所示。由图可知："生长性能""生产性能""非洲猪瘟""紫花苜蓿"等关键词的文档词频较高，是畜牧兽医领域的研究热点；本领域主要形成5个研究主题簇，分别以"生长性能""氧化稳定性"为核心；以"非洲猪瘟""耐药性"为核心；以"紫花苜蓿""产量"为核心；以"生产性能""经济效益"为核心；以"营养成分""营养价值"为核心。

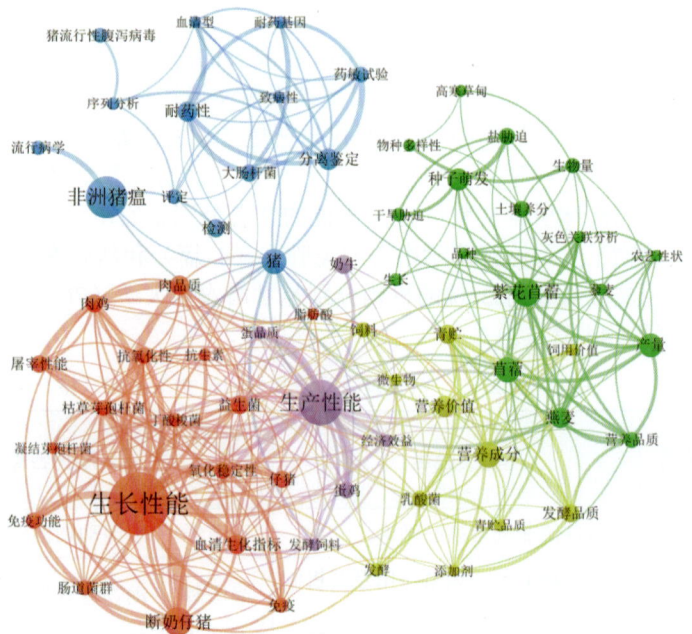

图 27-1　畜牧兽医领域热点论文主题关联

27.4　高影响力期刊分析

在畜牧兽医领域，5 年影响因子 Top 10 期刊见表 27-3，总被引频次最高的期刊是《动物营养学报》（8860 次），5 年影响因子最高的期刊是《草业学报》。

表 27-3　畜牧兽医领域高被引期刊基本指标（按 5 年影响因子排序）

序号	期刊名称	5 年载文量/篇	5 年总被引频次/次	5 年影响因子	高被引论文数量/篇	h 指数
1	草业学报	1358	6810	0.813	195	26
2	草地学报	1059	2988	0.699	57	15
3	动物营养学报	2752	8860	0.65	235	21
4	中国草地学报	563	1877	0.634	46	13
5	草业科学	1547	5647	0.566	141	21
6	中国奶牛	1079	1663	0.494	21	11
7	中国饲料	1547	2199	0.427	31	10
8	中国畜牧杂志	1943	3986	0.422	64	16
9	中国畜牧兽医	2361	5483	0.404	94	15
10	经济动物学报	245	453	0.376	3	7

27.5　高被引作者分析

2015—2019 年畜牧兽医领域论文总被引频次 Top 10 的作者见表 27-4。其中，发文总被引频次居前 3 位的作者分别是中国动物卫生与流行病学中心的张志（92 次）、河北科技师范学院的张召兴（89 次）和中国动物卫生与流行病学中心的蒋文明（85 次）。5 年发文量居前 3 位的作者分别是山西省阳城县畜牧兽医局的刘国信（125 篇）、河北省大名县畜牧水产局的李中习（114 篇）和国家统计局盐城调查队的虞华（93 篇）。

表 27-4　畜牧兽医领域高被引作者 Top 10（按 5 年总被引频次排序）

序号	作者	作者单位	发文量/篇	5 年总被引频次/次	篇均被引频次/次	被引率/%	h 指数
1	张志	中国动物卫生与流行病学中心	15	92	6.13	86.7	6
2	张召兴	河北科技师范学院	14	89	6.36	92.9	6
3	蒋文明	中国动物卫生与流行病学中心	20	85	4.25	75.0	6
4	于新友	山东绿都生物科技有限公司	78	81	1.04	44.9	4
5	孙启忠	中国农业科学院草原研究所	15	79	5.27	73.3	5
6	戈胜强	中国动物卫生与流行病学中心	9	79	8.78	77.8	4

序号	作者	作者单位	发文量/篇	5年总被引频次/次	篇均被引频次/次	被引率/%	h指数
7	袁翠林	青岛农业大学	10	72	7.20	80.0	4
8	王清华	中国动物卫生与流行病学中心	1	70	70.00	100.0	1
9	龚阿琼	安琪酵母股份有限公司	8	67	8.38	100.0	6
10	袁万哲	河北农业大学	9	64	7.11	77.8	4

27.6　高被引机构分析

畜牧兽医领域总被引频次 Top 20 高等院校和总被引频次 Top 10 科研院所的发文和被引情况分别见表 27-5 和表 27-6。

表 27-5　畜牧兽医领域高被引高等院校 Top 20（按 5 年总被引频次排序）

序号	第一作者单位	发文量/篇	5年总被引频次/次	篇均被引频次/次	序号	第一作者单位	发文量/篇	5年总被引频次/次	篇均被引频次/次
1	甘肃农业大学	1290	3389	2.63	11	新疆农业大学	929	1526	1.64
2	中国农业大学	1290	2456	1.90	12	东北农业大学	1218	1439	1.18
3	内蒙古农业大学	1296	2224	1.72	13	华南农业大学	926	1373	1.48
4	四川农业大学	813	2106	2.59	14	南京农业大学	767	1321	1.72
5	兰州大学	547	2037	3.72	15	山东农业大学	710	1285	1.81
6	湖南农业大学	1177	1782	1.51	16	青岛农业大学	691	1177	1.70
7	扬州大学	1062	1733	1.63	17	西南大学	681	1128	1.66
8	西北农林科技大学	1063	1696	1.60	18	贵州大学	661	982	1.49
9	河北农业大学	1090	1650	1.51	19	西南民族大学	476	979	2.06
10	吉林农业大学	1214	1565	1.29	20	山西农业大学	474	945	1.99

表 27-6　畜牧兽医领域高被引科研院所 Top 10（按 5 年总被引频次排序）

序号	第一作者单位	发文量/篇	5年总被引频次/次	篇均被引频次/次	序号	第一作者单位	发文量/篇	5年总被引频次/次	篇均被引频次/次
1	中国农业科学院北京畜牧兽医研究所	380	1246	3.28	3	中国农业科学院兰州畜牧与兽药研究所	364	788	2.16
2	中国动物卫生与流行病学中心	286	923	3.23	4	广东省农业科学院	337	671	1.99

续表

序号	第一作者单位	发文量/篇	5年总被引频次/次	篇均被引频次/次	序号	第一作者单位	发文量/篇	5年总被引频次/次	篇均被引频次/次
5	中国农业科学院饲料研究所	154	628	4.08	8	中国农业科学院特产研究所	247	458	1.85
6	山东省农业科学院	351	511	1.46	9	中国农业科学院草原研究所	110	436	3.96
7	江苏省农业科学院	216	498	2.31	10	重庆市畜牧科学院	366	420	1.15

27.7　高被引国外期刊

畜牧兽医领域 2020 年被引频次 Top 10 的国外期刊见表 27-7，排名居前 3 位的国外期刊分别是 *Journal of Dairy Science*、*Journal of Animal Science* 和 *PLOS ONE*。

表 27-7　畜牧兽医领域高被引国外期刊 Top 10（按 2020 年被引频次排序）

序号	期刊名称	2020 年被引频次/次
1	Journal of Dairy Science	875
2	Journal of Animal Science	702
3	PLOS ONE	689
4	Scientific Reports	491
5	Veterinary Microbiology	432
6	Journal of Virology	367
7	Poultry Science	347
8	Frontiers in Microbiology	298
9	Archives of Virology	283
10	Asian-Australasian Journal of Animal Sciences	280

第 28 章　水产、渔业领域高被引分析

28.1　领域论文概况

2015—2019 年，水产、渔业领域的 28 种期刊上共发表学术论文 19447 篇，由来自 3250 所机构的 12655 位学者作为第一作者发表。上述论文中，有 8387 篇获得过引用，整体被引率为 43.1%，总被引频次为 22276 次，篇均被引 1.15 次；其中，高被引论文有 174 篇，高被引论文篇均被引 11.87 次（表 28-1）。另外，2020 年本领域共发表论文 4175 篇，其中有 261 篇在当年获得过引用，总共被引 305 次。

表 28-1　水产、渔业领域论文分布情况

年份	论文数量/篇	总被引频次/次	被引率/%	高被引论文数量/篇	高被引论文被引频次/次
2015	4133	7553	52.8	44	745
2016	3932	6023	51.4	33	564
2017	3851	4740	48.4	33	376
2018	3749	2651	37.4	39	265
2019	3782	1309	24.2	25	115
合计	19447	22276	43.1	174	2065

28.2　高被引论文分析

在水产、渔业领域，2015—2019 年发表的总被引频次 Top 10 论文（表 28-2）的平均被引频次为 26.0 次，是全部 174 篇高被引论文篇均被引频次的 2.19 倍。从论文分布来看，刊载高被引论文数量居前 3 位的期刊分别是《水产学报》（34 篇）、《南方水产科学》（24 篇）和《中国水产科学》（19 篇），其中，《水产学报》刊载了高被引论文 Top 10 中的 4 篇；发表高被引论文数量居前 3 位的学者分别是上海海洋大学的何杰（3 篇）、大连海洋大学的王博涵（2 篇）和广西大学的刘杰（2 篇）；产出高被引论文数量居前 3 位的机构分别是中国水产科学研究院南海水产研究所（24 篇）、上海海洋大学（23 篇）和中国水产科学研究院黄海水产研究所（16 篇）。

表 28-2　水产、渔业领域高被引论文 Top 10（按 5 年总被引频次排序）

序号	论文题名	第一作者	期刊名称	发表年份	被引频次/次 5 年总频次	被引频次/次 2020 年
1	我国海洋牧场建设回顾与展望	杨红生	水产学报	2016	49	6
2	虾肝肠胞虫（*Enterocytozoon hepatopenaei*）实时荧光定量 PCR 检测方法的建立及对虾样品的检测	刘珍	渔业科学进展	2016	27	4
3	急性氨氮胁迫及毒后恢复对团头鲂幼鱼鳃、肝和肾组织结构的影响	张武肖	水产学报	2015	27	3

序号	论文题名	第一作者	期刊名称	发表年份	被引频次/次	
					5年总频次	2020年
4	基于电子鼻与HS-SPME-GC-MS技术分析不同处理方式腌干带鱼挥发性风味成分	吴燕燕	水产学报	2016	24	5
5	我国近海渔业资源可持续产出基础研究的热点问题	金显仕	渔业科学进展	2015	23	4
6	黄沙鳖源嗜水气单胞菌的致病力与毒力基因型相关性	刘杰	中国水产科学	2015	23	3
7	信阳市商城县鱼类资源调查及区系组成特征分析	顾钱洪	河南水产	2016	22	5
8	不同时期牙鲆形态性状对体重影响的通径分析及曲线拟合研究	陈红林	中国水产科学	2016	22	2
9	活品流通过程中虾夷扇贝风味品质的变化	杨婷婷	水产学报	2015	22	2
10	冰藏过程中罗非鱼鱼片肌肉蛋白质变化	李娜	南方水产科学	2016	21	5

28.3 研究主题关联分析

在水产、渔业领域，174篇高被引论文共被引用了2065次。通过分析施引文献关键词的词频及关键词之间的共现关系，获得水产、渔业领域的热点主题和主题关联，如图28-1所示。由图可知："形态性状""凡纳滨对虾""群落结构""通径分析"等关键词的文档词频较高，是水产、渔业领域的研究热点；本领域主要形成5个研究主题簇，分别以"群落机构""环境因子"为核心；以"凡纳滨对虾""生长性能"为核心；以"营养成分""氨基酸"为核心；以"形态性状""通径分析"为核心；以"南海""鸢乌贼"为核心。

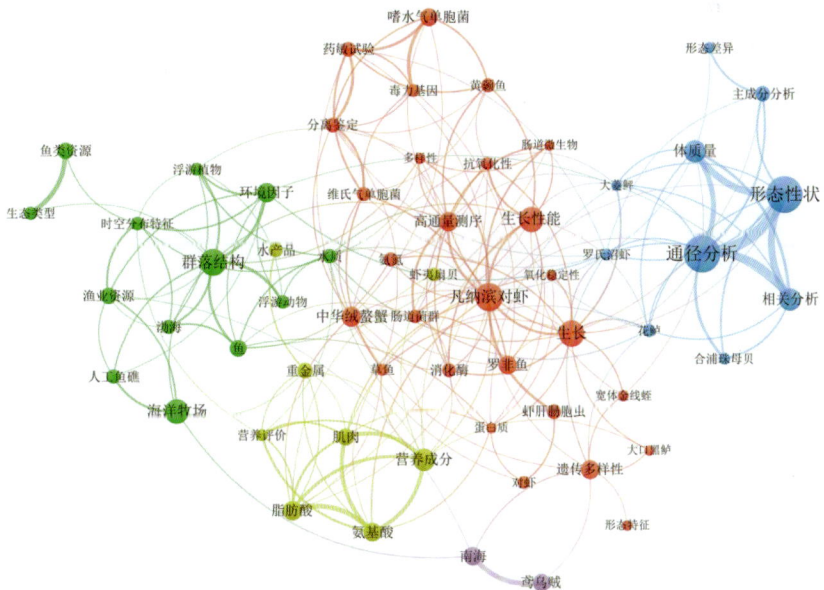

图28-1 水产、渔业领域热点论文主题关联

28.4　高影响力期刊分析

在水产、渔业领域，5 年影响因子 Top 10 期刊见表 28-3，总被引频次最高的期刊是《水产学报》（2661 次），5 年影响因子最高的期刊是《水生态学杂志》。

表 28-3　水产、渔业领域高被引期刊基本指标（按 5 年影响因子排序）

序号	期刊名称	5 年载文量/篇	5 年总被引频次/次	5 年影响因子	高被引论文数量/篇	h 指数
1	水生态学杂志	454	984	0.518	9	10
2	水产学报	1009	2661	0.506	34	13
3	南方水产科学	474	1509	0.492	24	14
4	中国水产科学	683	1796	0.470	19	11
5	中国渔业质量与标准	275	519	0.429	2	8
6	大连海洋大学学报	600	1347	0.400	14	10
7	渔业现代化	431	771	0.392	5	10
8	上海海洋大学学报	579	1181	0.390	13	10
9	海洋渔业	394	878	0.386	4	9
10	淡水渔业	536	1007	0.369	9	10

28.5　高被引作者分析

2015—2019 年水产、渔业领域论文总被引频次 Top 10 的作者见表 28-4。其中，发文总被引频次居前 3 位的作者分别是中国科学院海洋研究所的杨红生（56 次）、中国水产科学研究院南海水产研究所的吴燕燕（54 次）和大连海洋大学的曹善茂（45 次）。5 年发文量居前 3 位的作者分别是新乡市康大消毒剂有限公司的孟思好（38 篇）、安徽生物工程学校的钟诗群（23 篇）和湖南五指峰生化有限公司的肖鹤（23 篇）。

表 28-4　水产、渔业领域高被引作者 Top 10（按 5 年总被引频次排序）

序号	作者	作者单位	发文量/篇	5 年总被引频次/次	篇均被引频次/次	被引率/%	h 指数
1	杨红生	中国科学院海洋研究所	3	56	18.67	100.0	2
2	吴燕燕	中国水产科学研究院南海水产研究所	11	54	4.91	81.8	5
3	曹善茂	大连海洋大学	8	45	5.63	75.0	4
4	岳冬冬	中国水产科学研究院东海水产研究所	15	44	2.93	86.7	4
5	张俊	中国水产科学研究院南海水产研究所	6	44	7.33	100.0	4
6	何杰	上海海洋大学	3	43	14.33	100.0	3

序号	作者	作者单位	发文量/篇	5年总被引频次/次	篇均被引频次/次	被引率/%	h指数
7	张鹏	中国水产科学研究院南海水产研究所	3	38	12.67	100.0	3
8	刘杰	广西大学	2	38	19.00	100.0	2
9	王博涵	大连海洋大学	4	37	9.25	100.0	2
10	杨移斌	中国水产科学研究院长江水产研究所	19	35	1.84	42.1	3

28.6 高被引机构分析

水产、渔业领域总被引频次 Top 20 高等院校和总被引频次 Top 10 科研院所的发文和被引情况分别见表 28-5 和表 28-6。

表 28-5 水产、渔业领域高被引高等院校 Top 20（按 5 年总被引频次排序）

序号	第一作者单位	发文量/篇	5年总被引频次/次	篇均被引频次/次	序号	第一作者单位	发文量/篇	5年总被引频次/次	篇均被引频次/次
1	上海海洋大学	1352	2659	1.97	11	宁波大学	86	195	2.27
2	大连海洋大学	610	1184	1.94	12	浙江海洋学院	111	194	1.75
3	广东海洋大学	525	754	1.44	13	南京农业大学无锡渔业学院	78	155	1.99
4	中国海洋大学	342	724	2.12	14	海南大学	88	142	1.61
5	浙江海洋大学	360	251	0.70	15	海南热带海洋学院	148	141	0.95
6	华中农业大学	153	240	1.57	16	广西大学	40	103	2.58
7	河南师范大学	198	229	1.16	17	琼州学院	47	92	1.96
8	集美大学	119	226	1.9	18	贵州大学	39	92	2.36
9	天津农学院	122	209	1.71	19	湖南农业大学	52	89	1.71
10	西南大学	154	208	1.35	20	四川农业大学	57	84	1.47

表 28-6 水产、渔业领域高被引科研院所 Top 10（按 5 年总被引频次排序）

序号	第一作者单位	发文量/篇	5年总被引频次/次	篇均被引频次/次	序号	第一作者单位	发文量/篇	5年总被引频次/次	篇均被引频次/次
1	中国水产科学研究院南海水产研究所	449	1381	3.08	3	中国水产科学研究院东海水产研究所	360	791	2.20
2	中国水产科学研究院黄海水产研究所	411	1041	2.53	4	中国水产科学研究院黑龙江水产研究所	211	371	1.76

序号	第一作者单位	发文量/篇	5年总被引频次/次	篇均被引频次/次	序号	第一作者单位	发文量/篇	5年总被引频次/次	篇均被引频次/次
5	中国水产科学研究院珠江水产研究所	158	367	2.32	8	福建省水产研究所	125	208	1.66
6	中国水产科学研究院长江水产研究所	153	326	2.13	9	中国水产科学研究院渔业机械仪器研究所	138	205	1.49
7	上海市水产研究所	109	225	2.06	10	中国水产科学研究院淡水渔业研究中心	103	176	1.71

28.7　高被引国外期刊

水产、渔业领域 2020 年被引频次 Top 10 的国外期刊见表 28-7，排名居前 3 位的国外期刊分别是 *Aquaculture*、*Fish and Shellfish Immunology* 和 *Aquaculture Research*。

表 28-7　水产、渔业领域高被引国外期刊 Top 10（按 2020 年被引频次排序）

序号	期刊名称	2020 年被引频次/次
1	Aquaculture	294
2	Fish and Shellfish Immunology	277
3	Aquaculture Research	85
4	Fisheries Research	82
5	PLOS ONE	76
6	Marine Pollution Bulletin	66
7	Scientific Reports	60
8	Science of the Total Environment	59
9	Food Chemistry	55
10	Aquaculture International	43

第 29 章　工程技术总论领域高被引分析

29.1　领域论文概况

2015—2019 年，工程技术总论领域的 153 种期刊上共发表学术论文 181685 篇，由来自 27167 所机构的 144427 位学者作为第一作者发表。上述论文中，有 72222 篇获得过引用，整体被引率为 39.8%，总被引频次为 157039 次，篇均被引 0.86 次；其中，高被引论文有 1857 篇，高被引论文篇均被引 9.54 次（表 29-1）。另外，2020 年本领域共发表论文 31777 篇，其中有 2094 篇在当年获得过引用，总共被引 2451 次。

表 29-1　工程技术总论领域论文分布情况

年份	论文数量/篇	总被引频次/次	被引率/%	高被引论文数量/篇	高被引论文被引频次/次
2015	40228	52981	49.9	378	5908
2016	36816	42499	48.2	312	4188
2017	36421	33472	44.5	296	3438
2018	34272	18536	32.6	381	2371
2019	33948	9551	20.8	490	1809
合计	181685	157039	39.8	1857	17714

29.2　高被引论文分析

在工程技术总论领域，2015—2019 年发表的总被引频次 Top 10 论文（表 29-2）的平均被引频次为 69.9 次，是全部 1857 篇高被引论文篇均被引频次的 7.33 倍。从论文分布来看，刊载高被引论文数量居前 3 位的期刊分别是《科学技术与工程》（172 篇）、《中南大学学报（自然科学版）》（87 篇）和《同济大学学报（自然科学版）》（65 篇），其中，《工程科学与技术》刊载了高被引论文 Top 10 中的 3 篇；发表高被引论文数量居前 3 位的学者分别是成都大学的崔立鲁（9 篇）、北京航空航天大学的邢家省（4 篇）和四川大学的陈兴蜀（3 篇）；产出高被引论文数量居前 3 位的机构分别是同济大学（81 篇）、北京科技大学（44 篇）和中南大学（41 篇）。

表 29-2　工程技术总论领域高被引论文 Top 10（按 5 年总被引频次排序）

序号	论文题名	第一作者	期刊名称	发表年份	被引频次/次 5 年总频次	2020 年
1	深度学习研究综述	尹宝才	北京工业大学学报	2015	197	18
2	OBE 教育模式下应用型人才培养的研究	凤权	安徽工程大学学报	2016	88	15
3	"深部岩体力学与开采理论"研究构想与预期成果展望	谢和平	工程科学与技术	2017	72	15

序号	论文题名	第一作者	期刊名称	发表年份	被引频次/次	
					5年总频次	2020年
4	基于区块链技术的采样机器人数据保护方法	赵赫	华中科技大学学报（自然科学版）	2015	62	5
5	液态CO_2相变致裂强化瓦斯预抽试验研究	王兆丰	河南理工大学学报（自然科学版）	2015	62	3
6	大数据分析的神经网络方法	章毅	工程科学与技术	2017	47	2
7	多无人机协同编队飞行控制研究现状及发展	宗群	哈尔滨工业大学学报	2017	45	8
8	电磁发射技术	马伟明	国防科技大学学报	2016	42	12
9	基于大数据的网络安全与情报分析	陈兴蜀	工程科学与技术	2017	41	5
10	知识图谱的发展与构建	李涛	南京理工大学学报（自然科学版）	2017	40	17

29.3　研究主题关联分析

在工程技术总论领域，1857篇高被引论文共被引用了17714次。通过分析施引文献关键词的词频及关键词之间的共现关系，获得工程技术总论领域的热点主题和主题关联，如图29-1所示。由图可知："深度学习""卷积神经网络""数值模拟""粒子群算法"等关键词的文档词频较高，是工程技术总论领域的研究热点；本领域主要形成5个研究主题簇，分别以"深度学习""卷积神经网络"为核心；以"支持向量机""BP神经网络"为核心；以"路径设计""机器人"为核心；以"数值模拟""力学性能"为核心；以"吸附""重金属"为核心。

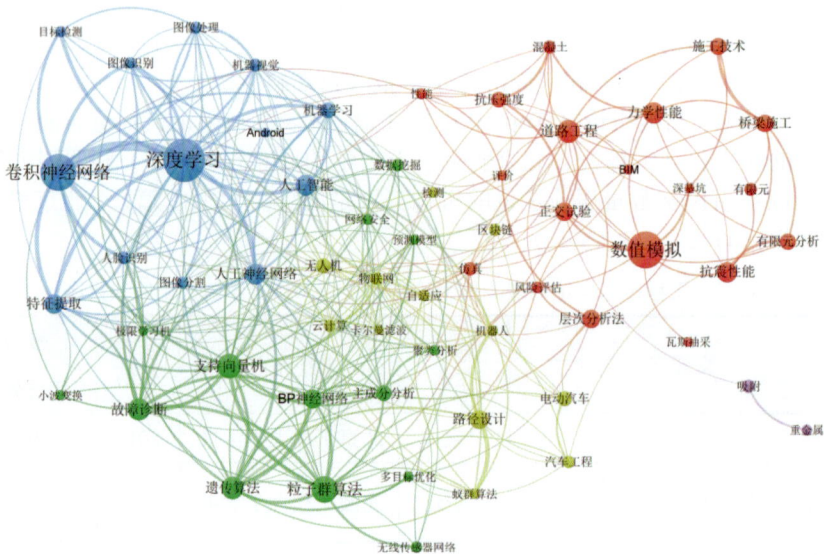

图29-1　工程技术总论领域热点论文主题关联

29.4　高影响力期刊分析

在工程技术总论领域，5 年影响因子 Top 10 期刊见表 29-3，总被引频次最高的期刊是《科学技术与工程》（12969 次），5 年影响因子最高的期刊是《南京理工大学学报（自然科学版）》。

表 29-3　工程技术总论领域高被引期刊基本指标（按 5 年影响因子排序）

序号	期刊名称	5 年载文量/篇	5 年总被引频次/次	5 年影响因子	高被引论文数量/篇	h 指数
1	南京理工大学学报（自然科学版）	585	1061	0.487	32	10
2	同济大学学报（自然科学版）	1379	2782	0.429	65	14
3	工程科学学报	1120	2121	0.420	43	11
4	哈尔滨工业大学学报	1602	2935	0.402	62	13
5	中南大学学报（自然科学版）	2379	5155	0.399	87	15
6	桂林理工大学学报	615	970	0.380	17	10
7	西安工程大学学报	657	1708	0.377	44	12
8	工程科学与技术	889	1974	0.368	41	14
9	东南大学学报（自然科学版）	1020	1716	0.365	26	12
10	浙江工业大学学报	634	1285	0.361	15	9

29.5　高被引作者分析

2015—2019 年工程技术总论领域论文总被引频次 Top 10 的作者见表 29-4。其中，发文总被引频次居前 3 位的作者分别是北京工业大学的尹宝才（197 次）、四川大学的谢和平（109 次）和四川大学的陈兴蜀（105 次）。5 年发文量居前 3 位的作者分别是同济大学的周炳海（30 篇）、辽宁工程技术大学的张向东（22 篇）和同济大学的匡翠萍（21 篇）。

表 29-4　工程技术总论领域高被引作者 Top 10（按 5 年总被引频次排序）

序号	作者	作者单位	发文量/篇	5 年总被引频次/次	篇均被引频次/次	被引率/%	h 指数
1	尹宝才	北京工业大学	2	197	98.50	50.0	1
2	谢和平	四川大学	4	109	27.25	100.0	3
3	陈兴蜀	四川大学	13	105	8.08	92.3	5
4	凤权	安徽工程大学	3	95	31.67	100.0	2
5	王兆丰	河南理工大学	4	89	22.25	100.0	4
6	郑崇伟	中国人民解放军理工大学	3	81	27.00	100.0	3
7	吴爱祥	北京科技大学	12	74	6.17	75.0	6
8	戴公连	中南大学	19	68	3.58	78.9	5

序号	作者	作者单位	发文量/篇	5年总被引频次/次	篇均被引频次/次	被引率/%	h指数
9	崔立鲁	成都大学	10	64	6.40	100.0	5
10	赵赫	中国科学技术大学	1	62	62.00	100.0	1

29.6　高被引机构分析

工程技术总论领域总被引频次 Top 20 高等院校和总被引频次 Top 10 科研院所的发文和被引情况分别见表 29-5 和表 29-6。

表 29-5　工程技术总论领域高被引高等院校 Top 20（按 5 年总被引频次排序）

序号	第一作者单位	发文量/篇	5年总被引频次/次	篇均被引频次/次	序号	第一作者单位	发文量/篇	5年总被引频次/次	篇均被引频次/次
1	同济大学	1825	3402	1.86	11	武汉大学	1088	1590	1.46
2	中南大学	1405	2614	1.86	12	湖南大学	847	1464	1.73
3	北京科技大学	1159	2270	1.96	13	西安工程大学	632	1435	2.27
4	北京工业大学	1158	2175	1.88	14	哈尔滨工业大学	964	1355	1.41
5	东北大学	1764	2041	1.16	15	长安大学	785	1334	1.70
6	吉林大学	1276	2009	1.57	16	华南理工大学	1012	1322	1.31
7	天津大学	1495	1991	1.33	17	中国海洋大学	1001	1301	1.30
8	东南大学	1273	1864	1.46	18	浙江工业大学	694	1294	1.86
9	浙江大学	1039	1818	1.75	19	合肥工业大学	1263	1225	0.97
10	清华大学	1002	1747	1.74	20	北京理工大学	1016	1223	1.20

表 29-6　工程技术总论领域高被引科研院所 Top 10（按 5 年总被引频次排序）

序号	第一作者单位	发文量/篇	5年总被引频次/次	篇均被引频次/次	序号	第一作者单位	发文量/篇	5年总被引频次/次	篇均被引频次/次
1	山东省科学院	138	198	1.43	6	河南省科学院	69	113	1.64
2	河北省石家庄市环境监测中心	36	188	5.22	7	中国石化石油工程技术研究院	38	82	2.16
3	中国科学院长春光学精密机械与物理研究所	125	175	1.40	8	中国石化石油勘探开发研究院	35	78	2.23
4	中国石油勘探开发研究院	85	157	1.85	9	中国信息安全测评中心	28	72	2.57
5	中国飞机强度研究所	247	131	0.53	10	山西省交通科学研究院	72	69	0.96

29.7　高被引国外期刊

工程技术总论领域 2020 年被引频次 Top 10 的国外期刊见表 29-7，排名居前 3 位的国外期刊分别是 *IEEE Access*、*Construction and Building Materials* 和 *ACS Applied Materials & Interfaces*。

表 29-7　工程技术总论领域高被引国外期刊 Top 10（按 2020 年被引频次排序）

序号	期刊名称	2020 年被引频次/次
1	IEEE Access	503
2	Construction and Building Materials	284
3	ACS Applied Materials & Interfaces	273
4	Science of the Total Environment	264
5	Chemical Engineering Journal	262
6	Construction & Building Materials	250
7	IEEE Transactions on Industrial Electronics	240
8	RSC Advances	225
9	Ceramics International	224
10	Advanced Materials	221

第 30 章　通用工业技术领域高被引分析

30.1　领域论文概况

2015—2019 年,通用工业技术领域的 87 种期刊上共发表学术论文 99860 篇,由来自 15452 所机构的 74812 位学者作为第一作者发表。上述论文中,有 44152 篇获得过引用,整体被引率为 44.2%,总被引频次为 103166 次,篇均被引 1.03 次;其中,高被引论文有 882 篇,高被引论文篇均被引 11.85 次(表 30-1)。另外,2020 年本领域共发表论文 20495 篇,其中有 1355 篇在当年获得过引用,总共被引 1613 次。

表 30-1　通用工程技术领域论文分布情况

年份	论文数量/篇	总被引频次/次	被引率/%	高被引论文数量/篇	高被引论文被引频次/次
2015	17660	32319	58.6	162	3307
2016	18946	27237	54.5	167	2776
2017	21207	22121	48.3	216	2213
2018	20928	14249	38.6	184	1405
2019	21119	7240	24.4	153	755
合计	99860	103166	44.2	882	10456

30.2　高被引论文分析

在通用工业技术领域,2015—2019 年发表的总被引频次 Top 10 论文(表 30-2)的平均被引频次为 68.8 次,是全部 882 篇高被引论文篇均被引频次的 5.81 倍。从论文分布来看,刊载高被引论文数量居前 3 位的期刊分别是《包装工程》(131 篇)、《中国工程科学》(77 篇)和《材料导报》(73 篇),其中,《复合材料学报》刊载了高被引论文 Top 10 中的 3 篇;发表高被引论文数量居前 3 位的学者分别是中国人民解放军装备学院的罗小明(5 篇)、安徽工业大学的张浩(4 篇)和内蒙古工业大学的王岚(4 篇);产出高被引论文数量居前 3 位的机构分别是北京科技大学(15 篇)、上海交通大学(14 篇)和南京理工大学(11 篇)。

表 30-2　通用工程技术领域高被引论文 Top 10(按 5 年总被引频次排序)

序号	论文题名	第一作者	期刊名称	发表年份	被引频次/次 5 年总频次	被引频次/次 2020 年
1	3D 打印技术研究现状和关键技术	张学军	材料工程	2016	177	15
2	复合材料在新一代大型民用飞机中的应用	马立敏	复合材料学报	2015	90	10
3	基于 FDM 的 3D 打印技术研究现状与发展趋势	唐通鸣	化工新型材料	2015	63	5
4	大数据时代的大交互设计	覃京燕	包装工程	2015	60	6

续表

序号	论文题名	第一作者	期刊名称	发表年份	被引频次/次	
					5 年总频次	2020 年
5	碳纤维增强树脂基复合材料制孔技术研究现状与展望	陈燕	复合材料学报	2015	59	5
6	应用于航空领域的金属高性能增材制造技术	林鑫	中国材料进展	2015	57	7
7	服务设计驱动下的模式创新	罗仕鉴	包装工程	2015	50	6
8	先进树脂基复合材料发展现状和面临的挑战	邢丽英	复合材料学报	2016	49	7
9	新型武器装备体系贡献度评估问题探析	管清波	装备学院学报	2015	42	0
10	航空发动机用先进高温钛合金材料技术研究与发展	蔡建明	材料工程	2016	41	5

30.3　研究主题关联分析

在通用工程技术领域，882 篇高被引论文共被引用了 10456 次。通过分析施引文献关键词的词频及关键词之间的共现关系，获得通用工程技术领域的热点主题和主题关联，如图 30-1 所示。由图可知："复合材料""力学性能""三维打印""石墨烯"等关键词的文档词频较高，是通用工程技术领域的研究热点；本领域主要形成 5 个研究主题簇，分别以"力学性能""三维打印"为核心；以"复合材料""石墨烯"为核心；以"作战能力""体系贡献率"为核心；以"故障诊断""人工神经网络"为核心；以"用户体验""交互设计"为核心。

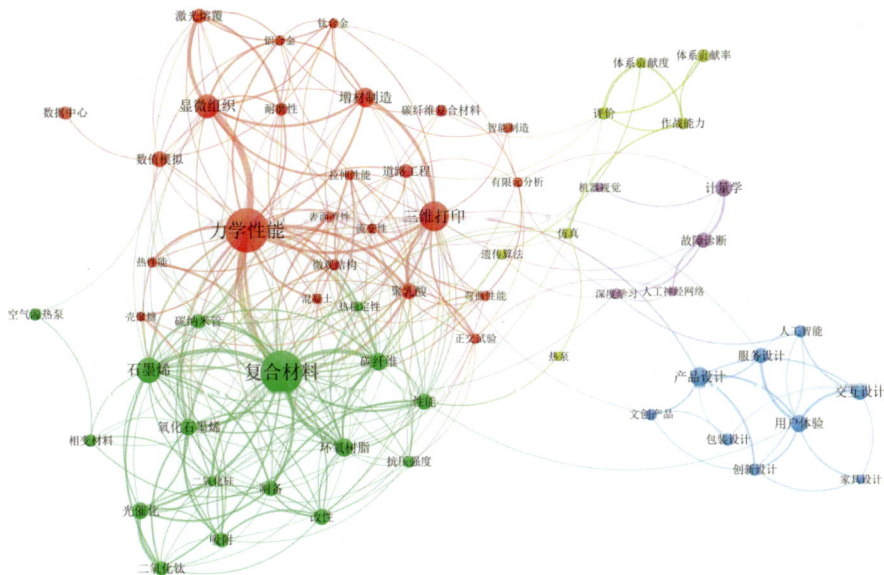

图 30-1　通用工程技术领域热点论文主题关联

30.4　高影响力期刊分析

在通用工业技术领域,5年影响因子 Top 10 期刊见表 30-3,总被引频次最高的期刊是《包装工程》(10132 次),5年影响因子最高的期刊是《中国工程科学》。

表 30-3　通用工程技术领域高被引期刊基本指标(按5年影响因子排序)

序号	期刊名称	5年载文量/篇	5年总被引频次/次	5年影响因子	高被引论文数量/篇	h指数
1	中国工程科学	634	2212	0.811	77	16
2	应用基础与工程科学学报	589	1176	0.494	14	10
3	复合材料学报	1715	4496	0.469	69	16
4	材料工程	1162	2933	0.447	51	14
5	制冷学报	562	1317	0.447	24	12
6	兵工学报	1542	3321	0.437	34	14
7	新材料产业	386	320	0.435	5	6
8	包装学报	369	594	0.431	9	9
9	包装工程	5139	10132	0.424	131	20
10	中国科学(技术科学)	674	1422	0.423	28	14

30.5　高被引作者分析

2015—2019 年通用工业技术领域论文总被引频次 Top 10 的作者见表 30-4。其中,发文总被引频次居前 3 位的作者分别是中国航发北京航空材料研究院的张学军(177 次)、中国人民解放军装备学院的罗小明(99 次)、内蒙古工业大学的王岚(93 次)和北京科技大学的覃京燕(93 次)。5年发文量居前 3 位的作者分别是余姚市通用仪表有限公司的罗伏隆(33 篇)、北京市计量检测科学研究院的张国城(25 篇)和宝鸡文理学院的张来新(23 篇)。

表 30-4　通用工程技术领域高被引作者 Top 10(按5年总被引频次排序)

序号	作者	作者单位	发文量/篇	5年总被引频次/次	篇均被引频次/次	被引率/%	h指数
1	张学军	中国航发北京航空材料研究院	1	177	177.00	100.0	1
2	罗小明	中国人民解放军装备学院	8	99	12.38	87.5	5
3	王岚	内蒙古工业大学	19	93	4.89	89.5	5
4	覃京燕	北京科技大学	15	93	6.20	60.0	3
5	马立敏	中国商用飞机有限责任公司北京民用飞机技术研究中心	1	90	90.00	100.0	1
6	尚建丽	西安建筑科技大学	12	74	6.17	83.3	4

续表

序号	作者	作者单位	发文量/篇	5年总被引频次/次	篇均被引频次/次	被引率/%	h指数
7	王春红	天津工业大学	12	72	6.00	100.0	5
8	张浩	安徽工业大学	19	65	3.42	57.9	4
9	唐通鸣	南通大学	2	64	32.00	100.0	1
10	邓宗才	北京工业大学	6	62	10.33	100.0	3

30.6 高被引机构分析

通用工业技术领域总被引频次 Top 20 高等院校和总被引频次 Top 10 科研院所的发文和被引情况分别见表 30-5 和表 30-6。

表 30-5 通用工程技术领域高被引高等院校 Top 20（按 5 年总被引频次排序）

序号	第一作者单位	发文量/篇	5年总被引频次/次	篇均被引频次/次	序号	第一作者单位	发文量/篇	5年总被引频次/次	篇均被引频次/次
1	南京理工大学	1115	1618	1.45	11	中南大学	688	823	1.20
2	江南大学	761	1143	1.50	12	清华大学	456	790	1.73
3	中北大学	982	1113	1.13	13	中国人民解放军后勤工程学院	435	788	1.81
4	上海交通大学	651	1017	1.56	14	华南理工大学	511	781	1.53
5	空军工程大学	687	969	1.41	15	西南交通大学	577	777	1.35
6	北京理工大学	525	893	1.70	16	昆明理工大学	543	772	1.42
7	中国人民解放军装甲兵工程学院	506	893	1.76	17	湖南大学	410	757	1.85
8	上海理工大学	586	874	1.49	18	北京航空航天大学	424	717	1.69
9	西北工业大学	527	830	1.57	19	中国人民解放军装备学院	361	717	1.99
10	北京科技大学	405	824	2.03	20	南京航空航天大学	462	714	1.55

表 30-6 通用工程技术领域高被引科研院所 Top 10（按 5 年总被引频次排序）

序号	第一作者单位	发文量/篇	5年总被引频次/次	篇均被引频次/次	序号	第一作者单位	发文量/篇	5年总被引频次/次	篇均被引频次/次
1	中国航发北京航空材料研究院	162	589	3.64	3	中国计量科学研究院	286	297	1.04
2	中国标准化研究院	430	498	1.16	4	中国科学院金属研究所	267	213	0.80

续表

序号	第一作者单位	发文量/篇	5年总被引频次/次	篇均被引频次/次	序号	第一作者单位	发文量/篇	5年总被引频次/次	篇均被引频次/次
5	中国工程物理研究院	224	201	0.90	8	上海市计量测试技术研究院	311	158	0.51
6	中国船舶重工集团公司第七二五研究所	271	188	0.69	9	西北机电工程研究所	130	156	1.20
7	合肥通用机械研究院	141	167	1.18	10	中国测试技术研究院	63	151	2.40

30.7　高被引国外期刊

通用工业技术领域 2020 年被引频次 Top 10 的国外期刊见表 30-7，排名居前 3 位的国外期刊分别是 *Advanced Materials*、*ACS Applied Materials & Interfaces* 和 *ACS Nano*。

表 30-7　通用工程技术领域高被引国外期刊 Top 10（按 2020 年被引频次排序）

序号	期刊名称	2020 年被引频次/次
1	Advanced Materials	1451
2	ACS Applied Materials & Interfaces	1342
3	ACS Nano	996
4	Acta Materialia	806
5	Advanced Functional Materials	755
6	Nanoscale	751
7	Electrochimica Acta	713
8	Chemical Engineering Journal	693
9	Ceramics International	686
10	Journal of the American Chemical Society	671

第 31 章　测绘科学技术领域高被引分析

31.1　领域论文概况

2015—2019 年,测绘科学技术领域的 27 种期刊上共发表学术论文 24967 篇,由来自 3334 所机构的 17875 位学者作为第一作者发表。上述论文中,有 14992 篇获得过引用,整体被引率为 60.0%,总被引频次为 50337 次,篇均被引 2.02 次;其中,高被引论文有 254 篇,高被引论文篇均被引 25.04 次(表 31-1)。另外,2020 年本领域共发表论文 5004 篇,其中有 535 篇在当年获得过引用,总共被引 733 次。

表 31-1　测绘科学技术领域论文分布情况

年份	论文数量/篇	总被引频次/次	被引率/%	高被引论文数量/篇	高被引论文被引频次/次
2015	4990	15938	73.1	54	2216
2016	5047	14340	71.2	51	1971
2017	5094	10832	65.5	47	1163
2018	4961	6000	53.1	51	611
2019	4875	3227	36.6	51	400
合计	24967	50337	60.0	254	6361

31.2　高被引论文分析

在测绘科学技术领域,2015—2019 年发表的总被引频次 Top 10 论文(表 31-2)的平均被引频次为 92.1 次,是全部 254 篇高被引论文篇均被引频次的 3.68 倍。从论文分布来看,刊载高被引论文数量居前 3 位的期刊分别是《测绘学报》(55 篇)、《武汉大学学报(信息科学版)》(37 篇)和《测绘通报》(30 篇),其中,《测绘学报》刊载了高被引论文 Top 10 中的 3 篇;发表高被引论文数量居前 3 位的学者分别是武汉大学的李德仁(12 篇)、陕西省西安测绘研究所的杨元喜(3 篇)和中南大学的朱建军(3 篇);产出高被引论文数量居前 3 位的机构分别是武汉大学(45 篇)、中国科学院遥感与数字地球研究所(11 篇)和中国测绘科学研究院(9 篇)。

表 31-2　测绘科学技术领域高被引论文 Top 10(按 5 年总被引频次排序)

序号	论文题名	第一作者	期刊名称	发表年份	被引频次/次	
					5 年总频次	2020 年
1	倾斜摄影测量技术应用及展望	杨国东	测绘与空间地理信息	2016	136	23
2	轻小型无人机航摄技术现状及发展趋势	毕凯	测绘通报	2015	112	7
3	高光谱遥感影像分类研究进展	杜培军	遥感学报	2016	100	13

序号	论文题名	第一作者	期刊名称	发表年份	被引频次/次	
					5年总频次	2020年
4	核密度估计法支持下的网络空间POI点可视化与分析	禹文豪	测绘学报	2015	92	14
5	展望大数据时代的地球空间信息学	李德仁	测绘学报	2016	84	12
6	Landsat 8数据地表温度反演算法对比	宋挺	遥感学报	2015	83	7
7	基于无人机倾斜摄影数据的实景三维建模研究	曲林	测绘与空间地理信息	2015	82	6
8	无人机倾斜摄影的城市三维建模方法优化	谭仁春	测绘通报	2016	81	13
9	论夜光遥感数据挖掘	李德仁	测绘学报	2015	76	14
10	农业遥感研究应用进展与展望	陈仲新	遥感学报	2016	75	17

31.3　研究主题关联分析

在测绘科学技术领域，254篇高被引论文共被引用了6361次。通过分析施引文献关键词的词频及关键词之间的共现关系，获得测绘科学技术领域的热点主题和主题关联，如图31-1所示。由图可知："无人机""遥感""倾斜摄影""三维建模"等关键词的文档词频较高，是测绘科学技术领域的研究热点；本领域主要形成5个研究主题簇，分别以"遥感""随机森林"为核心；以"地理信息系统""空间分布"为核心；以"无人机""倾斜摄影"为核心；以"点云数据""三维激光扫描"为核心；以"全球定位系统""定位精度"为核心。

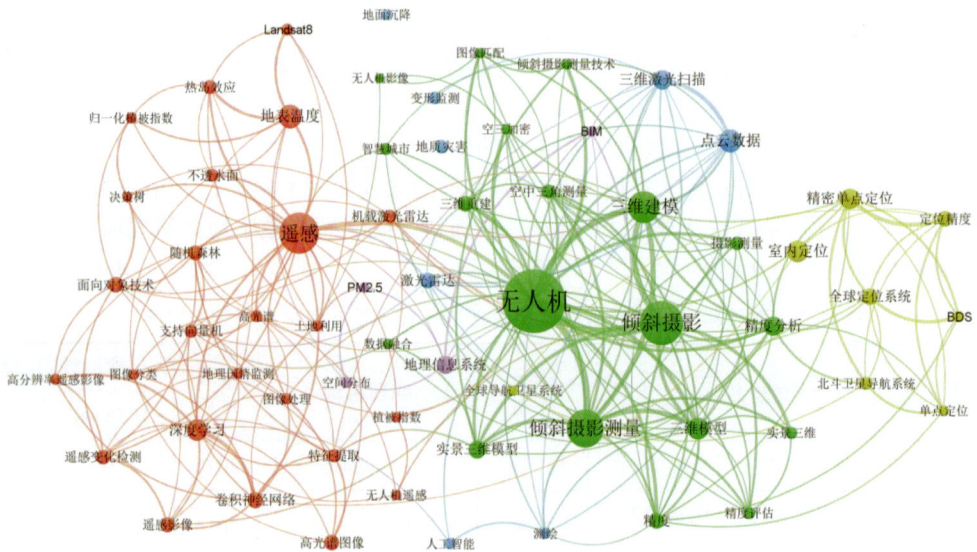

图 31-1　测绘科学技术领域热点论文主题关联

31.4　高影响力期刊分析

在测绘科学技术领域，5 年影响因子 Top 10 期刊见表 31-3，总被引频次最高的期刊是《测绘通报》（6493 次），5 年影响因子最高的期刊是《遥感学报》。

表 31-3　测绘科学技术领域高被引期刊基本指标（按 5 年影响因子排序）

序号	期刊名称	5 年载文量/篇	5 年总被引频次/次	5 年影响因子	高被引论文数量/篇	h 指数
1	遥感学报	508	2625	1.055	28	21
2	测绘学报	1042	5260	0.975	55	25
3	北京测绘	1394	2727	0.854	25	12
4	国土资源遥感	665	2100	0.683	11	15
5	遥感技术与应用	711	2072	0.672	12	14
6	武汉大学学报（信息科学版）	1373	4398	0.668	37	21
7	测绘通报	2127	6493	0.642	30	20
8	测绘科学	1966	4663	0.423	19	17
9	遥感信息	655	1264	0.423	1	12
10	测绘工程	867	1998	0.390	6	13

31.5　高被引作者分析

2015—2019 年测绘科学技术领域论文总被引频次 Top 10 的作者见表 31-4。其中，发文总被引频次居前 3 位的作者分别是武汉大学的李德仁（538 次）、武汉大学的禹文豪（172 次）和武汉大学的闫利（154 次）。5 年发文量居前 3 位的作者分别是辽宁工程技术大学的杨帆（34 篇）、武汉大学的闫利（33 篇）和东华理工大学的王乐洋（31 篇）。

表 31-4　测绘科学技术领域高被引作者 Top 10（按 5 年总被引频次排序）

序号	作者	作者单位	发文量/篇	5 年总被引频次/次	篇均被引频次/次	被引率/%	h 指数
1	李德仁	武汉大学	18	538	29.89	100.0	12
2	禹文豪	武汉大学	3	172	57.33	100.0	3
3	闫利	武汉大学	33	154	4.67	97.0	6
4	姚宜斌	武汉大学	21	143	6.81	85.7	8
5	毕凯	国家基础地理信息中心	5	141	28.20	100.0	3
6	杨元喜	陕西省西安测绘研究所	5	140	28.00	100.0	5
7	杨国东	吉林大学	3	140	46.67	100.0	2
8	张小红	武汉大学	10	138	13.80	100.0	6

续表

序号	作者	作者单位	发文量/篇	5年总被引频次/次	篇均被引频次/次	被引率/%	h指数
9	王乐洋	东华理工大学	31	122	3.94	74.2	6
10	林祥国	中国测绘科学研究院	9	111	12.33	100.0	6

31.6　高被引机构分析

测绘科学技术领域总被引频次 Top 20 高等院校和总被引频次 Top 10 科研院所的发文和被引情况分别见表 31-5 和表 31-6。

表 31-5　测绘科学技术领域高被引高等院校 Top 20（按 5 年总被引频次排序）

序号	第一作者单位	发文量/篇	5年总被引频次/次	篇均被引频次/次	序号	第一作者单位	发文量/篇	5年总被引频次/次	篇均被引频次/次
1	武汉大学	1666	5709	3.43	11	长安大学	207	442	2.14
2	中国人民解放军信息工程大学	1331	2643	1.99	12	西南交通大学	208	427	2.05
3	山东科技大学	693	1264	1.82	13	南京大学	109	348	3.19
4	辽宁工程技术大学	533	1010	1.89	14	成都理工大学	164	343	2.09
5	中南大学	295	784	2.66	15	北京师范大学	80	321	4.01
6	河海大学	310	612	1.97	16	兰州交通大学	217	316	1.46
7	河南理工大学	231	583	2.52	17	中国地质大学（北京）	111	311	2.80
8	中国矿业大学	209	582	2.78	18	西安科技大学	121	304	2.51
9	东华理工大学	240	529	2.20	19	福州大学	89	293	3.29
10	中国地质大学（武汉）	217	507	2.34	20	北京建筑大学	127	286	2.25

表 31-6　测绘科学技术领域高被引科研院所 Top 10（按 5 年总被引频次排序）

序号	第一作者单位	发文量/篇	5年总被引频次/次	篇均被引频次/次	序号	第一作者单位	发文量/篇	5年总被引频次/次	篇均被引频次/次
1	中国科学院遥感与数字地球研究所	288	1218	4.23	4	国家基础地理信息中心	74	425	5.74
2	中国测绘科学研究院	243	715	2.94	5	武汉市测绘研究院	82	304	3.71
3	北京市测绘设计研究院	158	503	3.18	6	广州市城市规划勘测设计研究院	130	280	2.15

序号	第一作者单位	发文量/篇	5年总被引频次/次	篇均被引频次/次	序号	第一作者单位	发文量/篇	5年总被引频次/次	篇均被引频次/次
7	中国人民解放军海军海洋测绘研究所	95	267	2.81	9	中国地震局地震研究所	159	251	1.58
8	中国国土资源航空物探遥感中心	63	252	4.00	10	陕西省西安测绘研究所	54	249	4.61

31.7　高被引国外期刊

测绘科学技术领域 2020 年被引频次 Top 10 的国外期刊见表 31-7，排名居前 3 位的国外期刊分别是 *Remote Sensing of Environment*、*Remote Sensing* 和 *IEEE Transactions on Geoscience and Remote Sensing*。

表 31-7　测绘科学技术领域高被引国外期刊 Top 10（按 2020 年被引频次排序）

序号	期刊名称	2020 年被引频次/次
1	Remote Sensing of Environment	350
2	Remote Sensing	326
3	IEEE Transactions on Geoscience and Remote Sensing	284
4	GPS Solutions	271
5	Journal of Geodesy	181
6	IEEE Journal of Selected Topics in Applied Earth Observations & remote sensing	87
7	International Journal of Remote Sensing	85
8	IEEE Geoscience & Remote Sensing Letters	83
9	ISPRS International Journal of Geo-Information	74
10	International Journal of Geographical Information Science	71

第32章 矿业工程领域高被引分析

32.1 领域论文概况

2015—2019 年，矿业工程领域的 46 种期刊上共发表学术论文 54477 篇，由来自 8424 所机构的 40204 位学者作为第一作者发表。上述论文中，有 28438 篇获得过引用，整体被引率为 52.2%，总被引频次为 74432 次，篇均被引 1.37 次；其中，高被引论文有 516 篇，高被引论文篇均被引 15.94 次（表 32-1）。另外，2020 年本领域共发表论文 10655 篇，其中有 1129 篇在当年获得过引用，总共被引 1439 次。

表 32-1 矿业工程领域论文分布情况

年份	论文数量/篇	总被引频次/次	被引率/%	高被引论文数量/篇	高被引论文被引频次/次
2015	11681	24493	63.8	113	2894
2016	10846	19608	61.6	117	2201
2017	10515	14957	56.0	96	1512
2018	10666	9792	45.5	118	1196
2019	10769	5582	33.1	72	424
合计	54477	74432	52.2	516	8227

32.2 高被引论文分析

在矿业工程领域，2015—2019 年发表的总被引频次 Top 10 论文（表 32-2）的平均被引频次为 70.3 次，是全部 516 篇高被引论文篇均被引频次的 4.41 倍。从论文分布来看，刊载高被引论文数量居前 3 位的期刊分别是《中国矿业大学学报》（79 篇）、《采矿与安全工程学报》（78 篇）和《工矿自动化》（55 篇），其中，《中国矿业大学学报》刊载了高被引论文 Top 10 中的 4 篇；发表高被引论文数量居前 3 位的学者分别是中国矿业大学（北京）的孙继平（8 篇）、中国矿业大学的孟庆彬（4 篇）和天地科技股份有限公司的王国法（3 篇）；产出高被引论文数量居前 3 位的机构分别是中国矿业大学（北京）（62 篇）、中国矿业大学（54 篇）和中煤科工集团西安研究院有限公司（24 篇）。

表 32-2 矿业工程领域高被引论文 Top 10（按 5 年总被引频次排序）

序号	论文题名	第一作者	期刊名称	发表年份	被引频次/次	
					5 年总频次	2020 年
1	我国煤矿巷道锚杆支护技术发展 60 年及展望	康红普	中国矿业大学学报	2016	135	20
2	圆形巷道围岩偏应力场及塑性区分布规律研究	马念杰	中国矿业大学学报	2015	91	8

续表

序号	论文题名	第一作者	期刊名称	发表年份	被引频次/次	
					5 年总频次	2020 年
3	顺层钻孔瓦斯抽采半径及布孔间距研究	鲁义	采矿与安全工程学报	2015	69	5
4	我国铁矿选矿技术最新进展	韩跃新	金属矿山	2015	66	8
5	煤矿监控新技术与新装备	孙继平	工矿自动化	2015	65	3
6	煤矿事故分析与煤矿大数据和物联网	孙继平	工矿自动化	2015	61	4
7	膏体充填技术现状及趋势	吴爱祥	金属矿山	2016	57	11
8	切顶卸压沿空留巷围岩结构控制及其工程应用	何满潮	中国矿业大学学报	2017	56	14
9	沿空掘巷窄煤柱宽度确定	张科学	采矿与安全工程学报	2015	53	3
10	煤炭智能化综采技术创新实践与发展展望	王国法	中国矿业大学学报	2018	50	17

32.3 研究主题关联分析

在矿业工程领域，516 篇高被引论文共被引用了 8227 次。通过分析施引文献关键词的词频及关键词之间的共现关系，获得矿业工程领域的热点主题和主题关联，如图 32-1 所示。由图可知："数值模拟""瓦斯抽采""切顶卸压""围岩控制"等关键词的文档词频较高，是矿业工程领域的研究热点；本领域主要形成 5 个研究主题簇，分别以"瓦斯抽采""瓦斯管理"为核心；以"开采沉陷""BP 神经网络"为核心；以"综采工作面""大采高"为核心；以"数值模拟""塑性体"为核心；以"抗压强度""正交试验"为核心。

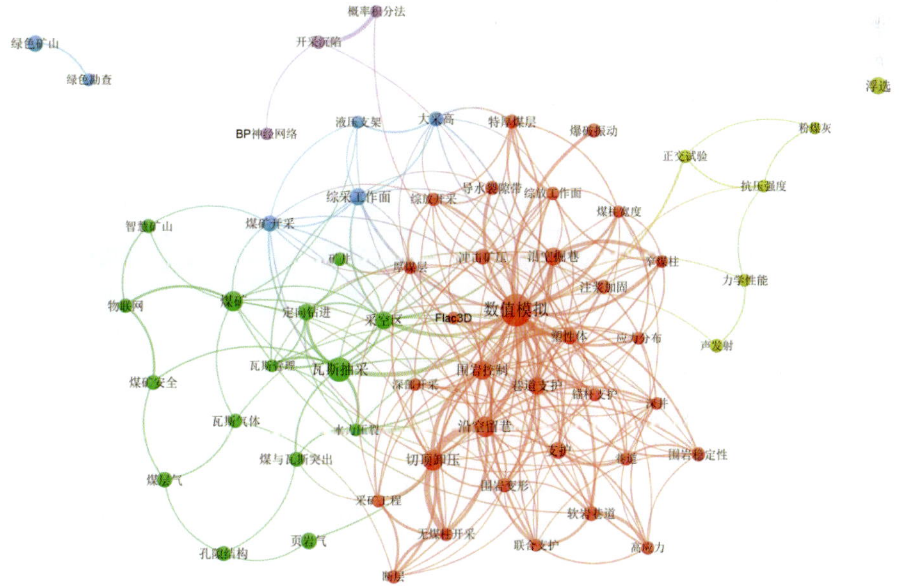

图 32-1 矿业工程领域热点论文主题关联

32.4 高影响力期刊分析

在矿业工程领域，5 年影响因子 Top 10 期刊见表 32-3，总被引频次最高的期刊是《煤矿安全》（7175 次），5 年影响因子最高的期刊是《采矿与安全工程学报》。

表 32-3 矿业工程领域高被引期刊基本指标（按 5 年影响因子排序）

序号	期刊名称	5 年载文量/篇	5 年总被引频次/次	5 年影响因子	高被引论文数量/篇	h 指数
1	采矿与安全工程学报	839	4034	0.975	78	21
2	中国矿业大学学报	774	4055	0.810	79	23
3	煤田地质与勘探	949	2483	0.659	29	15
4	工矿自动化	1282	3495	0.563	55	17
5	矿业安全与环保	829	2175	0.554	21	13
6	矿产保护与利用	632	1301	0.549	13	12
7	爆破	559	1753	0.508	22	13
8	煤矿爆破	222	223	0.500	2	5
9	西安科技大学学报	692	1415	0.458	7	9
10	矿物学报	390	771	0.456	6	10

32.5 高被引作者分析

2015—2019 年矿业工程领域论文总被引频次 Top 10 的作者见表 32-4。其中，发文总被引频次居前 3 位的作者分别是中国矿业大学（北京）的孙继平（344 次）、煤炭科学研究总院开采设计研究分院的康红普（135 次）和西安科技大学的黄庆享（107 次）。5 年发文量居前 3 位的作者分别是内蒙古科技大学的王创业（29 篇）、中国矿业大学（北京）的孙继平（24 篇）和内蒙古科技大学的王文才（24 篇）。

表 32-4 矿业工程领域高被引作者 Top 10（按 5 年总被引频次排序）

序号	作者	作者单位	发文量/篇	5 年总被引频次/次	篇均被引频次/次	被引率/%	h 指数
1	孙继平	中国矿业大学（北京）	24	344	14.33	100.0	9
2	康红普	煤炭科学研究总院开采设计研究分院	1	135	135.00	100.0	1
3	黄庆享	西安科技大学	20	107	5.35	95.0	5
4	孟庆彬	中国矿业大学	10	104	10.40	100.0	5
5	何富连	中国矿业大学（北京）	12	100	8.33	91.7	6
6	王国法	天地科技股份有限公司	3	94	31.33	100.0	3
7	马念杰	中国矿业大学（北京）	1	91	91.00	100.0	1

序号	作者	作者单位	发文量/篇	5 年总被引频次/次	篇均被引频次/次	被引率/%	h 指数
8	吴爱祥	北京科技大学	6	85	14.17	100.0	4
9	韩跃新	东北大学	3	84	28.00	100.0	2
10	侯朝炯	中国矿业大学	2	84	42.00	100.0	2

32.6　高被引机构分析

矿业工程领域总被引频次 Top 20 高等院校和总被引频次 Top 10 科研院所的发文和被引情况分别见表 32-5 和表 32-6。

表 32-5　矿业工程领域高被引高等院校 Top 20（按 5 年总被引频次排序）

序号	第一作者单位	发文量/篇	5 年总被引频次/次	篇均被引频次/次	序号	第一作者单位	发文量/篇	5 年总被引频次/次	篇均被引频次/次
1	中国矿业大学	1465	4106	2.80	11	辽宁工程技术大学	442	922	2.09
2	中国矿业大学（北京）	1339	3792	2.83	12	昆明理工大学	424	863	2.04
3	西安科技大学	1014	2259	2.23	13	江西理工大学	391	749	1.92
4	北京科技大学	646	1570	2.43	14	中南大学	378	711	1.88
5	山东科技大学	797	1513	1.90	15	华北理工大学	478	619	1.29
6	安徽理工大学	914	1465	1.60	16	武汉科技大学	359	597	1.66
7	河南理工大学	557	1255	2.25	17	中国地质大学（武汉）	260	544	2.09
8	太原理工大学	726	1199	1.65	18	武汉理工大学	305	531	1.74
9	东北大学	479	992	2.07	19	贵州大学	292	426	1.46
10	中国地质大学（北京）	510	964	1.89	20	内蒙古科技大学	223	327	1.47

表 32-6　矿业工程领域高被引科研院所 Top 10（按 5 年总被引频次排序）

序号	第一作者单位	发文量/篇	5 年总被引频次/次	篇均被引频次/次	序号	第一作者单位	发文量/篇	5 年总被引频次/次	篇均被引频次/次
1	北京矿冶研究总院	346	626	1.81	3	中国地质调查局发展研究中心	161	358	2.22
2	中国地质科学院郑州矿产综合利用研究所	169	429	2.54	4	煤炭科学研究总院	182	293	1.61

序号	第一作者单位	发文量/篇	5年总被引频次/次	篇均被引频次/次	序号	第一作者单位	发文量/篇	5年总被引频次/次	篇均被引频次/次
5	中国国土资源经济研究院	113	226	2.00	8	中国地质科学院勘探技术研究所	78	158	2.03
6	煤炭科学研究总院开采设计研究分院	14	168	12.00	9	中国科学院地球化学研究所	57	142	2.49
7	中华人民共和国国土资源部	32	161	5.03	10	中国地质科学院矿产综合利用研究所	98	135	1.38

32.7　高被引国外期刊

矿业工程领域 2020 年被引频次 Top 10 的国外期刊见表 32-7，排名居前 3 位的国外期刊分别是 *Minerals Engineering*、*International Journal of Rock Mechanics and Mining Sciences* 和 *International Journal of Coal Geology*。

表 32-7　矿业工程领域高被引国外期刊 Top 10（按 2020 年被引频次排序）

序号	期刊名称	2020 年被引频次/次
1	Minerals Engineering	270
2	International Journal of Rock Mechanics and Mining Sciences	127
3	International Journal of Coal Geology	97
4	Rock Mechanics and Rock Engineering	89
5	Fuel	75
6	Journal of Chemical and Petroleum Engineering	75
7	Journal of Natural Gas Science and Engineering	72
8	International Journal of Mineral Processing	62
9	Construction and Building Materials	58
10	Hydrometallurgy	52

第 33 章　石油、天然气工业领域高被引分析

33.1　领域论文概况

2015—2019 年，石油、天然气工业领域的 94 种期刊上共发表学术论文 77882 篇，由来自 8124 所机构的 56245 位学者作为第一作者发表。上述论文中，有 36711 篇获得过引用，整体被引率为 47.1%，总被引频次为 122739 次，篇均被引 1.58 次；其中，高被引论文有 772 篇，高被引论文篇均被引 22.01 次（表 33-1）。另外，2020 年本领域共发表论文 14969 篇，其中有 1031 篇在当年获得过引用，总共被引 1392 次。

表 33-1　石油、天然气工业领域论文分布情况

年份	论文数量/篇	总被引频次/次	被引率/%	高被引论文数量/篇	高被引论文被引频次/次
2015	16546	42813	58.5	160	6106
2016	15772	34160	56.6	159	4699
2017	15382	25092	52.1	154	3283
2018	15440	14148	40.0	144	1865
2019	14742	6526	26.6	155	1038
合计	77882	122739	47.1	772	16991

33.2　高被引论文分析

在石油、天然气工业领域，2015—2019 年发表的总被引频次 Top 10 论文（表 33-2）的平均被引频次为 119.6 次，是全部 772 篇高被引论文篇均被引频次的 5.43 倍。从论文分布来看，刊载高被引论文数量居前 3 位的期刊分别是《石油勘探与开发》（122 篇）、《石油学报》（119 篇）和《天然气工业》（94 篇），其中，《石油勘探与开发》刊载了高被引论文 Top 10 中的 5 篇；发表高被引论文数量居前 3 位的学者分别是中国石油勘探开发研究院的邹才能（11 篇）、中国石油天然气股份有限公司勘探与生产分公司的杜金虎（8 篇）和中国石油西南油气田公司的马新华（8 篇）；产出高被引论义数量居前 3 位的机构分别是中国石油勘探开发研究院（94 篇）、中国石油大学（北京）（46 篇）和中国石油大学（华东）（40 篇）。

表 33-2　石油、天然气工业领域高被引论文 Top 10（按 5 年总被引频次排序）

序号	论文题名	第一作者	期刊名称	发表年份	被引频次/次 5 年总频次	被引频次/次 2020 年
1	中国页岩气特征、挑战及前景（一）	邹才能	石油勘探与开发	2015	192	24
2	涪陵页岩气勘探开发重大突破与启示	王志刚	石油与天然气地质	2015	160	11
3	中国页岩气特征、挑战及前景（二）	邹才能	石油勘探与开发	2016	155	20

序号	论文题名	第一作者	期刊名称	发表年份	被引频次/次	
					5年总频次	2020年
4	中国页岩气勘探开发新突破及发展前景思考	董大忠	天然气工业	2016	138	20
5	涪陵页岩气田的发现与勘探认识	郭旭升	中国石油勘探	2016	104	17
6	中国南方海相页岩气成藏差异性比较与意义	赵文智	石油勘探与开发	2016	97	16
7	全球常规-非常规油气形成分布、资源潜力及趋势预测	邹才能	石油勘探与开发	2015	90	11
8	四川盆地焦石坝地区页岩气储层特征及控制因素	张晓明	石油学报	2015	88	8
9	美国CO_2驱油技术应用及启示	秦积舜	石油勘探与开发	2015	88	8
10	论非常规油气与常规油气的区别和联系	邹才能	中国石油勘探	2015	84	5

33.3　研究主题关联分析

在石油、天然气工业领域，772篇高被引论文共被引用了16991次。通过分析施引文献关键词的词频及关键词之间的共现关系，获得石油、天然气工业领域的热点主题和主题关联，如图33-1所示。由图可知："页岩气""四川盆地""鄂尔多斯盆地""水平井"等关键词的文档词频较高，是石油、天然气工业领域的研究热点；本领域主要形成5个研究主题簇，分别以"龙马溪阶""页岩"为核心；以"四川盆地""主控因素"为核心；以"页岩气""保存条件"为核心；以"鄂尔多斯盆地""致密砂岩"为核心；以"页岩油""致密油"为核心。

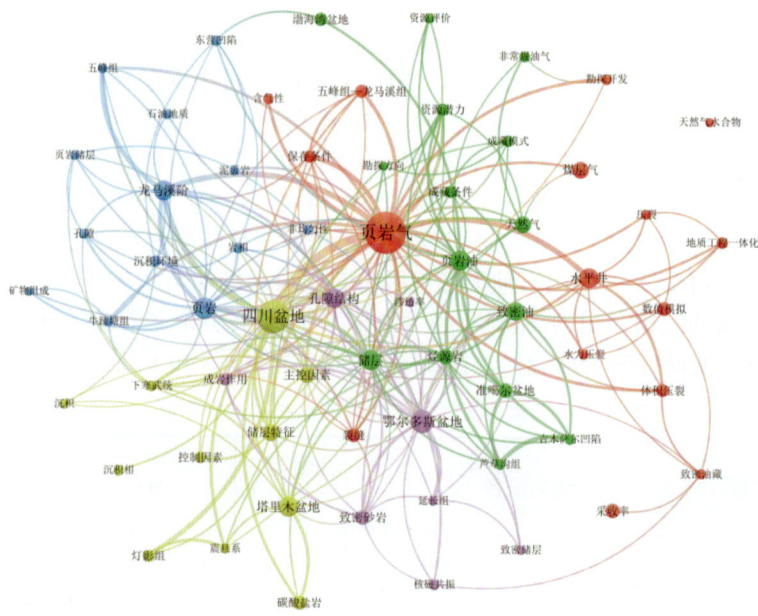

图 33-1　石油、天然气工业领域热点论文主题关联

33.4 高影响力期刊分析

在石油、天然气工业领域，5 年影响因子 Top 10 期刊见表 33-3，总被引频次最高的期刊是《石油学报》（7040 次），5 年影响因子最高的期刊是《石油勘探与开发》。

表 33-3 石油、天然气工业领域高被引期刊基本指标（按 5 年影响因子排序）

序号	期刊名称	5 年载文量/篇	5 年总被引频次/次	5 年影响因子	高被引论文数量/篇	h 指数
1	石油勘探与开发	577	5715	1.681	122	32
2	中国石油勘探	383	2935	1.329	57	22
3	石油学报	849	7040	1.203	119	32
4	石油与天然气地质	624	3750	1.090	50	23
5	天然气工业	1089	6492	1.024	94	27
6	非常规油气	525	1632	0.949	8	12
7	油气地质与采收率	605	3514	0.764	43	20
8	石油实验地质	592	2871	0.688	29	19
9	天然气地球科学	1061	4746	0.653	29	20
10	石油物探	506	1941	0.625	10	14

33.5 高被引作者分析

2015—2019 年石油、天然气工业领域论文总被引频次 Top 10 的作者见表 33-4。其中，发文总被引频次居前 3 位的作者分别是中国石油勘探开发研究院的邹才能（737 次）、中国石油勘探开发研究院廊坊分院的魏国齐（312 次）和中国石油勘探开发研究院的董大忠（215 次）。5 年发文量居前 3 位的作者分别是中国石油大学（华东）的姜瑞忠（29 篇）、华北油田第五采油厂的付亚荣（26 篇）和中国石油勘探开发研究院的陈元千（25 篇）。

表 33-4 石油、天然气工业领域高被引作者 Top 10（按 5 年总被引频次排序）

序号	作者	作者单位	发文量/篇	5 年总被引频次/次	篇均被引频次/次	被引率/%	h 指数
1	邹才能	中国石油勘探开发研究院	14	737	52.64	100.0	9
2	魏国齐	中国石油勘探开发研究院廊坊分院	8	312	39.00	100.0	7
3	董大忠	中国石油勘探开发研究院	5	215	43.00	100.0	5
4	杜金虎	中国石油天然气股份有限公司勘探与生产分公司	11	212	19.27	100.0	8
5	赵金洲	西南石油大学	20	199	9.95	90.0	9
6	赵文智	中国石油勘探开发研究院	8	193	24.13	100.0	7

序号	作者	作者单位	发文量/篇	5年总被引频次/次	篇均被引频次/次	被引率/%	h指数
7	王玉满	中国石油勘探开发研究院	10	183	18.30	100.0	7
8	郭旭升	中国石化勘探分公司	6	182	30.33	100.0	5
9	马新华	中国石油西南油气田公司	9	176	19.56	88.9	7
10	王志刚	中国石油化工股份有限公司	3	170	56.67	100.0	2

33.6　高被引机构分析

石油、天然气工业领域总被引频次 Top 20 高等院校和总被引频次 Top 10 科研院所的发文和被引情况分别见表 33-5 和表 33-6。

表 33-5　石油、天然气工业领域高被引高等院校 Top 20（按 5 年总被引频次排序）

序号	第一作者单位	发文量/篇	5年总被引频次/次	篇均被引频次/次	序号	第一作者单位	发文量/篇	5年总被引频次/次	篇均被引频次/次
1	中国石油大学（华东）	2558	7878	3.08	11	西北大学	227	605	2.67
2	中国石油大学（北京）	2536	7639	3.01	12	中国矿业大学	89	456	5.12
3	西南石油大学	1904	5102	2.68	13	吉林大学	136	394	2.90
4	中国地质大学（北京）	586	2339	3.99	14	华东理工大学	234	329	1.41
5	长江大学	1118	2191	1.96	15	北京大学	93	326	3.51
6	东北石油大学	908	2087	2.30	16	同济大学	79	298	3.77
7	西安石油大学	2192	1990	0.91	17	广东石油化工学院	439	293	0.67
8	成都理工大学	612	1746	2.85	18	中国矿业大学（北京）	80	284	3.55
9	中国地质大学（武汉）	235	1028	4.37	19	重庆科技学院	107	245	2.29
10	辽宁石油化工大学	753	995	1.32	20	北京石油化工学院	206	244	1.18

表 33-6　石油、天然气工业领域高被引科研院所 Top 10（按 5 年总被引频次排序）

序号	第一作者单位	发文量/篇	5年总被引频次/次	篇均被引频次/次	序号	第一作者单位	发文量/篇	5年总被引频次/次	篇均被引频次/次
1	中国石油勘探开发研究院	1104	6489	5.88	2	中国石化石油勘探开发研究院	490	1817	3.71

续表

序号	第一作者单位	发文量/篇	5年总被引频次/次	篇均被引频次/次	序号	第一作者单位	发文量/篇	5年总被引频次/次	篇均被引频次/次
3	中海油研究总院	567	1589	2.80	7	大庆油田勘探开发研究院	381	937	2.46
4	中国石油勘探开发研究院廊坊分院	158	1429	9.04	8	中国石油天然气股份有限公司杭州地质研究院	141	900	6.38
5	中国石油化工股份有限公司石油化工科学研究院	608	1070	1.76	9	陕西延长石油（集团）有限责任公司研究院	302	863	2.86
6	中国石化石油工程技术研究院	332	1042	3.14	10	中国石油西南油气田公司勘探开发研究院	138	717	5.20

33.7　高被引国外期刊

石油、天然气工业领域 2020 年被引频次 Top 10 的国外期刊见表 33-7，排名居前 3 位的国外期刊分别是 *Journal of Materials Chemistry A*、*Advanced Materials* 和 *Advanced Energy Materials*。

表 33-7　石油、天然气工业领域高被引国外期刊 Top 10（按 2020 年被引频次排序）

序号	期刊名称	2020 年被引频次/次
1	Journal of Materials Chemistry A	746
2	Advanced Materials	728
3	Advanced Energy Materials	689
4	Journal of Chemical and Petroleum Engineering	612
5	Journal of Energy Chemistry	535
6	Nano Energy	424
7	Angewandte Chemie International Edition	407
8	ACS Applied Materials & Interfaces	390
9	Advanced Functional Materials	361
10	Nature Communications	350

第34章 冶金工业领域高被引分析

34.1 领域论文概况

2015—2019 年，冶金工业领域的 58 种期刊上共发表学术论文 38920 篇，由来自 6855 所机构的 28778 位学者作为第一作者发表。上述论文中，有 16492 篇获得过引用，整体被引率为 42.4%，总被引频次为 39580 次，篇均被引 1.02 次；其中，高被引论文有 359 篇，高被引论文篇均被引 11.99 次（表 34-1）。另外，2020 年本领域共发表论文 7955 篇，其中有 468 篇在当年获得过引用，总共被引 573 次。

表 34-1 冶金工业领域论文分布情况

年份	论文数量/篇	总被引频次/次	被引率/%	高被引论文数量/篇	高被引论文被引频次/次
2015	7848	13475	57.5	83	1459
2016	7710	10751	51.1	84	1246
2017	7682	8000	46.4	63	765
2018	7763	4846	35.2	70	536
2019	7917	2508	22.0	59	300
合计	38920	39580	42.4	359	4306

34.2 高被引论文分析

在冶金工业领域，2015—2019 年发表的总被引频次 Top 10 论文（表 34-2）的平均被引频次为 42.3 次，是全部 359 篇高被引论文篇均被引频次的 3.53 倍。从论文分布来看，刊载高被引论文数量居前 3 位的期刊分别是《钢铁》（75 篇）、《中国冶金》（60 篇）和《理化检验-化学分册》（23 篇），其中，《钢铁》刊载了高被引论文 Top 10 中的 5 篇；发表高被引论文数量居前 3 位的学者分别是冶金工业规划研究院的李新创（4 篇）、北京科技大学的张建良（4 篇）和上海材料研究所的王荣（3 篇）；产出高被引论文数量居前 3 位的机构分别是北京科技大学（38 篇）、钢铁研究总院（12 篇）和东北大学（12 篇）。

表 34-2 冶金工业领域高被引论文 Top 10（按 5 年总被引频次排序）

序号	论文题名	第一作者	期刊名称	发表年份	被引频次/次	
					5 年总频次	2020 年
1	赣南离子吸附型稀土矿床成矿特征概述	张恋	中国稀土学报	2015	59	6
2	钢铁行业技术创新和发展方向	王国栋	钢铁	2015	50	4
3	国内外轴承钢的现状与发展趋势	李昭昆	钢铁研究学报	2016	48	9
4	中国钢铁工业绿色发展工程科技战略及对策	张春霞	钢铁	2015	46	2

序号	论文题名	第一作者	期刊名称	发表年份	被引频次/次	
					5年总频次	2020年
5	离子吸附型稀土矿绿色提取技术研究进展	肖燕飞	稀土	2015	41	2
6	中国稀土矿稀土配分特征	张臻悦	稀土	2016	40	7
7	钛合金在航空航天及武器装备领域的应用与发展	刘全明	钢铁研究学报	2015	39	6
8	高性能汽车钢组织性能特点及未来研发方向	韩志勇	钢铁	2016	35	2
9	关于智能化钢厂的讨论——从物理系统一侧出发讨论钢厂智能化	殷瑞钰	钢铁	2017	34	7
10	中国钢铁工业烧结/球团工序绿色发展工程科技战略及对策	王海风	钢铁	2016	31	3

34.3　研究主题关联分析

在冶金工业领域，359篇高被引论文共被引用了4306次。通过分析施引文献关键词的词频及关键词之间的共现关系，获得冶金工业领域的热点主题和主题关联，如图34-1所示。由图可知："显微组织""力学性能""钢铁工业""夹杂物"等关键词的文档词频较高，是冶金工业领域的研究热点；本领域主要形成5个研究主题簇，分别以"力学性能""显微组织"为核心；以"夹杂物""裂纹"为核心；以"电感耦合等离子体质谱法""稀土"为核心；以"高炉""烧结烟气"为核心；以"钢铁工业""智能制造"为核心。

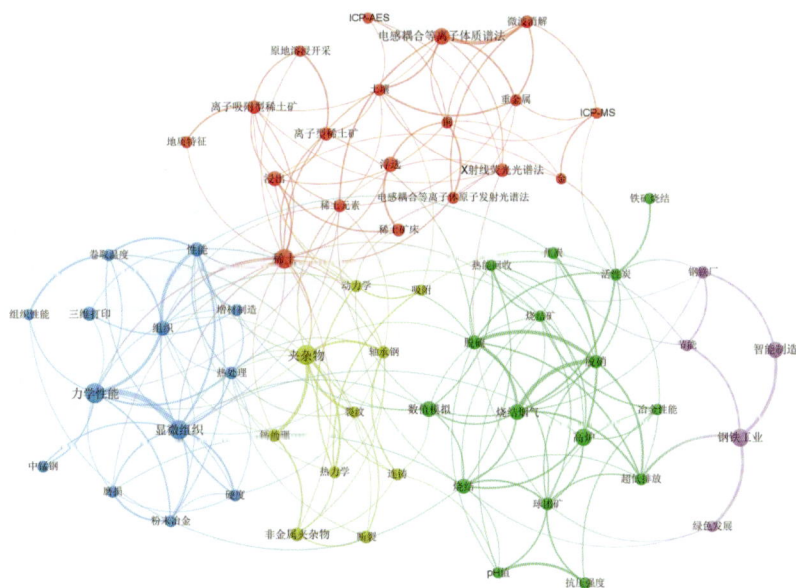

图34-1　冶金工业领域热点论文主题关联

34.4　高影响力期刊分析

在冶金工业领域，5 年影响因子 Top 10 期刊见表 34-3，总被引频次最高的期刊是《钢铁》（3315 次），5 年影响因子最高的期刊是《镁合金学报（英文）》。

表 34-3　冶金工业领域高被引期刊基本指标（按 5 年影响因子排序）

序号	期刊名称	5 年载文量/篇	5 年总被引频次/次	5 年影响因子	高被引论文数量/篇	h 指数
1	镁合金学报（英文）	36	24	0.667	1	2
2	钢铁	1000	3315	0.579	75	15
3	理化检验-物理分册	1059	1803	0.506	17	11
4	中国冶金	915	2357	0.445	60	13
5	粉末冶金工业	534	1073	0.434	14	11
6	连铸	480	729	0.417	4	7
7	钢铁研究学报	767	1517	0.390	19	11
8	炼钢	415	636	0.378	4	8
9	矿冶工程	1040	1993	0.378	17	11
10	烧结球团	429	563	0.310	8	8

34.5　高被引作者分析

2015—2019 年冶金工业领域论文总被引频次 Top 10 的作者见表 34-4。其中，发文总被引频次居前 3 位的作者分别是冶金工业规划研究院的李新创（76 次）、上海材料研究所的王荣（72 次）和北京科技大学的张建良（70 次）。5 年发文量居前 3 位的作者分别是上海材料研究所的王荣（19 篇）、攀枝花钢城集团有限公司的钱强（15 篇）和北京科技大学的张建良（12 篇）。

表 34-4　冶金工业领域高被引作者 Top 10（按 5 年总被引频次排序）

序号	作者	作者单位	发文量/篇	5 年总被引频次/次	篇均被引频次/次	被引率/%	h 指数
1	李新创	冶金工业规划研究院	8	76	9.50	100.0	5
2	王荣	上海材料研究所	19	72	3.79	89.5	5
3	张建良	北京科技大学	12	70	5.83	91.7	6
4	王国栋	东北大学	3	68	22.67	100.0	3
5	肖燕飞	有研稀土新材料股份有限公司	2	60	30.00	100.0	2
6	张恋	江西理工大学	1	59	59.00	100.0	1
7	白振华	燕山大学	12	56	4.67	83.3	5

续表

序号	作者	作者单位	发文量/篇	5年总被引频次/次	篇均被引频次/次	被引率/%	h指数
8	李昭昆	洛阳 LYC 轴承有限公司	1	48	48.00	100.0	1
9	王新东	河钢集团有限公司	11	47	4.27	81.8	3
10	张春霞	钢铁研究总院先进钢铁流程及材料国家重点实验室	1	46	46.00	100.0	1

34.6 高被引机构分析

冶金工业领域总被引频次 Top 20 高等院校和总被引频次 Top 10 科研院所的发文和被引情况分别见表 34-5 和表 34-6。

表 34-5 冶金工业领域高被引高等院校 Top 20（按 5 年总被引频次排序）

序号	第一作者单位	发文量/篇	5年总被引频次/次	篇均被引频次/次	序号	第一作者单位	发文量/篇	5年总被引频次/次	篇均被引频次/次
1	北京科技大学	1105	2297	2.08	11	昆明冶金高等专科学校	439	290	0.66
2	东北大学	647	1002	1.55	12	贵州大学	146	276	1.89
3	中南大学	518	894	1.73	13	安徽工业大学	164	271	1.65
4	昆明理工大学	463	782	1.69	14	辽宁科技大学	143	185	1.29
5	江西理工大学	287	658	2.29	15	东华理工大学	88	143	1.63
6	武汉科技大学	386	631	1.63	16	河南科技大学	44	138	3.14
7	内蒙古科技大学	435	495	1.14	17	河北联合大学	56	129	2.30
8	华北理工大学	386	484	1.25	18	上海大学	128	126	0.98
9	燕山大学	189	393	2.08	19	重庆大学	92	116	1.26
10	西安建筑科技大学	174	293	1.68	20	武汉理工大学	46	113	2.46

表 34-6 冶金工业领域高被引科研院所 Top 10（按 5 年总被引频次排序）

序号	第一作者单位	发文量/篇	5年总被引频次/次	篇均被引频次/次	序号	第一作者单位	发文量/篇	5年总被引频次/次	篇均被引频次/次
1	钢铁研究总院	426	970	2.28	5	江苏省（沙钢）钢铁研究院	92	168	1.83
2	北京矿冶研究总院	179	394	2.20	6	包头稀土研究院	87	134	1.54
3	上海材料研究所	98	279	2.85	7	昆明冶金研究院	96	118	1.23
4	首钢技术研究院	87	195	2.24	8	冶金工业规划研究院	17	111	6.53

续表

序号	第一作者单位	发文量/篇	5年总被引频次/次	篇均被引频次/次	序号	第一作者单位	发文量/篇	5年总被引频次/次	篇均被引频次/次
9	河北钢铁技术研究总院	92	110	1.20	10	赣州有色冶金研究所	62	108	1.74

34.7 高被引国外期刊

冶金工业领域 2020 年被引频次 Top 10 的国外期刊见表 34-7，排名居前 3 位的国外期刊分别是 Journal of Alloys and Compounds、Acta Materialia 和 ISIJ International。

表 34-7　冶金工业领域高被引国外期刊 Top 10（按 2020 年被引频次排序）

序号	期刊名称	2020 年被引频次/次
1	Journal of Alloys and Compounds	262
2	Acta Materialia	206
3	ISIJ International	196
4	Materials Science and Engineering: A	156
5	Hydrometallurgy	155
6	Metallurgical and Materials Transactions B	149
7	Journal of Magnesium and Alloys	139
8	Ceramics International	127
9	Journal of Iron and Steel Research International	123
10	Corrosion Science	119

第 35 章　金属学与金属工艺领域高被引分析

35.1　领域论文概况

2015—2019 年，金属学与金属工艺领域的 65 种期刊上共发表学术论文 72811 篇，由来自 9221 所机构的 49380 位学者作为第一作者发表。上述论文中，有 34423 篇获得过引用，整体被引率为 47.3%，总被引频次为 83295 次，篇均被引 1.14 次；其中，高被引论文有 618 篇，高被引论文篇均被引 12.48 次（表 35-1）。另外，2020 年本领域共发表论文 12832 篇，其中有 745 篇在当年获得过引用，总共被引 872 次。

表 35-1　金属学与金属工艺领域论文分布情况

年份	论文数量/篇	总被引频次/次	被引率/%	高被引论文数量/篇	高被引论文被引频次/次
2015	16012	29831	60.9	155	2994
2016	14991	22839	57.7	136	1964
2017	14678	17266	52.3	167	1800
2018	14053	9193	37.8	90	640
2019	13077	4166	23.1	70	316
合计	72811	83295	47.3	618	7714

35.2　高被引论文分析

在金属学与金属工艺领域，2015—2019 年发表的总被引频次 Top 10 论文（表 35-2）的平均被引频次为 60.3 次，是全部 618 篇高被引论文篇均被引频次的 4.83 倍。从论文分布来看，刊载高被引论文数量居前 3 位的期刊分别是《表面技术》（74 篇）、《中国有色金属学报（英文版）》（63 篇）和《中国有色金属学报》（45 篇），其中，《金属学报》刊载了高被引论文 Top 10 中的 3 篇；发表高被引论文数量居前 3 位的学者分别是天津工业大学的刘元军（3 篇）、东北大学的王国栋（3 篇）和中南大学的王新民（3 篇）；产出高被引论文数量居前 3 位的机构分别是中南大学（63 篇）、北京科技大学（19 篇）和江西理工大学（15 篇）。

表 35-2　金属学与金属工艺领域高被引论文 Top 10（按 5 年总被引频次排序）

序号	论文题名	第一作者	期刊名称	发表年份	被引频次/次 5 年总频次	2020 年
1	航空用钛合金研究进展	金和喜	中国有色金属学报	2015	131	15
2	高强铝合金的发展及其材料的制备加工技术	张新明	金属学报	2015	79	10
3	汽车轻量化材料及制造工艺研究现状	郭玉琴	锻压技术	2015	66	4

序号	论文题名	第一作者	期刊名称	发表年份	被引频次/次	
					5年总频次	2020年
4	汽车轻量化及铝合金在现代汽车生产中的应用	郑晖	锻压技术	2016	62	3
5	镁合金在航空领域应用的研究进展	赵怿	有色金属工程	2015	48	5
6	钛铝金属间化合物的进展与挑战	杨锐	金属学报	2015	47	3
7	深部固体资源开采评述与探索	李夕兵	中国有色金属学报	2017	46	11
8	WC-Co硬质合金最新进展	张卫兵	稀有金属	2015	43	1
9	梯度纳米结构材料	卢柯	金属学报	2015	41	2
10	医用钛合金的研究及应用现状	王运锋	钛工业进展	2015	40	2

35.3　研究主题关联分析

在金属学与金属工艺领域，618篇高被引论文共被引用了7714次。通过分析施引文献关键词的词频及关键词之间的共现关系，获得金属学与金属工艺领域的热点主题和主题关联，如图35-1所示。由图可知："力学性能""显微组织""数值模拟""镁合金""铝合金"等关键词的文档词频较高，是金属学与金属工艺领域的研究热点；本领域主要形成5个研究主题簇，分别以"本构方程""动态再结晶"为核心；以"浸出""赤泥"为核心；以"铝合金""数值模拟"为核心；以"力学性能""显微组织"为核心；以"镁合金""耐磨性"为核心。

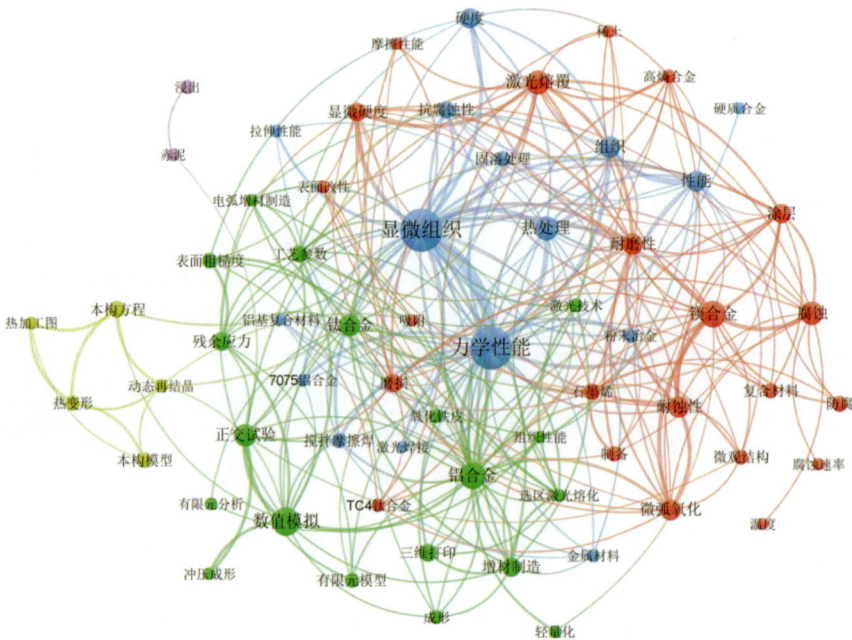

图 35-1　金属学与金属工艺领域热点论文主题关联

35.4 高影响力期刊分析

在金属学与金属工艺领域，5 年影响因子 Top 10 期刊见表 35-3，总被引频次最高的期刊是《热加工工艺》（7334 次），5 年影响因子最高的期刊是《金属学报》。

表 35-3 金属学与金属工艺领域高被引期刊基本指标（按 5 年影响因子排序）

序号	期刊名称	5 年载文量/篇	5 年总被引频次/次	5 年影响因子	高被引论文数量/篇	h 指数
1	金属学报	876	2222	0.513	29	13
2	稀有金属	912	2203	0.467	33	12
3	焊接学报	1653	3044	0.450	16	11
4	表面技术	2182	4476	0.432	74	15
5	中国表面工程	575	1253	0.412	13	11
6	有色金属材料与工程	271	295	0.406	2	5
7	中国有色金属学报	1626	4054	0.406	45	15
8	中国有色金属学报（英文版）	1710	4533	0.406	63	15
9	轧钢	699	1259	0.345	20	12
10	贵金属	502	672	0.333	4	7

35.5 高被引作者分析

2015—2019 年金属学与金属工艺领域论文总被引频次 Top 10 的作者见表 35-4。其中，发文总被引频次居前 3 位的作者分别是中南大学的金和喜（131 次）、中南大学的郭学益（86 次）和中南大学的张新明（79 次）。5 年发文量居前 3 位的作者分别是兰州理工大学的王希靖（31 篇）、中国重汽集团济南桥箱有限公司的刘胜勇（30 篇）和西安理工大学的张敏（29 篇）。

表 35-4 金属学与金属工艺领域高被引作者 Top 10（按 5 年总被引频次排序）

序号	作者	作者单位	发文量/篇	5 年总被引频次/次	篇均被引频次/次	被引率/%	h 指数
1	金和喜	中南大学	1	131	131.00	100.0	1
2	郭学益	中南大学	23	86	3.74	78.3	5
3	张新明	中南大学	1	79	79.00	100.0	1
4	郭玉琴	江苏大学	5	71	14.20	60.0	2
5	刘政	江西理工大学	18	67	3.72	72.2	6
6	李夕兵	中南大学	8	65	8.13	87.5	4
7	谢晖	湖南大学	19	64	3.37	100.0	5
8	刘元军	天津工业大学	8	64	8.00	100.0	6

续表

序号	作者	作者单位	发文量/篇	5年总被引频次/次	篇均被引频次/次	被引率/%	h指数
9	柏久阳	哈尔滨工业大学	5	64	12.80	100.0	4
10	郑晖	沈阳航空航天大学	1	62	62.00	100.0	1

35.6　高被引机构分析

金属学与金属工艺领域总被引频次 Top 20 高等院校和总被引频次 Top 10 科研院所的发文和被引情况分别见表 35-5 和表 35-6。

表 35-5　金属学与金属工艺领域高被引高等院校 Top 20（按 5 年总被引频次排序）

序号	第一作者单位	发文量/篇	5年总被引频次/次	篇均被引频次/次	序号	第一作者单位	发文量/篇	5年总被引频次/次	篇均被引频次/次
1	中南大学	1856	4151	2.24	11	中北大学	535	764	1.43
2	北京科技大学	1525	2590	1.70	12	河南科技大学	496	740	1.49
3	昆明理工大学	1010	1629	1.61	13	江苏大学	479	736	1.54
4	江西理工大学	769	1590	2.07	14	重庆大学	396	650	1.64
5	东北大学	764	1220	1.60	15	西安建筑科技大学	532	613	1.15
6	南昌航空大学	705	1015	1.44	16	华中科技大学	277	572	2.06
7	西北工业大学	509	868	1.71	17	上海大学	525	567	1.08
8	兰州理工大学	634	863	1.36	18	合肥工业大学	417	565	1.35
9	上海交通大学	531	835	1.57	19	太原理工大学	433	523	1.21
10	哈尔滨工业大学	468	791	1.69	20	武汉理工大学	381	510	1.34

表 35-6　金属学与金属工艺领域高被引科研院所 Top 10（按 5 年总被引频次排序）

序号	第一作者单位	发文量/篇	5年总被引频次/次	篇均被引频次/次	序号	第一作者单位	发文量/篇	5年总被引频次/次	篇均被引频次/次
1	中国科学院金属研究所	415	847	2.04	5	西北有色金属研究院	256	339	1.32
2	北京有色金属研究总院	257	547	2.13	6	北京矿冶研究总院	130	240	1.85
3	中国航发北京航空材料研究院	305	410	1.34	7	首钢技术研究院	146	223	1.53
4	钢铁研究总院	286	407	1.42	8	昆明贵金属研究所	148	207	1.40

序号	第一作者单位	发文量/篇	5 年总被引频次/次	篇均被引频次/次	序号	第一作者单位	发文量/篇	5 年总被引频次/次	篇均被引频次/次
9	中航工业北京航空制造工程研究所	90	193	2.14	10	中国石油集团石油管工程技术研究院	126	184	1.46

35.7　高被引国外期刊

金属学与金属工艺领域 2020 年被引频次 Top 10 的国外期刊见表 35-7，排名居前 3 位的国外期刊分别是 *Journal of Alloys and Compounds*、*Materials Science and Engineering: A* 和 *Acta Materialia*。

表 35-7　金属学与金属工艺领域高被引国外期刊 Top 10（按 2020 年被引频次排序）

序号	期刊名称	2020 年被引频次/次
1	Journal of Alloys and Compounds	1699
2	Materials Science and Engineering: A	1479
3	Acta Materialia	1112
4	Surface and Coatings Technology	745
5	Ceramics International	686
6	Journal of Materials Processing Technology	641
7	Materials Characterization	557
8	Materials & Design	513
9	Scripta materialia	382
10	The International Journal of Advanced Manufacturing Technology	380

第 36 章　机械、仪表工业领域高被引分析

36.1　领域论文概况

2015—2019 年，机械、仪表工业领域的 103 种期刊上共发表学术论文 132121 篇，由来自 19591 所机构的 97753 位学者作为第一作者发表。上述论文中，有 56923 篇获得过引用，整体被引率为 43.1%，总被引频次为 138025 次，篇均被引 1.04 次；其中，高被引论文有 1180 篇，高被引论文篇均被引 14.35 次（表 36-1）。另外，2020 年本领域共发表论文 26765 篇，其中有 1644 篇在当年获得过引用，总共被引 1962 次。

表 36-1　机械、仪表工业领域论文分布情况

年份	论文数量/篇	总被引频次/次	被引率/%	高被引论文数量/篇	高被引论文被引频次/次
2015	26589	45910	55.3	264	6397
2016	26130	36946	52.3	241	4364
2017	26093	28933	47.9	226	3101
2018	26693	17244	36.6	239	2019
2019	26616	8992	23.6	210	1052
合计	132121	138025	43.1	1180	16933

36.2　高被引论文分析

在机械、仪表工业领域，2015—2019 年发表的总被引频次 Top 10 论文（表 36-2）的平均被引频次为 117.3 次，是全部 1180 篇高被引论文篇均被引频次的 8.17 倍。从论文分布来看，刊载高被引论文数量居前 3 位的期刊分别是《机械工程学报》（216 篇）、《仪器仪表学报》（205 篇）和《光学精密工程》（122 篇），其中，《仪器仪表学报》刊载了高被引论文 Top 10 中的 4 篇；发表高被引论文数量居前 3 位的学者分别是西安交通大学的雷亚国（5 篇）、上海汽车集团股份有限公司的伍赛特（5 篇）和兰州理工大学的苏建宁（5 篇）；产出高被引论文数量居前 3 位的机构分别是燕山大学（30 篇）、清华大学（24 篇）和中国科学院长春光学精密机械与物理研究所（22 篇）。

表 36-2　机械、仪表工业领域高被引论文 Top 10（按 5 年总被引频次排序）

序号	论文题名	第一作者	期刊名称	发表年份	被引频次/次	
					5 年总频次	2020 年
1	智能制造——"中国制造 2025"的主攻方向	周济	中国机械工程	2015	431	44
2	基于深度学习理论的机械装备大数据健康监测方法	雷亚国	机械工程学报	2015	102	17

续表

序号	论文题名	第一作者	期刊名称	发表年份	被引频次/次	
					5年总频次	2020年
3	一种基于改进遗传算法的神经网络优化算法研究	刘浩然	仪器仪表学报	2016	102	13
4	工业机器人技术的发展与应用综述	计时鸣	机电工程	2015	101	10
5	仿生机器人研究现状与发展趋势	王国彪	机械工程学报	2015	82	8
6	锂离子电池健康评估和寿命预测综述	刘大同	仪器仪表学报	2015	80	13
7	工业机器人的技术发展及其应用	骆敏舟	机械制造与自动化	2015	73	5
8	基于 BIM 的运维管理研究与应用综述	胡振中	图学学报	2015	69	10
9	一种新的变步长 LMS 自适应滤波算法研究及其应用	张红梅	仪器仪表学报	2015	69	5
10	一种新的小波自适应阈值函数振动信号去噪算法	李红延	仪器仪表学报	2015	64	2

36.3 研究主题关联分析

在机械、仪表工业领域，1180篇高被引论文共被引用了16933次。通过分析施引文献关键词的词频及关键词之间的共现关系，获得机械、仪表工业领域的热点主题和主题关联，如图 36-1 所示。由图可知："故障诊断""机器视觉""球墨铸铁""遗传算法"等关键词的文档词频较高，是机械、仪表工业领域的研究热点；本领域主要形成5个研究主题簇，分别以"故障诊断""滚动轴承"为核心；以"机器视觉""图像处理"为核心；以"遗传算法""BP神经网络"为核心；以"智能制造""机器人"为核心；以"球墨铸铁""灰铸铁"为核心。

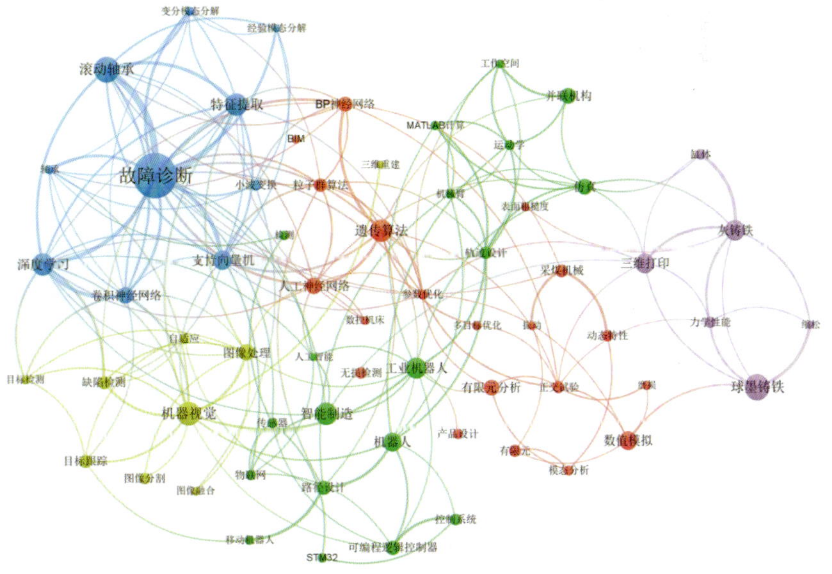

图 36-1 机械、仪表工业领域热点论文主题关联

36.4　高影响力期刊分析

在机械、仪表工业领域，5 年影响因子 Top 10 期刊见表 36-3，总被引频次最高的期刊是《机械工程学报》（11244 次），5 年影响因子最高的期刊是《仪器仪表学报》。

表 36-3　机械、仪表工业领域高被引期刊基本指标（按 5 年影响因子排序）

序号	期刊名称	5 年载文量/篇	5 年总被引频次/次	5 年影响因子	高被引论文数量/篇	h 指数
1	仪器仪表学报	1832	8428	0.875	205	26
2	机械工程学报	3184	11244	0.689	216	25
3	光学精密工程	1829	6976	0.492	122	21
4	中国焊接	204	237	0.480	4	5
5	摩擦学学报	498	1485	0.450	15	13
6	液压与气动	1390	2417	0.444	17	11
7	图学学报	767	1541	0.434	20	12
8	中国机械工程	2415	5341	0.395	47	15
9	流体机械	1007	2648	0.386	23	14
10	压力容器	709	1708	0.362	10	11

36.5　高被引作者分析

2015—2019 年机械、仪表工业领域论文总被引频次 Top 10 的作者见表 36-4。其中，发文总被引频次居前 3 位的作者分别是中国工程院的周济（431 次）、西安交通大学的雷亚国（196 次）和辽宁工程技术大学的毛君（161 次）。5 年发文量居前 3 位的作者分别是辽宁工程技术大学的毛君（59 篇）、辽宁工程技术大学的赵丽娟（43 篇）和常州明顺电器有限公司的姜伯军（38 篇）。

表 36-4　机械、仪表工业领域高被引作者 Top 10（按 5 年总被引频次排序）

序号	作者	作者单位	发文量/篇	5 年总被引频次/次	篇均被引频次/次	被引率/%	h 指数
1	周济	中国工程院	1	431	431.00	100.0	1
2	雷亚国	西安交通大学	6	196	32.67	100.0	5
3	毛君	辽宁工程技术大学	59	161	2.73	71.2	7
4	计时鸣	浙江工业大学	14	128	9.14	85.7	3
5	刘浩然	燕山大学	3	127	42.33	100.0	3
6	张淑清	燕山大学	17	124	7.29	94.1	7
7	苏建宁	兰州理工大学	11	108	9.82	81.8	6

续表

序号	作者	作者单位	发文量/篇	5年总被引频次/次	篇均被引频次/次	被引率/%	h指数
8	张强	辽宁工程技术大学	19	107	5.63	78.9	7
9	杨理践	沈阳工业大学	23	101	4.39	82.6	4
10	谢苗	辽宁工程技术大学	24	96	4.00	75.0	6

36.6　高被引机构分析

机械、仪表工业领域总被引频次 Top 20 高等院校和总被引频次 Top 10 科研院所的发文和被引情况分别见表 36-5 和表 36-6。

表 36-5　机械、仪表工业领域高被引高等院校 Top 20（按 5 年总被引频次排序）

序号	第一作者单位	发文量/篇	5年总被引频次/次	篇均被引频次/次	序号	第一作者单位	发文量/篇	5年总被引频次/次	篇均被引频次/次
1	燕山大学	902	2312	2.56	11	西安交通大学	465	1170	2.52
2	合肥工业大学	1018	1767	1.74	12	中北大学	994	1169	1.18
3	南京航空航天大学	1251	1715	1.37	13	同济大学	726	1135	1.56
4	西南交通大学	1052	1475	1.40	14	上海交通大学	732	1123	1.53
5	北京航空航天大学	602	1267	2.10	15	大连理工大学	778	1121	1.44
6	天津大学	684	1265	1.85	16	浙江工业大学	477	1114	2.34
7	哈尔滨工业大学	601	1265	2.10	17	兰州理工大学	659	1051	1.59
8	清华大学	422	1219	2.89	18	重庆大学	469	1011	2.16
9	上海理工大学	830	1181	1.42	19	西北工业大学	588	1006	1.71
10	湖南大学	471	1179	2.50	20	华南理工大学	582	999	1.72

表 36-6　机械、仪表工业领域高被引科研院所 Top 10（按 5 年总被引频次排序）

序号	第一作者单位	发文量/篇	5年总被引频次/次	篇均被引频次/次	序号	第一作者单位	发文量/篇	5年总被引频次/次	篇均被引频次/次
1	中国科学院长春光学精密机械与物理研究所	457	1681	3.68	4	中国航发北京航空材料研究院	158	291	1.84
2	中国工程院	1	431	431.00	5	中国工程物理研究院	338	287	0.85
3	合肥通用机械研究院	185	381	2.06	6	中国科学院沈阳自动化研究所	135	223	1.65

续表

序号	第一作者单位	发文量/篇	5 年总被引频次/次	篇均被引频次/次	序号	第一作者单位	发文量/篇	5 年总被引频次/次	篇均被引频次/次
7	中国科学院兰州化学物理研究所	90	212	2.36	9	南京电子技术研究所	154	153	0.99
8	中国电子科技集团公司第三十八研究所	191	154	0.81	10	中国特种设备检测研究院	73	151	2.07

36.7　高被引国外期刊

机械、仪表工业领域 2020 年被引频次 Top 10 的国外期刊见表 36-7，排名居前 3 位的国外期刊分别是 *The International Journal of Advanced Manufacturing Technology*、*Tribology International* 和 *Mechanical Systems and Signal Processing*。

表 36-7　机械、仪表工业领域高被引国外期刊 Top 10（按 2020 年被引频次排序）

序号	期刊名称	2020 年被引频次/次
1	The International Journal of Advanced Manufacturing Technology	710
2	Tribology International	437
3	Mechanical Systems and Signal Processing	371
4	Journal of Materials Processing Technology	304
5	IEEE Transactions on Industrial Electronics	252
6	Measurement	230
7	IEEE Access	209
8	Procedia CIRP	188
9	Mechanism and Machine Theory	164
10	International Journal of Mechanical Sciences	162

第 37 章　能源与动力工程领域高被引分析

37.1　领域论文概况

2015—2019 年，能源与动力工程领域的 87 种期刊上共发表学术论文 91335 篇，由来自 14075 所机构的 69402 位学者作为第一作者发表。上述论文中，有 41550 篇获得过引用，整体被引率为 45.5%，总被引频次为 108570 次，篇均被引 1.19 次；其中，高被引论文有 926 篇，高被引论文篇均被引 18.05 次（表 37-1）。另外，2020 年本领域共发表论文 17800 篇，其中有 1495 篇在当年获得过引用，总共被引 1978 次。

表 37-1　能源与动力工程领域论文分布情况

年份	论文数量/篇	总被引频次/次	被引率/%	高被引论文数量/篇	高被引论文被引频次/次
2015	18625	34492	56.4	193	5532
2016	18334	28406	52.8	181	4507
2017	18306	23188	50.3	184	3252
2018	18378	14755	40.2	215	2322
2019	17692	7729	27.0	153	1097
合计	91335	108570	45.5	926	16710

37.2　高被引论文分析

在能源与动力工程领域，2015—2019 年发表的总被引频次 Top 10 论文（表 37-2）的平均被引频次为 105.6 次，是全部 926 篇高被引论文篇均被引频次的 5.85 倍。从论文分布来看，刊载高被引论文数量居前 3 位的期刊分别是《煤炭学报》（312 篇）、《煤炭科学技术》（221 篇）和《煤炭工程》（63 篇），其中，《煤炭学报》刊载了高被引论文 Top 10 中的 8 篇；发表高被引论文数量居前 3 位的学者分别是上海汽车集团股份有限公司的伍赛特（15 篇）、天地科技股份有限公司的王国法（13 篇）和陕西省地质环境监测总站的范立民（8 篇）；产出高被引论文数量居前 3 位的机构分别是中国矿业大学（北京）（91 篇）、中国矿业人学（65 篇）和西安科技大学（32 篇）。

表 37-2　能源与动力工程领域高被引论文 Top 10（按 5 年总被引频次排序）

序号	论文题名	第一作者	期刊名称	发表年份	被引频次/次	
					5 年总频次	2020 年
1	我国深部煤与瓦斯共采战略思考	袁亮	煤炭学报	2016	128	28
2	深部开采的定量界定与分析	谢和平	煤炭学报	2015	124	20
3	煤炭精准开采科学构想	袁亮	煤炭学报	2017	118	12
4	我国煤矿深部开采现状及灾害防治分析	蓝航	煤炭科学技术	2016	118	10

序号	论文题名	第一作者	期刊名称	发表年份	被引频次/次	
					5年总频次	2020年
5	西部生态脆弱矿区保水采煤研究与实践进展	范立民	煤炭学报	2015	117	1
6	我国煤矿水力化技术瓦斯治理研究进展及发展方向	袁亮	煤炭科学技术	2015	98	15
7	深部采动巷道顶板稳定性分析与控制	马念杰	煤炭学报	2015	92	7
8	叠置含气系统共采兼容性——煤系"三气"及深部煤层气开采中的共性地质问题	秦勇	煤炭学报	2016	92	6
9	煤矿地下水库理论框架和技术体系	顾大钊	煤炭学报	2015	89	12
10	燃煤电厂污染物超净排放的发展及现状	赵永椿	煤炭学报	2015	80	5

37.3　研究主题关联分析

在能源与动力工程领域，926篇高被引论文共被引用了16710次。通过分析施引文献关键词的词频及关键词之间的共现关系，获得能源与动力工程领域的热点主题和主题关联，如图37-1所示。由图可知："数值模拟""瓦斯抽采""煤层气""保水采煤"等关键词的文档词频较高，是能源与动力工程领域的研究热点；本领域主要形成5个研究主题簇，分别以"保水采煤""导水裂隙带"为核心；以"综采工作面""液压支架"为核心；以"数值模拟""巷道支护"为核心；以"瓦斯抽采""水力压裂"为核心；以"煤层气""渗透率"为核心。

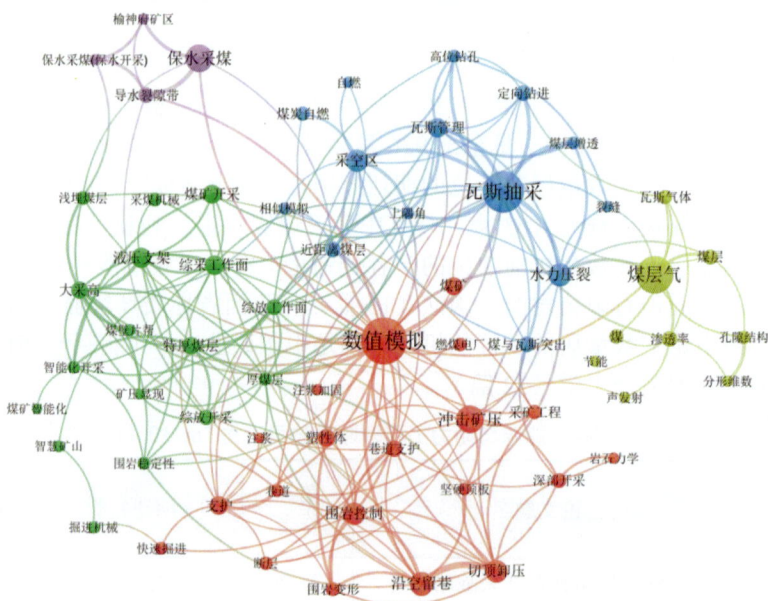

图37-1　能源与动力工程领域热点论文主题关联

37.4　高影响力期刊分析

在能源与动力工程领域，5 年影响因子 Top 10 期刊见表 37-3，总被引频次最高的期刊是《煤炭学报》（14271 次），5 年影响因子最高的期刊是《煤炭学报》。

表 37-3　能源与动力工程领域高被引期刊基本指标（按 5 年影响因子排序）

序号	期刊名称	5 年载文量/篇	5 年总被引频次/次	5 年影响因子	高被引论文数量/篇	h 指数
1	煤炭学报	2350	14271	1.115	312	37
2	煤炭科学技术	2110	10511	0.999	221	29
3	分布式能源	210	479	0.962	9	8
4	全球能源互联网	153	222	0.837	5	6
5	储能科学与技术	681	1416	0.521	29	15
6	全球能源互联网（英文）	135	136	0.511	3	5
7	煤炭工程	2765	6217	0.471	63	18
8	中国电机工程学会电力与能源系统学报（英文版）	160	155	0.450	3	6
9	动力工程学报	778	1927	0.441	16	15
10	可再生能源	1456	3524	0.404	36	14

37.5　高被引作者分析

2015—2019 年能源与动力工程领域论文总被引频次 Top 10 的作者见表 37-4。其中，发文总被引频次居前 3 位的作者分别是陕西省地质环境监测总站的范立民（415 次）、天地科技股份有限公司的王国法（380 次）和四川大学的谢和平（253 次）。5 年发文量居前 3 位的作者分别是福建省能源研究会的庄庆祥（43 篇）、上海汽车集团股份有限公司的伍赛特（39 篇）和内蒙古科技大学的王文才（36 篇）。

表 37-4　能源与动力工程领域高被引作者 Top 10（按 5 年总被引频次排序）

序号	作者	作者单位	发文量/篇	5 年总被引频次/次	篇均被引频次/次	被引率/%	h 指数
1	范立民	陕西省地质环境监测总站	17	415	24.41	94.1	9
2	王国法	天地科技股份有限公司	16	380	23.75	100.0	12
3	谢和平	四川大学	5	253	50.60	100.0	5
4	王家臣	中国矿业大学（北京）	19	215	11.32	89.5	8
5	马念杰	中国矿业大学（北京）	6	198	33.00	100.0	5
6	伍赛特	上海汽车集团股份有限公司	39	185	4.74	84.6	8
7	康红普	天地科技股份有限公司	5	176	35.20	100.0	5

续表

序号	作者	作者单位	发文量/篇	5年总被引频次/次	篇均被引频次/次	被引率/%	h指数
8	顾大钊	神华集团有限责任公司	3	169	56.33	100.0	3
9	武强	中国矿业大学（北京）	16	161	10.06	100.0	8
10	蓝航	天地科技股份有限公司	3	132	44.00	100.0	3

37.6　高被引机构分析

能源与动力工程领域总被引频次 Top 20 高等院校和总被引频次 Top 10 科研院所的发文和被引情况分别见表 37-5 和表 37-6。

表 37-5　能源与动力工程领域高被引高等院校 Top 20（按 5 年总被引频次排序）

序号	第一作者单位	发文量/篇	5年总被引频次/次	篇均被引频次/次	序号	第一作者单位	发文量/篇	5年总被引频次/次	篇均被引频次/次
1	中国矿业大学（北京）	1820	6038	3.32	11	上海理工大学	846	1006	1.19
2	中国矿业大学	1369	4192	3.06	12	西安交通大学	643	781	1.21
3	西安科技大学	791	2120	2.68	13	华中科技大学	449	718	1.60
4	华北电力大学	1150	2057	1.79	14	重庆大学	320	696	2.17
5	太原理工大学	1237	2013	1.63	15	天津大学	500	634	1.27
6	河南理工大学	708	1733	2.45	16	上海交通大学	649	624	0.96
7	山东科技大学	878	1628	1.85	17	北京科技大学	264	554	2.10
8	清华大学	853	1220	1.43	18	四川大学	141	504	3.57
9	安徽理工大学	666	1181	1.77	19	内蒙古科技大学	389	498	1.28
10	辽宁工程技术大学	319	1045	3.28	20	上海电力学院	239	427	1.79

表 37-6　能源与动力工程领域高被引科研院所 Top 10（按 5 年总被引频次排序）

序号	第一作者单位	发文量/篇	5年总被引频次/次	篇均被引频次/次	序号	第一作者单位	发文量/篇	5年总被引频次/次	篇均被引频次/次
1	煤炭科学研究总院	216	639	2.96	4	中国原子能科学研究院	594	361	0.61
2	中国科学院广州能源研究所	293	437	1.49	5	中国科学院上海应用物理研究所	373	336	0.90
3	中国核动力研究设计院	775	429	0.55	6	环境保护部核与辐射安全中心	275	306	1.11

续表

序号	第一作者单位	发文量/篇	5年总被引频次/次	篇均被引频次/次	序号	第一作者单位	发文量/篇	5年总被引频次/次	篇均被引频次/次
7	国家发展和改革委员会能源研究所	102	306	3.00	9	煤炭科学研究总院开采设计研究分院	39	258	6.62
8	陕西省地质环境监测总站	22	274	12.45	10	中国科学院工程热物理研究所	189	255	1.35

37.7　高被引国外期刊

　　能源与动力工程领域 2020 年被引频次 Top 10 的国外期刊见表 37-7，排名居前 3 位的国外期刊分别是 *Applied Thermal Engineering*、*Applied Energy* 和 *Energy Conversion and Management*。

表 37-7　能源与动力工程领域高被引国外期刊 Top 10（按 2020 年被引频次排序）

序号	期刊名称	2020 年被引频次/次
1	Applied Thermal Engineering	422
2	Applied Energy	406
3	Energy Conversion and Management	304
4	International Journal of Heat and Mass Transfer	285
5	International Journal of Hydrogen Energy	255
6	IEEE Transactions on Smart Grid	253
7	Fuel	251
8	Renewable and Sustainable Energy Reviews	249
9	Energy	210
10	ACS Applied Materials &Interfaces	210

第 38 章　电工技术领域高被引分析

38.1　领域论文概况

2015—2019 年，电工技术领域的 108 种期刊上共发表学术论文 118484 篇，由来自 13764 所机构的 81158 位学者作为第一作者发表。上述论文中，有 63396 篇获得过引用，整体被引率为 53.5%，总被引频次为 281003 次，篇均被引 2.37 次；其中，高被引论文有 1143 篇，高被引论文篇均被引 37.31 次（表 38-1）。另外，2020 年本领域共发表论文 24366 篇，其中有 2639 篇在当年获得过引用，总共被引 3533 次。

表 38-1　电工技术领域论文分布情况

年份	论文数量/篇	总被引频次/次	被引率/%	高被引论文数量/篇	高被引论文被引频次/次
2015	24673	96455	62.4	249	16911
2016	23467	77485	62.1	239	12020
2017	23190	57988	59.7	223	7242
2018	23443	33184	48.6	252	4703
2019	23711	15891	34.6	180	1768
合计	118484	281003	53.5	1143	42644

38.2　高被引论文分析

在电工技术领域，2015—2019 年发表的总被引频次 Top 10 论文（表 38-2）的平均被引频次为 234.9 次，是全部 1143 篇高被引论文篇均被引频次的 6.30 倍。从论文分布来看，刊载高被引论文数量居前 3 位的期刊分别是《中国电机工程学报》（238 篇）、《电力系统自动化》（207 篇）和《电网技术》（154 篇），其中，《中国电机工程学报》刊载了高被引论文 Top 10 中的 5 篇；发表高被引论文数量居前 3 位的学者分别是华北电力大学的曾鸣（8 篇）、天津大学的王成山（7 篇）和天津大学的李斌（6 篇）；产出高被引论文数量居前 3 位的机构分别是华北电力大学（136 篇）、清华大学（77 篇）和中国电力科学研究院有限公司（69 篇）。

表 38-2　电工技术领域高被引论文 Top 10（按 5 年总被引频次排序）

序号	论文题名	第一作者	期刊名称	发表年份	被引频次/次 5 年总频次	被引频次/次 2020 年
1	智能电网大数据技术发展研究	张东霞	中国电机工程学报	2015	382	22
2	面向智能电网应用的电力大数据关键技术	彭小圣	中国电机工程学报	2015	299	29
3	能源互联网技术形态与关键技术	田世明	中国电机工程学报	2015	264	20
4	区域综合能源系统若干问题研究	贾宏杰	电力系统自动化	2015	237	28

续表

序号	论文题名	第一作者	期刊名称	发表年份	被引频次/次	
					5年总频次	2020年
5	能源互联网：理念、架构与前沿展望	孙宏斌	电力系统自动化	2015	227	28
6	大规模特高压交直流混联电网特性分析与运行控制	李明节	电网技术	2016	196	27
7	基于变分模态分解和模糊C均值聚类的滚动轴承故障诊断	刘长良	中国电机工程学报	2015	190	15
8	综合能源系统与能源互联网简述	余晓丹	电工技术学报	2016	189	30
9	能源互联网中的区块链技术：研究框架与典型应用初探	张宁	中国电机工程学报	2016	186	20
10	虚拟同步发电机技术及展望	郑天文	电力系统自动化	2015	179	17

38.3 研究主题关联分析

在电工技术领域，1143篇高被引论文共被引用了42644次。通过分析施引文献关键词的词频及关键词之间的共现关系，获得电工技术领域的热点主题和主题关联，如图38-1所示。由图可知："能源互联网""综合能源系统""配电网""电动汽车"等关键词的文档词频较高，是电工技术领域的研究热点；本领域主要形成4个研究主题簇，分别以"微电网""综合能源系统"为核心；以"能源互联网""区块链"为核心；以"配电网""智能电网"为核心；以"模块化多电平换流器""直流电网"为核心。

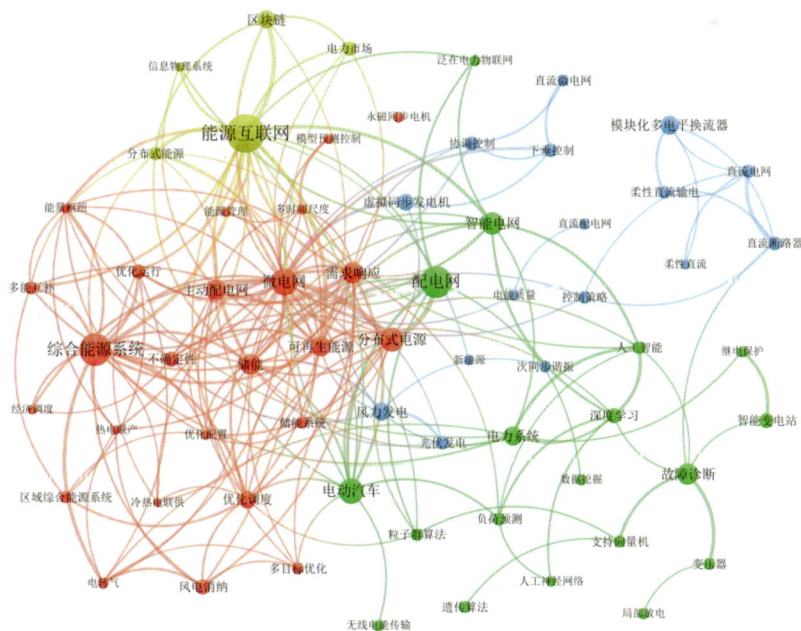

图38-1 电工技术领域热点论文主题关联

38.4 高影响力期刊分析

在电工技术领域，5 年影响因子 Top 10 期刊见表 38-3，总被引频次最高的期刊是《中国电机工程学报》（31830 次），5 年影响因子最高的期刊是《电力系统自动化》。

表 38-3 电工技术领域高被引期刊基本指标（按 5 年影响因子排序）

序号	期刊名称	5 年载文量/篇	5 年总被引频次/次	5 年影响因子	高被引论文数量/篇	h 指数
1	电力系统自动化	3025	26699	1.405	207	50
2	电网技术	2725	22216	1.404	154	45
3	电工技术学报	3417	25037	1.277	121	39
4	中国电机工程学报	4253	31830	1.211	238	57
5	电力系统保护与控制	2827	22995	1.209	134	40
6	高电压技术	2616	16398	1.067	76	37
7	电力自动化设备	1807	10139	1.045	46	30
8	南方电网技术	754	3325	0.935	15	20
9	高压电器	2185	6206	0.759	8	20
10	湖北电力	604	1081	0.753	2	10

38.5 高被引作者分析

2015—2019 年电工技术领域论文总被引频次 Top 10 的作者见表 38-4。其中，发文总被引频次居前 3 位的作者分别是华北电力大学的曾鸣（649 次）、天津大学的李斌（511 次）和中国电力科学研究院有限公司的李建林（507 次）。5 年发文量居前 3 位的作者分别是国网山东省电力公司平邑县供电公司的梁波（44 篇）、华北电力大学的曾鸣（40 篇）和华北电力大学的徐岩（39 篇）。

表 38-4 电工技术领域高被引作者 Top 10（按 5 年总被引频次排序）

序号	作者	作者单位	发文量/篇	5 年总被引频次/次	篇均被引频次/次	被引率/%	h 指数
1	曾鸣	华北电力大学	40	649	16.23	90.0	14
2	李斌	天津大学	29	511	17.62	89.7	11
3	李建林	中国电力科学研究院有限公司	25	507	20.28	100.0	11
4	孙宏斌	清华大学	9	474	52.67	100.0	7
5	张东霞	中国电力科学研究院有限公司	4	454	113.50	100.0	4
6	王成山	天津大学	17	453	26.65	100.0	12

续表

序号	作者	作者单位	发文量/篇	5年总被引频次/次	篇均被引频次/次	被引率/%	h指数
7	丁明	合肥工业大学	34	434	12.76	91.2	11
8	马钊	中国电力科学研究院有限公司	12	405	33.75	100.0	7
9	汤奕	东南大学	20	338	16.90	90.0	10
10	贾宏杰	天津大学	2	330	165.00	100.0	2

38.6　高被引机构分析

电工技术领域总被引频次 Top 20 高等院校和总被引频次 Top 10 科研院所的发文和被引情况分别见表 38-5 和表 38-6。

表 38-5　电工技术领域高被引高等院校 Top 20（按 5 年总被引频次排序）

序号	第一作者单位	发文量/篇	5年总被引频次/次	篇均被引频次/次	序号	第一作者单位	发文量/篇	5年总被引频次/次	篇均被引频次/次
1	华北电力大学	5007	23979	4.79	11	东北电力大学	1219	4125	3.38
2	清华大学	921	9142	9.93	12	华中科技大学	783	4119	5.26
3	上海交通大学	1261	7006	5.56	13	四川大学	888	4000	4.50
4	天津大学	869	6618	7.62	14	上海电力学院	1366	3686	2.70
5	浙江大学	943	5495	5.83	15	湖南大学	709	3522	4.97
6	西安交通大学	929	5322	5.73	16	西南交通大学	927	3330	3.59
7	武汉大学	1034	5246	5.07	17	河海大学	593	3308	5.58
8	重庆大学	915	5167	5.65	18	山东大学	467	2707	5.80
9	东南大学	824	4581	5.56	19	北京交通大学	514	2697	5.25
10	华南理工大学	938	4443	4.74	20	哈尔滨工业大学	593	2668	4.50

表 38-6　电工技术领域高被引科研院所 Top 10（按 5 年总被引频次排序）

序号	第一作者单位	发文量/篇	5年总被引频次/次	篇均被引频次/次	序号	第一作者单位	发文量/篇	5年总被引频次/次	篇均被引频次/次
1	中国科学院电工研究所	326	1813	5.56	3	国网浙江省电力有限公司电力科学研究院	359	1388	3.87
2	南方电网科学研究院	301	1683	5.59	4	广东电网有限责任公司电力科学研究院	402	1378	3.43

序号	第一作者单位	发文量/篇	5年总被引频次/次	篇均被引频次/次	序号	第一作者单位	发文量/篇	5年总被引频次/次	篇均被引频次/次
5	国网江苏省电力有限公司电力科学研究院	288	1122	3.90	8	国网能源研究院	61	707	11.59
6	国网湖北省电力有限公司电力科学研究院	327	761	2.33	9	国网湖南省电力有限公司电力科学研究院	315	676	2.15
7	国网北京经济技术研究院	105	718	6.84	10	国网河南省电力公司电力科学研究院	168	501	2.98

38.7　高被引国外期刊

电工技术领域 2020 年被引频次 Top 10 的国外期刊见表 38-7，排名居前 3 位的国外期刊分别是 *IEEE Transactions on Power Electronics*、*IEEE Transactions on Industrial Electronics* 和 *IEEE Transactions on Smart Grid*。

表 38-7　电工技术领域高被引国外期刊 Top 10（按 2020 年被引频次排序）

序号	期刊名称	2020 年被引频次/次
1	IEEE Transactions on Power Electronics	2059
2	IEEE Transactions on Industrial Electronics	1710
3	IEEE Transactions on Smart Grid	1504
4	IEEE Transactions on Power Systems	1424
5	IEEE Transactions on Power Delivery	807
6	IEEE Access	634
7	IEEE Transactions on Sustainable Energy	617
8	Applied Energy	601
9	IEEE Transactions on Industry Applications	551
10	Protection and Control of Modern Power Systems	466

第39章　无线电电子学、电信技术领域高被引分析

39.1　领域论文概况

2015—2019 年，无线电电子学、电信技术领域的 122 种期刊上共发表学术论文 176745 篇，由来自 22360 所机构的 132781 位学者作为第一作者发表。上述论文中，有 78095 篇获得过引用，整体被引率为 44.2%，总被引频次为 195566 次，篇均被引 1.11 次；其中，高被引论文有 1855 篇，高被引论文篇均被引 13.72 次（表 39-1）。另外，2020 年本领域共发表论文 35713 篇，其中有 3038 篇在当年获得过引用，总共被引 3777 次。

表 39-1　无线电电子学、电信技术领域论文分布情况

年份	论文数量/篇	总被引频次/次	被引率/%	高被引论文数量/篇	高被引论文被引频次/次
2015	35714	60958	54.9	366	8011
2016	35614	54506	52.1	356	7292
2017	33569	41376	50.4	331	4831
2018	35884	24600	37.8	380	3170
2019	35964	14126	26.3	422	2153
合计	176745	195566	44.2	1855	25457

39.2　高被引论文分析

在无线电电子学、电信技术领域，2015—2019 年发表的总被引频次 Top 10 论文（表 39-2）的平均被引频次为 100.7 次，是全部 1855 篇高被引论文篇均被引频次的 7.34 倍。从论文分布来看，刊载高被引论文数量居前 3 位的期刊分别是《电子测量与仪器学报》（121 篇）、《电子与信息学报》（99 篇）和《现代电子技术》（93 篇），其中，《移动通信》刊载了高被引论文 Top 10 中的 2 篇；发表高被引论文数量居前 3 位的学者分别是中国科学院信息工程研究所的李凤华（4 篇）、北京邮电大学的芮兰兰（3 篇）和江西理工大学的罗会兰（3 篇）；产出高被引论文数量居前 3 位的机构分别是南京邮电大学（37 篇）、合肥工业大学（34 篇）和重庆邮电大学（31 篇）。

表 39-2　无线电电子学、电信技术领域高被引论文 Top 10（按 5 年总被引频次排序）

序号	论文题名	第一作者	期刊名称	发表年份	被引频次/次 5 年总频次	被引频次/次 2020 年
1	深度卷积神经网络在计算机视觉中的应用研究综述	卢宏涛	数据采集与处理	2016	193	29
2	知识图谱技术综述	徐增林	电子科技大学学报	2016	114	36
3	NB-IoT 的产生背景、标准发展以及特性和业务研究	戴国华	移动通信	2016	107	15

序号	论文题名	第一作者	期刊名称	发表年份	被引频次/次	
					5年总频次	2020年
4	5G 移动通信网络关键技术综述	赵国锋	重庆邮电大学学报（自然科学版）	2015	107	9
5	LoRa 无线网络技术分析	赵静	移动通信	2016	94	18
6	基于改进 Harris-SIFT 算子的快速图像配准算法	许佳佳	电子测量与仪器学报	2015	87	4
7	5G 若干关键技术评述	张平	通信学报	2016	85	19
8	图像阈值分割方法研究进展 20 年（1994—2014）	吴一全	数据采集与处理	2015	75	4
9	5G 网络技术研究现状和发展趋势	王胡成	电信科学	2015	73	3
10	智能家居发展现状及未来浅析	朱敏玲	电视技术	2015	72	11

39.3　研究主题关联分析

在无线电电子学、电信技术领域，1855 篇高被引论文共被引用了 25457 次。通过分析施引文献关键词的词频及关键词之间的共现关系，获得无线电电子学、电信技术领域的热点主题和主题关联，如图 39-1 所示。由图可知："5G""无线传感器网络""物联网""卷积神经网络"等关键词的文档词频较高，是无线电电子学、电信技术领域的研究热点；本领域主要形成 4 个研究主题簇，分别以"5G""区块链"为核心；以"物联网""无线传感器网络"为核心；以"支持向量机""人工神经网络"为核心；以"深度学习""卷积神经网络"为核心。

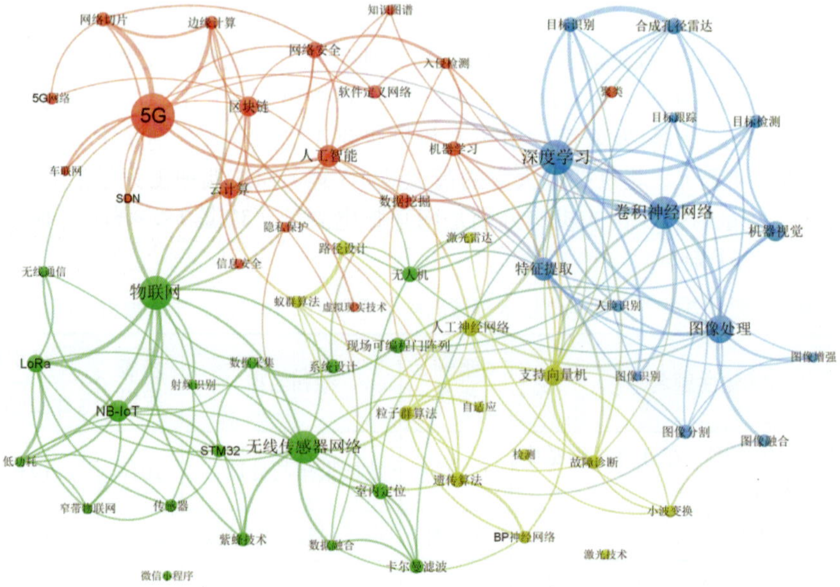

图 39-1　无线电电子学、电信技术领域热点论文主题关联

39.4　高影响力期刊分析

在无线电电子学、电信技术领域，5 年影响因子 Top 10 期刊见表 39-3，总被引频次最高的期刊是《电子设计工程》（9442 次），5 年影响因子最高的期刊是《电子测量与仪器学报》。

表 39-3　无线电电子学、电信技术领域高被引期刊基本指标（按 5 年影响因子排序）

序号	期刊名称	5 年载文量/篇	5 年总被引频次/次	5 年影响因子	高被引论文数量/篇	h 指数
1	电子测量与仪器学报	1443	5710	0.764	121	23
2	雷达学报	370	982	0.584	18	12
3	通信学报	1374	4499	0.557	90	20
4	电力电容器与无功补偿	824	1722	0.536	17	11
5	中兴通讯技术	381	866	0.528	23	11
6	电子与信息学报	2141	6466	0.471	99	21
7	移动通信	1695	3249	0.455	76	16
8	电子学报	1990	5308	0.452	92	19
9	国外电子测量技术	1483	3034	0.402	42	16
10	南京邮电大学学报（自然科学版）	499	917	0.399	24	12

39.5　高被引作者分析

2015—2019 年无线电电子学、电信技术领域论文总被引频次 Top 10 的作者见表 39-4。其中，发文总被引频次居前 3 位的作者分别是上海交通大学的卢宏涛（193 次）、中国电信股份有限公司广州研究院的赵静（123 次）和北京邮电大学的张平（121 次）。5 年发文量居前 3 位的作者分别是《电子产品世界》杂志社的王莹（48 篇）、重庆邮电大学的袁建国（46 篇）和西安理工大学的柯熙政（29 篇）。

表 39-4　无线电电子学、电信技术领域高被引作者 Top 10（按 5 年总被引频次排序）

序号	作者	作者单位	发文量/篇	5 年总被引频次/次	篇均被引频次/次	被引率/%	h 指数
1	卢宏涛	上海交通大学	1	193	193.00	100.0	1
2	赵静	中国电信股份有限公司广州研究院	6	123	20.50	100.0	3
3	张平	北京邮电大学	5	121	24.20	100.0	4
4	赵国锋	重庆邮电大学	3	118	39.33	100.0	3
5	徐增林	电子科技大学	1	114	114.00	100.0	1
6	戴国华	中国电信股份有限公司广州研究院	1	107	107.00	100.0	1

序号	作者	作者单位	发文量/篇	5年总被引频次/次	篇均被引频次/次	被引率/%	h指数
7	吴一全	南京航空航天大学	10	100	10.00	90.0	4
8	李凤华	中国科学院信息工程研究所	9	89	9.89	66.7	5
9	张建敏	中国电信股份有限公司	4	87	21.75	100.0	4
10	许佳佳	中国科学院长春光学精密机械与物理研究所	1	87	87.00	100.0	1

39.6　高被引机构分析

无线电电子学、电信技术领域总被引频次 Top 20 高等院校和总被引频次 Top 10 科研院所的发文和被引情况分别见表 39-5 和表 39-6。

表 39-5　无线电电子学、电信技术领域高被引高等院校 Top 20（按 5 年总被引频次排序）

序号	第一作者单位	发文量/篇	5年总被引频次/次	篇均被引频次/次	序号	第一作者单位	发文量/篇	5年总被引频次/次	篇均被引频次/次
1	西安电子科技大学	1840	3337	1.81	11	西安邮电大学	1215	1732	1.43
2	重庆邮电大学	1959	2950	1.51	12	国防科技大学	998	1584	1.59
3	空军工程大学	1153	2394	2.08	13	天津大学	809	1543	1.91
4	电子科技大学	1583	2166	1.37	14	桂林电子科技大学	1331	1511	1.14
5	北京邮电大学	1114	2148	1.93	15	武汉大学	694	1384	1.99
6	南京邮电大学	1354	2124	1.57	16	中国人民解放军信息工程大学	734	1366	1.86
7	合肥工业大学	818	2096	2.56	17	南京理工大学	815	1355	1.66
8	上海理工大学	1277	1960	1.53	18	北京航空航天大学	745	1237	1.66
9	中北大学	1098	1857	1.69	19	杭州电子科技大学	1147	1156	1.01
10	南京航空航天大学	923	1785	1.93	20	北京理工大学	741	1075	1.45

表 39-6　无线电电子学、电信技术领域高被引科研院所 Top 10（按 5 年总被引频次排序）

序号	第一作者单位	发文量/篇	5年总被引频次/次	篇均被引频次/次	序号	第一作者单位	发文量/篇	5年总被引频次/次	篇均被引频次/次
1	中国科学院长春光学精密机械与物理研究所	750	1806	2.41	2	中国电子科技集团公司第五十四研究所	854	1254	1.47

续表

序号	第一作者单位	发文量/篇	5年总被引频次/次	篇均被引频次/次	序号	第一作者单位	发文量/篇	5年总被引频次/次	篇均被引频次/次
3	中国电信股份有限公司广州研究院	593	1074	1.81	7	中国科学院电子学研究所	433	677	1.56
4	中国信息通信研究院	814	944	1.16	8	中国电子科技集团公司第三十八研究所	631	646	1.02
5	中国联通网络技术研究院	393	886	2.25	9	中国科学院上海技术物理研究所	438	571	1.30
6	南京电子技术研究所	613	756	1.23	10	国家数字交换系统工程技术研究中心	228	529	2.32

39.7　高被引国外期刊

无线电电子学、电信技术领域2020年被引频次Top 10的国外期刊见表39-7，排名居前3位的国外期刊分别是 *IEEE Access*、*Advanced Materials* 和 *Optics Letters*。

表39-7　无线电电子学、电信技术领域高被引国外期刊 Top 10（按2020年被引频次排序）

序号	期刊名称	2020年被引频次/次
1	IEEE Access	1783
2	Advanced Materials	871
3	Optics Letters	753
4	Optics Express	745
5	ACS Applied Materials &Interfaces	701
6	IEEE Transactions on Vehicular Technology	691
7	IEEE Transactions on Wireless Communications	582
8	ACS Nano	573
9	Applied Optics	531
10	Nano Letters	531

第40章　信息科学与系统科学领域高被引分析

40.1　领域论文概况

2015—2019 年，信息科学与系统科学领域的 64 种期刊上共发表学术论文 76039 篇，由来自 13798 所机构的 58243 位学者作为第一作者发表。上述论文中，有 33419 篇获得过引用，整体被引率为 43.9%，总被引频次为 91734 次，篇均被引 1.21 次；其中，高被引论文有 786 篇，高被引论文篇均被引 20.07 次（表 40-1）。另外，2020 年本领域共发表论文 14745 篇，其中有 1190 篇在当年获得过引用，总共被引 1440 次。

表 40-1　信息科学与系统科学领域论文分布情况

年份	论文数量/篇	总被引频次/次	被引率/%	高被引论文数量/篇	高被引论文被引频次/次
2015	15900	29196	53.3	162	5007
2016	15259	26249	52.5	155	5381
2017	15090	19275	48.8	142	2831
2018	14946	11207	38.0	152	1633
2019	14844	5807	26.2	175	925
合计	76039	91734	43.9	786	15777

40.2　高被引论文分析

在信息科学与系统科学领域，2015—2019 年发表的总被引频次 Top 10 论文（表 40-2）的平均被引频次为 216.3 次，是全部 786 篇高被引论文篇均被引频次的 10.78 倍。从论文分布来看，刊载高被引论文数量居前 3 位的期刊分别是《自动化学报》（127 篇）、《控制与决策》（92 篇）和《系统工程理论与实践》（73 篇），其中，《自动化学报》刊载了高被引论文 Top 10 中的 6 篇；发表高被引论文数量居前 3 位的学者分别是中国科学院自动化研究所的王飞跃（6 篇）、中国人民解放军国防大学的胡晓峰（5 篇）和中国科学院自动化研究所的王坤峰（4 篇）；产出高被引论文数量居前 3 位的机构分别是中国科学院自动化研究所（35 篇）、东北大学（22 篇）和清华大学（20 篇）。

表 40-2　信息科学与系统科学领域高被引论文 Top 10（按 5 年总被引频次排序）

序号	论文题名	第一作者	期刊名称	发表年份	被引频次/次	
					5 年总频次	2020 年
1	区块链技术发展现状与展望	袁勇	自动化学报	2016	977	180
2	大数据系统综述	李学龙	中国科学（信息科学）	2015	246	11
3	图像理解中的卷积神经网络	常亮	自动化学报	2016	176	25
4	图像去雾的最新研究进展	吴迪	自动化学报	2015	127	8

序号	论文题名	第一作者	期刊名称	发表年份	被引频次/次	
					5 年总频次	2020 年
5	生成式对抗网络GAN的研究进展与展望	王坤峰	自动化学报	2017	122	20
6	基于视觉的目标检测与跟踪综述	尹宏鹏	自动化学报	2016	114	16
7	虚拟现实增强技术综述	周忠	中国科学（信息科学）	2015	114	10
8	移动互联网研究综述	吴吉义	中国科学（信息科学）	2015	111	8
9	字典学习模型、算法及其应用研究进展	练秋生	自动化学报	2015	90	5
10	网络空间安全综述	张焕国	中国科学（信息科学）	2016	86	6

40.3　研究主题关联分析

在信息科学与系统科学领域，786 篇高被引论文共被引用了 15777 次。通过分析施引文献关键词的词频及关键词之间的共现关系，获得信息科学与系统科学领域的热点主题和主题关联，如图 40-1 所示。由图可知："深度学习""区块链""卷积神经网络""人工智能"等关键词的文档词频较高，是信息科学与系统科学领域的研究热点；本领域主要形成 5 个研究主题簇，分别以"卷积神经网络""深度学习"为核心；以"人工智能""智能制造"为核心；以"演化博弈""前景理论"为核心；以"粒子群算法""路径设计"为核心；以"区块链""物联网"为核心。

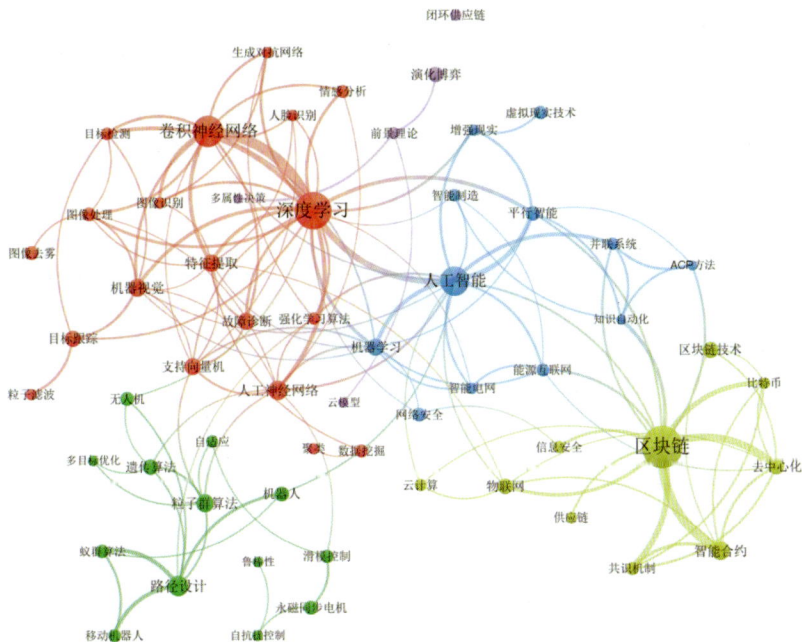

图 40-1　信息科学与系统科学领域热点论文主题关联

40.4　高影响力期刊分析

在信息科学与系统科学领域，5 年影响因子 Top 10 期刊见表 40-3，总被引频次最高的期刊是《自动化学报》（7375 次），5 年影响因子最高的期刊是《自动化学报》。

表 40-3　信息科学与系统科学领域高被引期刊基本指标（按 5 年影响因子排序）

序号	期刊名称	5 年载文量/篇	5 年总被引频次/次	5 年影响因子	高被引论文数量/篇	h 指数
1	自动化学报	984	7375	1.317	127	34
2	系统工程理论与实践	1534	5734	0.759	73	22
3	机器人	477	1919	0.690	34	18
4	系统工程学报	391	1236	0.657	11	14
5	信息安全学报	139	358	0.626	9	8
6	指挥与控制学报	294	776	0.609	11	12
7	中国科学（信息科学）	606	2090	0.579	30	20
8	智能系统学报	626	1514	0.558	25	14
9	系统管理学报	658	1790	0.553	16	15
10	控制与决策	1687	5992	0.551	92	24

40.5　高被引作者分析

2015—2019 年信息科学与系统科学领域论文总被引频次 Top 10 的作者见表 40-4。其中，发文总被引频次居前 3 位的作者分别是中国科学院自动化研究所的袁勇（1095 次）、中国科学院西安光学精密机械研究所的李学龙（266 次）和中国科学院自动化研究所的王坤峰（191 次）。5 年发文量居前 3 位的作者分别是上海市集成电路行业协会的王龙兴（33 篇）、浙江工商职业技术学院的李方园（27 篇）和北京工业大学的乔俊飞（17 篇）。

表 40-4　信息科学与系统科学领域高被引作者 Top 10（按 5 年总被引频次排序）

序号	作者	作者单位	发文量/篇	5 年总被引频次/次	篇均被引频次/次	被引率/%	h 指数
1	袁勇	中国科学院自动化研究所	5	1095	219.00	100.0	5
2	李学龙	中国科学院西安光学精密机械研究所	2	266	133.00	100.0	2
3	王坤峰	中国科学院自动化研究所	4	191	47.75	100.0	4
4	常亮	北京师范大学	1	176	176.00	100.0	1
5	王飞跃	中国科学院自动化研究所	13	157	12.08	100.0	8
6	吴迪	中国科学院深圳先进技术研究院	1	127	127.00	100.0	1

续表

序号	作者	作者单位	发文量/篇	5 年总被引频次/次	篇均被引频次/次	被引率/%	h 指数
7	胡晓峰	中国人民解放军国防大学	9	125	13.89	88.9	7
8	周忠	北京航空航天大学	1	114	114.00	100.0	1
9	尹宏鹏	重庆大学	1	114	114.00	100.0	1
10	吴吉义	浙江大学	1	111	111.00	100.0	1

40.6　高被引机构分析

信息科学与系统科学领域总被引频次 Top 20 高等院校和总被引频次 Top 10 科研院所的发文和被引情况分别见表 40-5 和表 40-6。

表 40-5　信息科学与系统科学领域高被引高等院校 Top 20（按 5 年总被引频次排序）

序号	第一作者单位	发文量/篇	5 年总被引频次/次	篇均被引频次/次	序号	第一作者单位	发文量/篇	5 年总被引频次/次	篇均被引频次/次
1	东北大学	439	1159	2.64	11	哈尔滨工业大学	363	733	2.02
2	大连理工大学	376	1025	2.73	12	上海理工大学	437	724	1.66
3	南京航空航天大学	491	1015	2.07	13	空军工程大学	314	701	2.23
4	北京航空航天大学	421	995	2.36	14	天津大学	343	671	1.96
5	江南大学	418	941	2.25	15	合肥工业大学	251	657	2.62
6	清华大学	369	894	2.42	16	上海交通大学	462	655	1.42
7	哈尔滨工程大学	451	860	1.91	17	华南理工大学	307	629	2.05
8	中南大学	314	837	2.67	18	北京工业大学	223	619	2.78
9	西北工业大学	438	831	1.90	19	南京理工大学	283	599	2.12
10	国防科技大学	487	737	1.51	20	西南交通大学	298	594	1.99

表 40-6　信息科学与系统科学领域高被引科研院所 Top 10（按 5 年总被引频次排序）

序号	第一作者单位	发文量/篇	5 年总被引频次/次	篇均被引频次/次	序号	第一作者单位	发文量/篇	5 年总被引频次/次	篇均被引频次/次
1	中国科学院自动化研究所	166	2381	14.34	3	中国电子科技集团公司第二十八研究所	433	554	1.28
2	中国科学院沈阳自动化研究所	175	581	3.32	4	中国科学院西安光学精密机械研究所	4	292	73.00

序号	第一作者单位	发文量/篇	5年总被引频次/次	篇均被引频次/次	序号	第一作者单位	发文量/篇	5年总被引频次/次	篇均被引频次/次
5	中国电子技术标准化研究院	204	256	1.25	8	中国工程院	16	156	9.75
6	国家数字交换系统工程技术研究中心	108	209	1.94	9	中国科学院信息工程研究所	108	152	1.41
7	中国科学院计算技术研究所	96	184	1.92	10	黑龙江省科学院	148	134	0.91

40.7 高被引国外期刊

信息科学与系统科学领域 2020 年被引频次 Top 10 的国外期刊见表 40-7，排名居前 3 位的国外期刊分别是 *IEEE Access*、*Automatica* 和 *IEEE Transactions on Industrial Electronics*。

表 40-7 信息科学与系统科学领域高被引国外期刊 Top 10（按 2020 年被引频次排序）

序号	期刊名称	2020 年被引频次/次
1	IEEE Access	563
2	Automatica	481
3	IEEE Transactions on Industrial Electronics	473
4	IEEE Transactions on Cybernetics	408
5	IEEE Transactions on Automatic Control	377
6	European Journal of Operational Research	320
7	Applied Soft Computing	244
8	Neurocomputing	240
9	Information Sciences	189
10	IEEE Transactions on Neural Networks and Learning Systems	179

第 41 章　计算机科学与技术领域高被引分析

41.1　领域论文概况

2015—2019 年，计算机科学与技术领域的 61 种期刊上共发表学术论文 149537 篇，由来自 18596 所机构的 112388 位学者作为第一作者发表。上述论文中，有 63377 篇获得过引用，整体被引率为 42.4%，总被引频次为 176832 次，篇均被引 1.18 次；其中，高被引论文有 1491 篇，高被引论文篇均被引 20.62 次（表 41-1）。另外，2020 年本领域共发表论文 29750 篇，其中有 2574 篇在当年获得过引用，总共被引 3302 次。

表 41-1　计算机科学与技术领域论文分布情况

年份	论文数量/篇	总被引频次/次	被引率/%	高被引论文数量/篇	高被引论文被引频次/次
2015	30893	53844	50.0	319	9927
2016	31353	48040	48.4	340	8706
2017	29784	38951	47.5	274	6300
2018	29074	23839	38.2	316	4085
2019	28433	12158	26.3	242	1720
合计	149537	176832	42.4	1491	30738

41.2　高被引论文分析

在计算机科学与技术领域，2015—2019 年发表的总被引频次 Top 10 论文（表 41-2）的平均被引频次为 215.4 次，是全部 1491 篇高被引论文篇均被引频次的 10.45 倍。从论文分布来看，刊载高被引论文数量居前 3 位的期刊分别是《软件学报》（133 篇）、《计算机学报》（126 篇）和《计算机工程与应用》（121 篇），其中，《计算机学报》刊载了高被引论文 Top 10 中的 3 篇；发表高被引论文数量居前 3 位的学者分别是中国科学院大学的张玉清（4 篇）、北京航空航天大学的陶飞（4 篇）和复旦大学的朱扬勇（4 篇）；产出高被引论文数量居前 3 位的机构分别是武汉大学（28 篇）、北京邮电大学（25 篇）和重庆邮电大学（23 篇）。

表 41-2　计算机科学与技术领域高被引论文 Top 10（按 5 年总被引频次排序）

序号	论文题名	第一作者	期刊名称	发表年份	被引频次/次 5 年总频次	2020 年
1	卷积神经网络研究综述	周飞燕	计算机学报	2017	409	97
2	软件定义网络（SDN）研究进展	张朝昆	软件学报	2015	268	16
3	知识图谱构建技术综述	刘峤	计算机研究与发展	2016	238	59
4	卷积神经网络研究综述	李彦冬	计算机应用	2016	228	26
5	智能视频监控技术综述	黄凯奇	计算机学报	2015	211	13

序号	论文题名	第一作者	期刊名称	发表年份	被引频次/次	
					5 年总频次	2020 年
6	迁移学习研究进展	庄福振	软件学报	2015	193	29
7	区块链技术与应用前瞻综述	何蒲	计算机科学	2017	158	34
8	神经网络七十年：回顾与展望	焦李成	计算机学报	2016	154	9
9	区块链技术综述	沈鑫	网络与信息安全学报	2016	150	31
10	大数据时代的个人隐私保护	刘雅辉	计算机研究与发展	2015	145	7

41.3　研究主题关联分析

在计算机科学与技术领域，1491 篇高被引论文共被引用了 30738 次。通过分析施引文献关键词的词频及关键词之间的共现关系，获得计算机科学与技术领域的热点主题和主题关联，如图 41-1 所示。由图可知："深度学习""卷积神经网络""区块链""数据挖掘"等关键词的文档词频较高，是计算机科学与技术领域的研究热点；本领域主要形成 4 个研究主题簇，分别以"云计算""区块链"为核心；以"深度学习""卷积神经网络"为核心；以"遗传算法""网络安全"为核心；以"数据挖掘""关联规则"为核心。

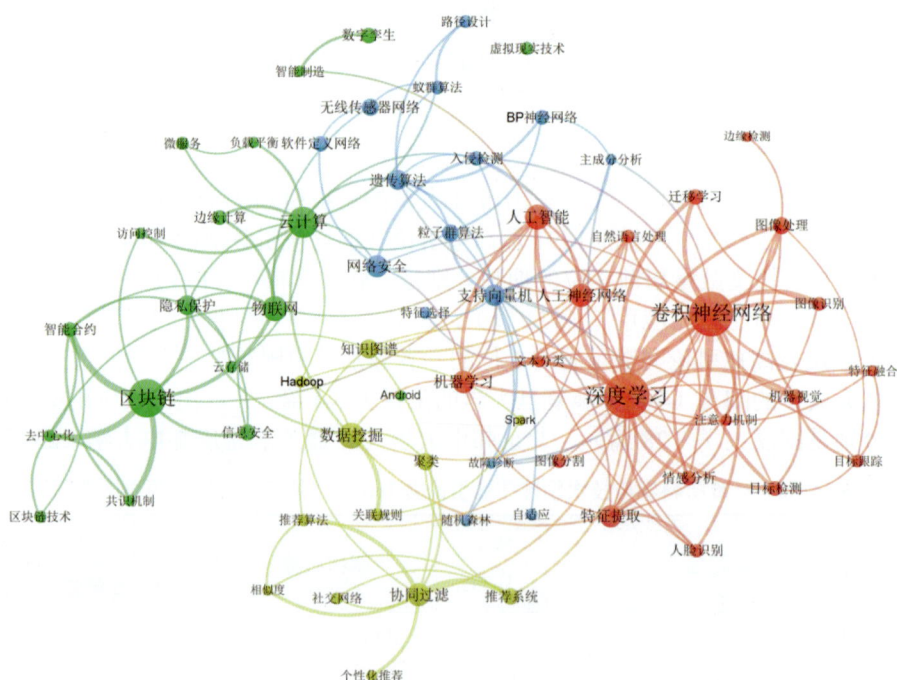

图 41-1　计算机科学与技术领域热点论文主题关联

41.4 高影响力期刊分析

在计算机科学与技术领域，5 年影响因子 Top 10 期刊见表 41-3，总被引频次最高的期刊是《电脑知识与技术》（11402 次），5 年影响因子最高的期刊是《计算机学报》。

表 41-3 计算机科学与技术领域高被引期刊基本指标（按 5 年影响因子排序）

序号	期刊名称	5 年载文量/篇	5 年总被引频次/次	5 年影响因子	高被引论文数量/篇	h 指数
1	计算机学报	897	6663	1.098	126	34
2	数据与计算发展前沿	23	24	1.043	0	3
3	软件学报	1088	6549	1.021	133	31
4	计算机研究与发展	1190	6055	0.796	97	31
5	大数据	301	1069	0.575	22	14
6	计算机集成制造系统	1572	4957	0.560	49	21
7	中国图象图形学报	920	2869	0.555	41	17
8	软件	2392	5000	0.445	66	17
9	网络与信息安全学报	373	756	0.440	8	11
10	计算机应用	4001	9859	0.408	110	24

41.5 高被引作者分析

2015—2019 年计算机科学与技术领域论文总被引频次 Top 10 的作者见表 41-4。其中，发文总被引频次居前 3 位的作者分别是中国科学院苏州纳米技术与纳米仿生研究所的周飞燕（409 次）、清华大学的张朝昆（268 次）和电子科技大学的刘峤（256 次）。5 年发文量居前 3 位的作者分别是南京航空航天大学的朱俚治（37 篇）、徐州高等师范学校的顾玮（36 篇）和神华国华徐州发电有限公司的王巍（34 篇）。

表 41-4 计算机科学与技术领域高被引作者 Top 10（按 5 年总被引频次排序）

序号	作者	作者单位	发文量/篇	5 年总被引频次/次	篇均被引频次/次	被引率/%	h 指数
1	周飞燕	中国科学院苏州纳米技术与纳米仿生研究所	1	409	409.00	100.0	1
2	张朝昆	清华大学	1	268	268.00	100.0	1
3	刘峤	电子科技大学	5	256	51.20	100.0	4
4	陶飞	北京航空航天大学	5	240	48.00	100.0	4
5	李彦冬	电子科技大学	1	228	228.00	100.0	1
6	张玉清	中国科学院大学	5	212	42.40	100.0	5
7	黄凯奇	中国科学院自动化研究所	1	211	211.00	100.0	1

序号	作者	作者单位	发文量/篇	5年总被引频次/次	篇均被引频次/次	被引率/%	h 指数
8	庄福振	中国科学院计算技术研究所	2	194	97.00	100.0	1
9	焦李成	西安电子科技大学	2	170	85.00	100.0	2
10	何蒲	东北大学	1	158	158.00	100.0	1

41.6　高被引机构分析

计算机科学与技术领域总被引频次 Top 20 高等院校和总被引频次 Top 10 科研院所的发文和被引情况分别见表 41-5 和表 41-6。

表 41-5　计算机科学与技术领域高被引高等院校 Top 20（按 5 年总被引频次排序）

序号	第一作者单位	发文量/篇	5年总被引频次/次	篇均被引频次/次	序号	第一作者单位	发文量/篇	5年总被引频次/次	篇均被引频次/次
1	南京邮电大学	1372	2261	1.65	11	辽宁工程技术大学	555	1420	2.56
2	武汉大学	799	2240	2.80	12	西南交通大学	623	1409	2.26
3	江南大学	938	1995	2.13	13	国防科技大学	690	1379	2.00
4	北京邮电大学	526	1880	3.57	14	广东工业大学	891	1337	1.50
5	清华大学	421	1790	4.25	15	北京航空航天大学	435	1299	2.99
6	上海理工大学	1128	1688	1.50	16	南京航空航天大学	969	1280	1.32
7	四川大学	1254	1624	1.30	17	东北大学	441	1278	2.90
8	中国人民解放军信息工程大学	806	1523	1.89	18	昆明理工大学	840	1265	1.51
9	重庆邮电大学	807	1497	1.86	19	中国科学技术大学	744	1218	1.64
10	电子科技大学	410	1458	3.56	20	重庆大学	463	1163	2.51

表 41-6　计算机科学与技术领域高被引科研院所 Top 10（按 5 年总被引频次排序）

序号	第一作者单位	发文量/篇	5年总被引频次/次	篇均被引频次/次	序号	第一作者单位	发文量/篇	5年总被引频次/次	篇均被引频次/次
1	中国科学院计算技术研究所	230	1237	5.38	3	中国科学院信息工程研究所	150	597	3.98
2	中国科学院软件研究所	227	602	2.65	4	中国科学院苏州纳米技术与纳米仿生研究所	4	413	103.25

续表

序号	第一作者单位	发文量/篇	5年总被引频次/次	篇均被引频次/次	序号	第一作者单位	发文量/篇	5年总被引频次/次	篇均被引频次/次
5	中国科学院自动化研究所	48	404	8.42	8	华北计算技术研究所	131	268	2.05
6	国家数字交换系统工程技术研究中心	209	361	1.73	9	中国科学院沈阳自动化研究所	80	210	2.63
7	中国科学院计算机网络信息中心	135	295	2.19	10	中航工业西安航空计算技术研究所	245	186	0.76

41.7 高被引国外期刊

计算机科学与技术领域 2020 年被引频次 Top 10 的国外期刊见表 41-7，排名居前 3 位的国外期刊分别是 *IEEE Access*、*IEEE Transactions on Pattern Analysis and Machine Intelligence* 和 *IEEE Transactions on Image Processing*。

表 41-7　计算机科学与技术领域高被引国外期刊 Top 10（按 2020 年被引频次排序）

序号	期刊名称	2020 年被引频次/次
1	IEEE Access	1250
2	IEEE Transactions on Pattern Analysis and Machine Intelligence	1070
3	IEEE Transactions on Image Processing	480
4	Information Sciences	413
5	Neurocomputing	406
6	Applied Soft Computing	344
7	Computer Science	290
8	Pattern Recognition	288
9	IEEE Transactions on Cybernetics	283
10	Multimedia Tools and Applications	253

第 42 章 化学工程领域高被引分析

42.1 领域论文概况

2015—2019 年，化学工程领域的 146 种期刊上共发表学术论文 157129 篇，由来自 20185 所机构的 111450 位学者作为第一作者发表。上述论文中，有 64551 篇获得过引用，整体被引率为 41.1%，总被引频次为 142654 次，篇均被引 0.91 次；其中，高被引论文有 1725 篇，高被引论文篇均被引 9.49 次（表 42-1）。另外，2020 年本领域共发表论文 35062 篇，其中有 1945 篇在当年获得过引用，总共被引 2308 次。

表 42-1 化学工程领域论文分布情况

年份	论文数量/篇	总被引频次/次	被引率/%	高被引论文数量/篇	高被引论文被引频次/次
2015	32034	46311	54.0	328	4963
2016	31115	39156	51.2	277	3974
2017	31260	30540	45.4	316	3495
2018	30484	17906	34.9	393	2466
2019	32236	8741	20.1	411	1476
合计	157129	142654	41.1	1725	16374

42.2 高被引论文分析

在化学工程领域，2015—2019 年发表的总被引频次 Top 10 论文（表 42-2）的平均被引频次为 48.9 次，是全部 1725 篇高被引论文篇均被引频次的 5.15 倍。从论文分布来看，刊载高被引论文数量居前 3 位的期刊分别是《化工进展》（192 篇）、《化工学报》（147 篇）和《硅酸盐通报》（119 篇），其中，《化工进展》刊载了高被引论文 Top 10 中的 4 篇；发表高被引论文数量居前 3 位的学者分别是南阳农业职业学院的于国玲（7 篇）、延安大学西安创新学院的何帅（4 篇）和中国磷复肥工业协会的叶学东（4 篇）；产出高被引论文数量居前 3 位的机构分别是青岛科技大学（36 篇）、北京化工大学（25 篇）和吉林化工学院（24 篇）。

表 42-2 化学工程领域高被引论文 Top 10（按 5 年总被引频次排序）

序号	论文题名	第一作者	期刊名称	发表年份	被引频次/次 5年总频次	被引频次/次 2020 年
1	燃煤电厂脱硫废水处理技术研究与应用进展	马双忱	化工进展	2016	81	8
2	超高性能混凝土在中国的研究和应用	王德辉	硅酸盐通报	2016	58	9
3	现代煤气化技术发展趋势及应用综述	汪寿建	化工进展	2016	56	6

续表

序号	论文题名	第一作者	期刊名称	发表年份	被引频次/次	
					5年总频次	2020年
4	高级氧化技术处理难降解有机废水的研发趋势及实用化进展	孙怡	化工学报	2017	46	11
5	绿色轮胎的发展及其推广应用	王梦蛟	橡胶工业	2018	41	20
6	活性炭吸附法在挥发性有机物治理中的应用研究进展	许伟	化工进展	2016	41	5
7	纤维素的改性及应用研究进展	罗成成	化工进展	2015	41	4
8	当归的有效化学成分及药理作用研究进展分析	王华	山东化工	2017	40	14
9	活性氧自由基与细胞衰老关系的研究进展	张翠利	广州化工	2015	39	3
10	活性炭制备技术及应用研究综述	蒋剑春	林产化学与工业	2017	37	6

42.3　研究主题关联分析

在化学工程领域，1725 篇高被引论文共被引用了 16374 次。通过分析施引文献关键词的词频及关键词之间的共现关系，获得化学工程领域的热点主题和主题关联，如图 42-1 所示。由图可知："吸附""力学性能""复合材料""注射模"等关键词的文档词频较高，是化学工程领域的研究热点；本领域主要形成 6 个研究主题簇，分别以"吸附""催化剂"为核心；以"复合材料""力学性能"为核心；以"抗压强度""混凝土"为核心；以"数值模拟""脱硫废水"为核心；以"正交试验""Moldflow"为核心；以"注射模""结构设计"为核心。

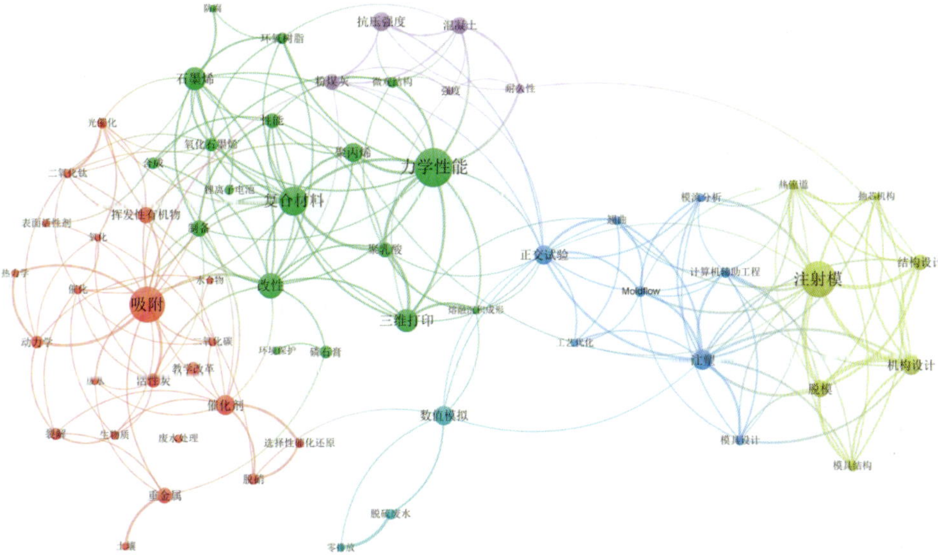

图 42-1　化学工程领域热点论文主题关联

42.4 高影响力期刊分析

在化学工程领域，5 年影响因子 Top 10 期刊见表 42-3，总被引频次最高的期刊是《广东化工》（8923 次），5 年影响因子最高的期刊是《中国洗涤用品工业》。

表 42-3 化学工程领域高被引期刊基本指标（按 5 年影响因子排序）

序号	期刊名称	5 年载文量/篇	5 年总被引频次/次	5 年影响因子	高被引论文数量/篇	h 指数
1	中国洗涤用品工业	453	369	0.395	11	7
2	现代技术陶瓷	211	265	0.389	6	7
3	硅酸盐学报	1276	2676	0.357	59	14
4	硅酸盐通报	3500	6371	0.344	119	16
5	化工进展	3288	8017	0.343	192	21
6	上海涂料	456	460	0.338	7	6
7	胶体与聚合物	255	249	0.337	2	6
8	硫酸工业	762	775	0.329	18	8
9	橡胶工业	897	1766	0.326	56	11
10	新型炭材料	374	650	0.316	8	9

42.5 高被引作者分析

2015—2019 年化学工程领域论文总被引频次 Top 10 的作者见表 42-4。其中，发文总被引频次居前 3 位的作者分别是华北电力大学的马双忱（127 次）、怀化职业技术学院的张建卿（87 次）和广州超邦化工有限公司的郭崇武（79 次）。5 年发文量居前 3 位的作者分别是云南云天化股份有限公司云峰分公司的念吉红（61 篇）、陕西科技大学的郭睿（43 篇）和宝鸡文理学院的张来新（40 篇）。

表 42-4 化学工程领域高被引作者 Top 10（按 5 年总被引频次排序）

序号	作者	作者单位	发文量/篇	5 年总被引频次/次	篇均被引频次/次	被引率/%	h 指数
1	马双忱	华北电力大学	14	127	9.07	92.9	4
2	张建卿	怀化职业技术学院	7	87	12.43	100.0	6
3	郭崇武	广州超邦化工有限公司	26	79	3.04	73.1	4
4	阎培渝	清华大学	10	76	7.60	100.0	6
5	姜雪	山东中医药大学	4	75	18.75	100.0	3
6	郭睿	陕西科技大学	43	71	1.65	67.4	5
7	洪新	辽宁工业大学	13	69	5.31	76.9	5
8	张维合	广东科技学院	26	68	2.62	76.9	5

序号	作者	作者单位	发文量/篇	5年总被引频次/次	篇均被引频次/次	被引率/%	h指数
9	杨安	杭州职业技术学院	5	67	13.40	80.0	3
10	杨来侠	西安科技大学	23	64	2.78	73.9	5

42.6 高被引机构分析

化学工程领域总被引频次 Top 20 高等院校和总被引频次 Top 10 科研院所的发文和被引情况分别见表 42-5 和表 42-6。

表 42-5 化学工程领域高被引高等院校 Top 20（按 5 年总被引频次排序）

序号	第一作者单位	发文量/篇	5年总被引频次/次	篇均被引频次/次	序号	第一作者单位	发文量/篇	5年总被引频次/次	篇均被引频次/次
1	青岛科技大学	1882	2024	1.08	11	浙江大学	661	1146	1.73
2	北京化工大学	1220	1779	1.46	12	四川大学	943	1078	1.14
3	陕西科技大学	1428	1676	1.17	13	中国石油大学（北京）	639	972	1.52
4	天津大学	1157	1555	1.34	14	中国石油大学（华东）	623	961	1.54
5	吉林化工学院	1223	1468	1.20	15	南京工业大学	656	939	1.43
6	华东理工大学	1097	1393	1.27	16	中北大学	729	935	1.28
7	东北石油大学	1287	1341	1.04	17	清华大学	379	789	2.08
8	辽宁石油化工大学	1038	1331	1.28	18	西南石油大学	502	765	1.52
9	华南理工大学	835	1311	1.57	19	浙江工业大学	651	762	1.17
10	昆明理工大学	716	1273	1.78	20	武汉理工大学	525	758	1.44

表 42-6 化学工程领域高被引科研院所 Top 10（按 5 年总被引频次排序）

序号	第一作者单位	发文量/篇	5年总被引频次/次	篇均被引频次/次	序号	第一作者单位	发文量/篇	5年总被引频次/次	篇均被引频次/次
1	西安近代化学研究所	538	752	1.40	4	中国科学院山西煤炭化学研究所	186	284	1.53
2	中国林业科学研究院林产化学工业研究所	312	556	1.78	5	中国石化抚顺石油化工研究院	168	264	1.57
3	中国科学院过程工程研究所	268	344	1.28	6	中国石油化工股份有限公司北京化工研究院	153	247	1.61

序号	第一作者单位	发文量/篇	5年总被引频次/次	篇均被引频次/次	序号	第一作者单位	发文量/篇	5年总被引频次/次	篇均被引频次/次
7	中国石油天然气股份有限公司石油化工研究院	97	236	2.43	9	中国建筑材料科学研究总院	130	215	1.65
8	黑龙江省科学院	252	218	0.87	10	中国科学院广州能源研究所	126	200	1.59

42.7　高被引国外期刊

化学工程领域 2020 年被引频次 Top 10 的国外期刊见表 42-7，排名居前 3 位的国外期刊分别是 *Chemical Engineering Journal*、*ACS Applied Materials & Interfaces* 和 *RSC Advances*。

表 42-7　化学工程领域高被引国外期刊 Top 10（按 2020 年被引频次排序）

序号	期刊名称	2020 年被引频次/次
1	Chemical Engineering Journal	1860
2	ACS Applied Materials &Interfaces	1253
3	RSC Advances	1223
4	Journal of Membrane Science	1128
5	Ceramics International	994
6	Industrial & Engineering Chemistry Research	777
7	Electrochimica Acta	667
8	Advanced Materials	659
9	Journal of the American Chemical Society	612
10	International Journal of Hydrogen Energy	591

第 43 章　轻工业、手工业领域高被引分析

43.1　领域论文概况

2015—2019 年，轻工业、手工业领域的 121 种期刊上共发表学术论文 138585 篇，由来自 14895 所机构的 92001 位学者作为第一作者发表。上述论文中，有 74423 篇获得过引用，整体被引率为 53.7%，总被引频次为 218519 次，篇均被引 1.58 次；其中，高被引论文有 1388 篇，高被引论文篇均被引 15.29 次（表 43-1）。另外，2020 年本领域共发表论文 32019 篇，其中有 3140 篇在当年获得过引用，总共被引 3900 次。

表 43-1　轻工业、手工业领域论文分布情况

年份	论文数量/篇	总被引频次/次	被引率/%	高被引论文数量/篇	高被引论文被引频次/次
2015	24614	66205	69.1	234	6067
2016	27730	59715	63.3	282	5824
2017	27707	47125	59.5	320	4661
2018	28657	29526	47.3	296	3029
2019	29877	15948	32.9	256	1638
合计	138585	218519	53.7	1388	21219

43.2　高被引论文分析

在轻工业、手工业领域，2015—2019 年发表的总被引频次 Top 10 论文（表 43-2）的平均被引频次为 67.2 次，是全部 1388 篇高被引论文篇均被引频次的 4.40 倍。从论文分布来看，刊载高被引论文数量居前 3 位的期刊分别是《食品科学》（407 篇）、《食品工业科技》（138 篇）和《食品与发酵工业》（76 篇），其中，《食品科学》刊载了高被引论文 Top 10 中的 7 篇；发表高被引论文数量居前 3 位的学者分别是南京林业大学的吴智慧（3 篇）、湖南农业大学的邓小华（3 篇）和中国水产科学研究院南海水产研究所的吴燕燕（3 篇）；产出高被引论文数量居前 3 位的机构分别是江南大学（35 篇）、西北农林科技大学（32 篇）和西南大学（31 篇）。

表 43-2　轻工业、手工业领域高被引论文 Top 10（按 5 年总被引频次排序）

序号	论文题名	第一作者	期刊名称	发表年份	被引频次/次	
					5 年总频次	2020 年
1	藜麦营养功能成分及生物活性研究进展	魏爱春	食品科学	2015	74	9
2	响应面法优化半枝莲黄酮提取工艺及体外抗氧化性分析	陈红梅	食品科学	2016	71	10

续表

序号	论文题名	第一作者	期刊名称	发表年份	被引频次/次	
					5年总频次	2020年
3	沙棘果渣总黄酮提取工艺及抗氧化活性分析	白生文	食品科学	2015	71	9
4	原花青素的研究进展	张慧文	食品科学	2015	71	8
5	桑叶蛋白氨基酸组成分析及营养价值评价	王芳	食品科学	2015	70	3
6	葛根有效成分及其药理作用研究进展	楚纪明	食品与药品	2015	66	4
7	抑菌试验中抑菌圈法的比较研究	谭才邓	食品工业	2016	65	12
8	肉桂醛对大肠杆菌和金黄色葡萄球菌的抑菌作用及抑菌机理研究	张赟彬	现代食品科技	2015	65	5
9	辣木中功能性成分提取及产品开发的研究进展	刘凤霞	食品科学	2015	60	8
10	山楂降血脂作用和机理研究进展	王玲	食品科学	2015	59	5

43.3 研究主题关联分析

在轻工业、手工业领域，1388篇高被引论文共被引用了21219次。通过分析施引文献关键词的词频及关键词之间的共现关系，获得轻工业、手工业领域的热点主题和主题关联，如图43-1所示。由图可知："抗氧化活性""氧化稳定性""响应面分析法""主成分分析"等关键词的文档词频较高，是轻工业、手工业领域的研究热点；本领域主要形成4个研究主题簇，分别以"主成分分析""气相色谱–质谱"为核心；以"乳酸菌""发酵"为核心；以"营养成分""氨基酸"为核心；以"抗氧化活性""氧化稳定性"为核心。

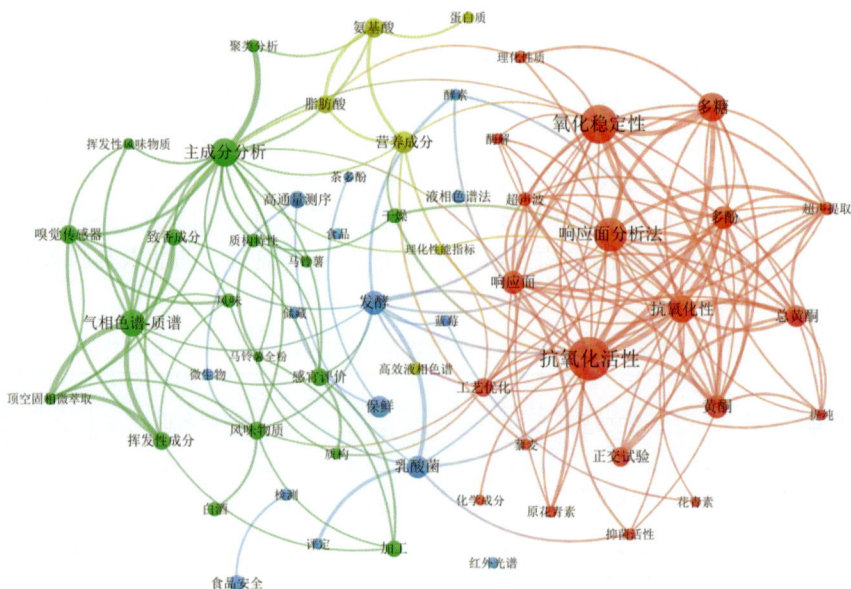

图43-1 轻工业、手工业领域热点论文主题关联

43.4　高影响力期刊分析

在轻工业、手工业领域，5 年影响因子 Top 10 期刊见表 43-3，总被引频次最高的期刊是《食品科学》（26167 次），5 年影响因子最高的期刊是《食品科学》。

表 43-3　轻工业、手工业领域领域高被引期刊基本指标（按 5 年影响因子排序）

序号	期刊名称	5 年载文量/篇	5 年总被引频次/次	5 年影响因子	高被引论文数量/篇	h 指数
1	食品科学	5986	26167	0.840	407	31
2	食品科学技术学报	421	1227	0.606	13	12
3	中国茶叶加工	340	522	0.579	0	8
4	食品与发酵工业	3209	8018	0.578	76	18
5	肉类研究	674	1490	0.573	10	11
6	中国调味品	2357	4410	0.568	35	12
7	中国食品学报	2249	6020	0.562	60	19
8	湖南包装	700	926	0.541	11	7
9	烟草科技	932	2613	0.526	18	14
10	粮食科技与经济	1266	1564	0.514	11	9

43.5　高被引作者分析

2015—2019 年轻工业、手工业领域论文总被引频次 Top 10 的作者见表 43-4。其中，发文总被引频次居前 3 位的作者分别是河南工业大学的刘玉兰（200 次）、天津科技大学的张泽生（159 次）和天津工业大学的刘元军（156 次）。5 年发文量居前 3 位的作者分别是河南工业大学的刘玉兰（54 篇）、光山白鲨针布有限公司的陈玉峰（49 篇）和江西服装学院的林燕萍（41 篇）。

表 43-4　轻工业、手工业领域高被引作者 Top 10（按 5 年总被引频次排序）

序号	作者	作者单位	发文量/篇	5 年总被引频次/次	篇均被引频次/次	被引率/%	h 指数
1	刘玉兰	河南工业大学	54	200	3.70	88.9	7
2	张泽生	天津科技大学	30	159	5.30	90.0	8
3	刘元军	天津工业大学	34	156	4.59	64.7	8
4	刘登勇	渤海大学	23	110	4.78	87.0	6
5	李颖畅	渤海大学	14	101	7.21	71.4	7
6	李学鹏	渤海大学	20	98	4.90	100.0	5
7	罗磊	河南科技大学	16	98	6.13	75.0	5
8	孙宝国	北京工商大学	4	98	24.50	100.0	3

序号	作者	作者单位	发文量/篇	5年总被引频次/次	篇均被引频次/次	被引率/%	h指数
9	申瑞玲	郑州轻工业学院	12	97	8.08	91.7	5
10	李斌	沈阳农业大学	7	97	13.86	71.4	4

43.6 高被引机构分析

　　轻工业、手工业领域总被引频次 Top 20 高等院校和总被引频次 Top 10 科研院所的发文和被引情况分别见表 43-5 和表 43-6。

表 43-5　轻工业、手工业领域高被引高等院校 Top 20（按 5 年总被引频次排序）

序号	第一作者单位	发文量/篇	5年总被引频次/次	篇均被引频次/次	序号	第一作者单位	发文量/篇	5年总被引频次/次	篇均被引频次/次
1	江南大学	3377	6189	1.83	11	湖南农业大学	795	2042	2.57
2	河南工业大学	1870	3770	2.02	12	天津工业大学	1263	1919	1.52
3	西南大学	1235	3593	2.91	13	东华大学	1512	1884	1.25
4	天津科技大学	1392	2610	1.88	14	华南理工大学	1054	1769	1.68
5	西北农林科技大学	777	2452	3.16	15	西安工程大学	1414	1708	1.21
6	渤海大学	701	2306	3.29	16	南京农业大学	519	1707	3.29
7	北京工商大学	722	2296	3.18	17	贵州大学	572	1675	2.93
8	中国农业大学	801	2134	2.66	18	武汉轻工大学	1039	1574	1.51
9	上海海洋大学	601	2109	3.51	19	南昌大学	512	1520	2.97
10	东北农业大学	999	2086	2.09	20	陕西科技大学	949	1495	1.58

表 43-6　轻工业、手工业领域高被引科研院所 Top 10（按 5 年总被引频次排序）

序号	第一作者单位	发文量/篇	5年总被引频次/次	篇均被引频次/次	序号	第一作者单位	发文量/篇	5年总被引频次/次	篇均被引频次/次
1	中国烟草总公司郑州烟草研究院	178	582	3.27	5	国家粮食局科学研究院	160	500	3.13
2	中国农业科学院农产品加工研究所	134	578	4.31	6	山东省农业科学院	183	487	2.66
3	中国水产科学研究院南海水产研究所	147	520	3.54	7	江苏省农业科学院	157	484	3.08
4	广东省农业科学院	177	518	2.93	8	中国农业科学院茶叶研究所	208	445	2.14

序号	第一作者单位	发文量/篇	5年总被引频次/次	篇均被引频次/次	序号	第一作者单位	发文量/篇	5年总被引频次/次	篇均被引频次/次
9	中国林业科学研究院	269	442	1.64	10	湖北省农业科学院	168	412	2.45

43.7　高被引国外期刊

轻工业、手工业领域 2020 年被引频次 Top 10 的国外期刊见表 43-7，排名居前 3 位的国外期刊分别是 *Food Chemistry*、*International Journal of Biological Macromolecules* 和 *Food Hydrocolloids*。

表 43-7　轻工业、手工业领域高被引国外期刊 Top 10（按 2020 年被引频次排序）

序号	期刊名称	2020 年被引频次/次
1	Food Chemistry	4042
2	International Journal of Biological Macromolecules	1130
3	Food Hydrocolloids	1058
4	LWT	937
5	Food Control	928
6	Journal of Agricultural and Food Chemistry	813
7	Meat Science	732
8	Journal of Functional Foods	617
9	Carbohydrate Polymers	550
10	Food Research International	512

第 44 章　建筑科学领域高被引分析

44.1　领域论文概况

2015—2019 年，建筑科学领域的 143 种期刊上共发表学术论文 282219 篇，由来自 60115 所机构的 219766 位学者作为第一作者发表。上述论文中，有 96672 篇获得过引用，整体被引率为 34.3%，总被引频次为 236902 次，篇均被引 0.84 次；其中，高被引论文有 2843 篇，高被引论文篇均被引 14.23 次（表 44-1）。另外，2020 年本领域共发表论文 63245 篇，其中有 4561 篇在当年获得过引用，总共被引 5762 次。

表 44-1　建筑科学领域论文分布情况

年份	论文数量/篇	总被引频次/次	被引率/%	高被引论文数量/篇	高被引论文被引频次/次
2015	54580	70358	40.7	507	13354
2016	55154	61764	40.5	590	11059
2017	55670	52459	39.0	573	8232
2018	55331	32497	31.2	582	4845
2019	61484	19824	21.4	591	2964
合计	282219	236902	34.3	2843	40454

44.2　高被引论文分析

在建筑科学领域，2015—2019 年发表的总被引频次 Top 10 论文（表 44-2）的平均被引频次为 141 次，是全部 2843 篇高被引论文篇均被引频次的 9.91 倍。从论文分布来看，刊载高被引论文数量居前 3 位的期刊分别是《岩土力学》（265 篇）、《岩石力学与工程学报》（240 篇）和《建筑技术》（201 篇），其中，《城市规划》各刊载了高被引论文 Top 10 中的 2 篇；发表高被引论文数量居前 3 位的学者分别是中国建筑科学研究院有限公司的王清勤（9 篇）、中国矿业大学（北京）的何满潮（8 篇）和天津大学的郑刚（7 篇）；产出高被引论文数量居前 3 位的机构分别是同济大学（187 篇）、清华大学（76 篇）和南京林业大学（74 篇）。

表 44-2　建筑科学领域高被引论文 Top 10（按 5 年总被引频次排序）

序号	论文题名	第一作者	期刊名称	发表年份	被引频次/次	
					5 年总频次	2020 年
1	"海绵城市"理论与实践	俞孔坚	城市规划	2015	328	21
2	海绵城市（LID）的内涵、途径与展望	仇保兴	给水排水	2015	133	11
3	海绵城市建设指南解读之基本概念与综合目标	车伍	中国给水排水	2015	120	13

续表

序号	论文题名	第一作者	期刊名称	发表年份	被引频次/次	
					5年总频次	2020年
4	海绵城市理论与技术发展沿革及构建途径	车生泉	中国园林	2015	119	4
5	城市韧性：基于国际文献综述的概念解析	邵亦文	国际城市规划	2015	114	24
6	特色小镇发展水平指标体系与评估方法	吴一洲	规划师	2016	113	8
7	地基处理研究进展	刘汉龙	土木工程学报	2016	93	14
8	新型城镇化背景下的中国乡村转型与复兴	申明锐	城市规划	2015	87	2
9	BIM技术研究与应用现状	郑华海	结构工程师	2015	86	10
10	增量规划向存量规划转型：理论解析与实践应对	邹兵	城市规划学刊	2015	81	13

44.3　研究主题关联分析

在建筑科学领域，2843篇高被引论文共被引用了40454次。通过分析施引文献关键词的词频及关键词之间的共现关系，获得建筑科学领域的热点主题和主题关联，如图44-1所示。由图可知："BIM""BIM技术""城市雨水资源化""数值模拟"等关键词的文档词频较高，是建筑科学领域的研究热点；本领域主要形成6个研究主题簇，分别以"BIM""BIM技术"为核心；以"施工技术""桥梁施工"为核心；以"数值模拟""隧道工程"为核心；以"抗震性能""拟静力试验"为核心；以"岩石力学""裂纹扩展"为核心；以"城市雨水资源化""风景园林"为核心。

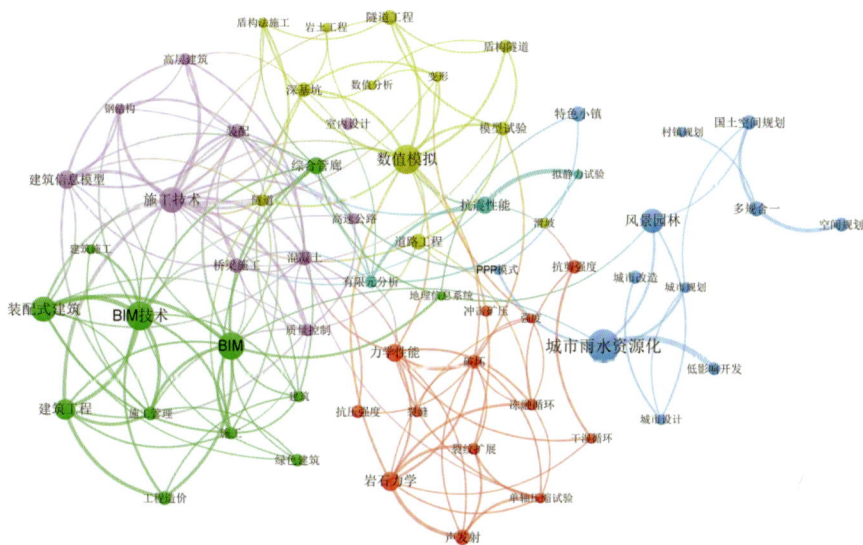

图44-1　建筑科学领域热点论文主题关联

44.4　高影响力期刊分析

在建筑科学领域，5 年影响因子 Top 10 期刊见表 44-3，总被引频次最高的期刊是《科技创新与应用》（17896 次），5 年影响因子最高的期刊是《城市规划学刊》。

表 44-3　建筑科学领域高被引期刊基本指标（按 5 年影响因子排序）

序号	期刊名称	5 年载文量/篇	5 年总被引频次/次	5 年影响因子	高被引论文数量/篇	h 指数
1	城市规划学刊	524	2827	1.151	83	24
2	岩石力学与工程学报	1436	8726	1.114	240	28
3	城市规划	982	4262	0.887	94	23
4	岩土力学	2443	10630	0.880	265	26
5	土木工程学报	852	3379	0.842	62	21
6	国际城市规划	574	2113	0.833	56	16
7	岩土工程学报	1906	6936	0.780	158	21
8	中国园林	1452	4279	0.658	91	18
9	规划师	1759	5316	0.598	114	23
10	土木建筑工程信息技术	605	1548	0.577	31	11

44.5　高被引作者分析

2015—2019 年建筑科学领域论文总被引频次 Top 10 的作者见表 44-4。其中，发文总被引频次居前 3 位的作者分别是北京大学的俞孔坚（403 次）、天津大学的郑刚（272 次）和北京建筑大学的车伍（254 次）。5 年发文量居前 3 位的作者分别是西安建筑科技大学的薛建阳（48 篇）、广西大学的陈宗平（35 篇）和北京建筑大学的郝晓地（35 篇）。

表 44-4　建筑科学领域高被引作者 Top 10（按 5 年总被引频次排序）

序号	作者	作者单位	发文量/篇	5 年总被引频次/次	篇均被引频次/次	被引率/%	h 指数
1	俞孔坚	北京大学	6	403	67.17	83.3	3
2	郑刚	天津大学	26	272	10.46	84.6	9
3	车伍	北京建筑大学	7	254	36.29	100.0	7
4	谢和平	四川大学	3	227	75.67	100.0	2
5	刘泉声	中国科学院武汉岩土力学研究所	17	211	12.41	100.0	8
6	杜修力	北京工业大学	27	188	6.96	96.3	8
7	陈宗平	广西大学	35	181	5.17	82.9	8

序号	作者	作者单位	发文量/篇	5年总被引频次/次	篇均被引频次/次	被引率/%	h指数
8	龙瀛	清华大学	17	180	10.59	100.0	6
9	何满潮	中国矿业大学（北京）	10	179	17.90	90.0	6
10	林坚	北京大学	8	173	21.63	87.5	5

44.6　高被引机构分析

建筑科学领域总被引频次 Top 20 高等院校和总被引频次 Top 10 科研院所的发文和被引情况分别见表 44-5 和表 44-6。

表 44-5　建筑科学领域高被引高等院校 Top 20（按 5 年总被引频次排序）

序号	第一作者单位	发文量/篇	5年总被引频次/次	篇均被引频次/次	序号	第一作者单位	发文量/篇	5年总被引频次/次	篇均被引频次/次
1	同济大学	4194	9647	2.30	11	华南理工大学	1260	1884	1.50
2	清华大学	1350	3524	2.61	12	南京林业大学	559	1870	3.35
3	西安建筑科技大学	2013	3351	1.66	13	河海大学	795	1661	2.09
4	重庆大学	1599	3223	2.02	14	长安大学	862	1610	1.87
5	东南大学	1272	2635	2.07	15	北京交通大学	590	1531	2.59
6	北京建筑大学	1108	2275	2.05	16	哈尔滨工业大学	838	1513	1.81
7	天津大学	1318	2233	1.69	17	浙江大学	775	1427	1.84
8	西南交通大学	1137	2129	1.87	18	湖南大学	601	1360	2.26
9	沈阳建筑大学	1344	2028	1.51	19	中国矿业大学（北京）	330	1331	4.03
10	北京工业大学	838	1905	2.27	20	武汉大学	516	1278	2.48

表 44-6　建筑科学领域高被引科研院所 Top 10（按 5 年总被引频次排序）

序号	第一作者单位	发文量/篇	5年总被引频次/次	篇均被引频次/次	序号	第一作者单位	发文量/篇	5年总被引频次/次	篇均被引频次/次
1	中国科学院武汉岩土力学研究所	362	1937	5.35	4	上海市城市规划设计研究院	203	439	2.16
2	中国城市规划设计研究院	269	811	3.01	5	南京水利科学研究院	152	404	2.66
3	广州市城市规划勘测设计研究院	275	448	1.63	6	福建省建筑科学研究院	530	349	0.66

序号	第一作者单位	发文量/篇	5年总被引频次/次	篇均被引频次/次	序号	第一作者单位	发文量/篇	5年总被引频次/次	篇均被引频次/次
7	厦门市城市规划设计研究院	83	312	3.76	9	中国地震局工程力学研究所	122	269	2.20
8	浙江省城乡规划设计研究院	74	277	3.74	10	长江水利委员会长江科学院	90	255	2.83

44.7　高被引国外期刊

建筑科学领域 2020 年被引频次 Top 10 的国外期刊见表 44-7，排名居前 3 位的国外期刊分别是 *Construction and Building Materials*、*Building and Environment* 和 *Engineering Structures*。

表 44-7　建筑科学领域高被引国外期刊 Top 10（按 2020 年被引频次排序）

序号	期刊名称	2020 年被引频次/次
1	Construction and Building Materials	1135
2	Building and Environment	454
3	Engineering Structures	403
4	Energy and Buildings	263
5	Science of the Total Environment	223
6	Engineering Geology	205
7	Journal of Constructional Steel Research	175
8	Rock Mechanics and Rock Engineering	160
9	Journal of Structural Engineering	154
10	Chemical Engineering Journal	146

第 45 章　水利工程领域高被引分析

45.1　领域论文概况

2015—2019 年，水利工程领域的 74 种期刊上共发表学术论文 83801 篇，由来自 12286 所机构的 57363 位学者作为第一作者发表。上述论文中，有 35759 篇获得过引用，整体被引率为 42.7%，总被引频次为 86956 次，篇均被引 1.04 次；其中，高被引论文有 818 篇，高被引论文篇均被引 13.94 次（表 45-1）。另外，2020 年本领域共发表论文 17293 篇，其中有 1372 篇在当年获得过引用，总共被引 1667 次。

表 45-1　水利工程领域论文分布情况

年份	论文数量/篇	总被引频次/次	被引率/%	高被引论文数量/篇	高被引论文被引频次/次
2015	17511	25884	50.4	163	3329
2016	16846	23516	49.7	184	3593
2017	16412	18292	46.3	154	2203
2018	16616	12460	38.8	146	1392
2019	16416	6804	27.5	171	884
合计	83801	86956	42.7	818	11401

45.2　高被引论文分析

在水利工程领域，2015—2019 年发表的总被引频次 Top 10 论文（表 45-2）的平均被引频次为 68.5 次，是全部 818 篇高被引论文篇均被引频次的 4.91 倍。从论文分布来看，刊载高被引论文数量居前 3 位的期刊分别是《水利学报》（111 篇）、《水利规划与设计》（96 篇）和《水科学进展》（58 篇），其中，《水科学进展》《水资源保护》各刊载了高被引论文 Top 10 中的 2 篇；发表高被引论文数量居前 3 位的学者分别是郑州大学的左其亭（13 篇）、合肥工业大学的金菊良（12 篇）和文山州水务局的崔东文（11 篇）；产出高被引论文数量居前 3 位的机构分别是河海大学（84 篇）、中国水利水电科学研究院（58 篇）和西安理工大学（23 篇）。

表 45-2　水利工程领域高被引论文 Top 10（按 5 年总被引频次排序）

序号	论文题名	第一作者	期刊名称	发表年份	被引频次/次	
					5 年总频次	2020 年
1	海绵城市建设有关问题讨论	张建云	水科学进展	2016	100	15
2	中国城市洪涝问题及成因分析	张建云	水科学进展	2016	87	11
3	水资源可持续发展的制约因素及解决措施	计鸿博	水利技术监督	2016	78	4

续表

序号	论文题名	第一作者	期刊名称	发表年份	被引频次/次	
					5年总频次	2020年
4	全套管钻孔桩成套技术及其在复杂地层环境中的应用	高志强	长江工程职业技术学院学报	2018	77	74
5	关于海绵城市建设理念、技术和政策问题的思考	鞠茂森	水利发展研究	2015	62	3
6	对河长制管理制度问题的思考	姜斌	中国水利	2016	61	7
7	国外雨水管理对我国海绵城市建设的启示	廖朝轩	水资源保护	2016	61	5
8	设计洪水计算方法研究进展与评价	郭生练	水利学报	2016	57	4
9	海绵城市建设研究进展与若干问题探讨	崔广柏	水资源保护	2016	53	2
10	喀左县水资源开发利用分析	高宏	水利规划与设计	2015	49	1

45.3　研究主题关联分析

在水利工程领域，818篇高被引论文共被引用了11401次。通过分析施引文献关键词的词频及关键词之间的共现关系，获得水利工程领域的热点主题和主题关联，如图45-1所示。由图可知："水资源""城市雨水资源化""河长制""数值模拟"等关键词的文档词频较高，是水利工程领域的研究热点；本领域主要形成5个研究主题簇，分别以"水资源""水资源承载力"为核心；以"城市雨水资源化""SWMM模型"为核心；以"水利工程""河道整治"为核心；以"气候变化""时空变化"为核心；以"水土保持""无人机"为核心。

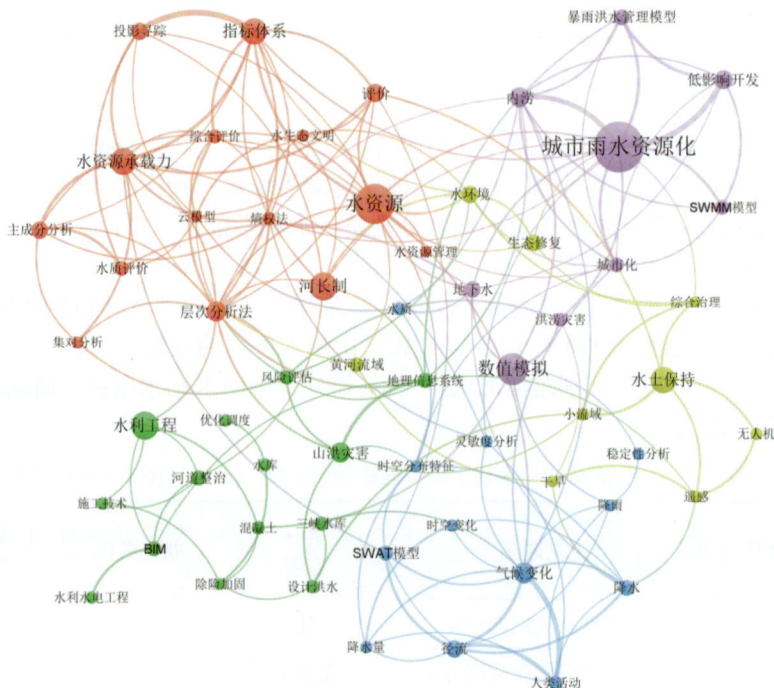

图45-1　水利工程领域热点论文主题关联

45.4　高影响力期刊分析

在水利工程领域，5 年影响因子 Top 10 期刊见表 45-3，总被引频次最高的期刊是《水利规划与设计》（6449 次），5 年影响因子最高的期刊是《水利学报》。

表 45-3　水利工程领域高被引期刊基本指标（按 5 年影响因子排序）

序号	期刊名称	5 年载文量/篇	5 年总被引频次/次	5 年影响因子	高被引论文数量/篇	h 指数
1	水利学报	825	4299	1.019	111	22
2	水科学进展	491	2542	0.902	58	19
3	水资源保护	619	2353	0.677	46	15
4	水利规划与设计	2568	6449	0.625	96	17
5	水利技术监督	1576	3127	0.570	48	16
6	人民珠江	1268	1997	0.531	18	9
7	水力发电学报	910	2658	0.478	36	15
8	水利水电科技进展	495	1486	0.477	25	13
9	中国水利水电科学研究院学报	360	578	0.458	6	8
10	中国防汛抗旱	899	1083	0.439	13	10

45.5　高被引作者分析

2015—2019 年水利工程领域论文总被引频次 Top 10 的作者见表 45-4。其中，发文总被引频次居前 3 位的作者分别是郑州大学的左其亭（320 次）、文山州水务局的崔东文（310 次）和南京水利科学研究院的张建云（218 次）。5 年发文量居前 3 位的作者分别是文山州水务局的崔东文（44 篇）、郑州大学的左其亭（32 篇）和河北省沧州水文水资源勘测局的哈建强（31 篇）。

表 45-4　水利工程领域高被引作者 Top 10（按 5 年总被引频次排序）

序号	作者	作者单位	发文量/篇	5 年总被引频次/次	篇均被引频次/次	被引率/%	h 指数
1	左其亭	郑州大学	32	320	10.00	87.5	12
2	崔东文	文山州水务局	44	310	7.05	90.9	11
3	张建云	南京水利科学研究院	8	218	27.25	100.0	5
4	金菊良	合肥工业大学	21	178	8.48	95.2	8
5	夏军	武汉大学	11	176	16.00	90.9	6
6	王浩	中国水利水电科学研究院	13	171	13.15	100.0	8
7	黄国如	华南理工大学	19	148	7.79	89.5	7
8	钟登华	天津大学	20	127	6.35	100.0	6

序号	作者	作者单位	发文量/篇	5年总被引频次/次	篇均被引频次/次	被引率/%	h指数
9	徐宗学	北京师范大学	13	115	8.85	100.0	7
10	王建华	中国水利水电科学研究院	11	99	9.00	100.0	5

45.6 高被引机构分析

水利工程领域总被引频次 Top 20 高等院校和总被引频次 Top 10 科研院所的发文和被引情况分别见表 45-5 和表 45-6。

表 45-5　水利工程领域高被引高等院校 Top 20（按 5 年总被引频次排序）

序号	第一作者单位	发文量/篇	5年总被引频次/次	篇均被引频次/次	序号	第一作者单位	发文量/篇	5年总被引频次/次	篇均被引频次/次
1	河海大学	2786	6057	2.17	11	郑州大学	228	754	3.31
2	武汉大学	665	1605	2.41	12	成都理工大学	395	580	1.47
3	西安理工大学	562	1423	2.53	13	北京师范大学	157	544	3.46
4	三峡大学	1004	1370	1.36	14	新疆农业大学	294	506	1.72
5	华北水利水电大学	638	1140	1.79	15	长安大学	226	470	2.08
6	天津大学	465	995	2.14	16	合肥工业大学	153	393	2.57
7	西北农林科技大学	332	814	2.45	17	太原理工大学	293	377	1.29
8	大连理工大学	419	791	1.89	18	中国地质大学（武汉）	162	318	1.96
9	清华大学	251	782	3.12	19	长沙理工大学	168	312	1.86
10	四川大学	518	764	1.47	20	上海交通大学	194	287	1.48

表 45-6　水利工程领域高被引科研院所 Top 10（按 5 年总被引频次排序）

序号	第一作者单位	发文量/篇	5年总被引频次/次	篇均被引频次/次	序号	第一作者单位	发文量/篇	5年总被引频次/次	篇均被引频次/次
1	中国水利水电科学研究院	1004	2727	2.72	5	水利部发展研究中心	305	710	2.33
2	南京水利科学研究院	542	1162	2.14	6	新疆水利水电勘测设计研究院	824	674	0.82
3	长江水利委员会长江科学院	492	898	1.83	7	辽宁省沈阳市水文局	321	447	1.39
4	水电水利规划设计总院	278	712	2.56	8	广东省水利水电科学研究院	392	434	1.11

序号	第一作者单位	发文量/篇	5年总被引频次/次	篇均被引频次/次	序号	第一作者单位	发文量/篇	5年总被引频次/次	篇均被引频次/次
9	黄河水利科学研究院	222	424	1.91	10	广东省水利电力规划勘测设计研究院	474	327	0.69

45.7　高被引国外期刊

水利工程领域 2020 年被引频次 Top 10 的国外期刊见表 45-7，排名居前 3 位的国外期刊分别是 *Journal of Hydrology*、*Science of the Total Environment* 和 *Water*。

表 45-7　水利工程领域高被引国外期刊 Top 10（按 2020 年被引频次排序）

序号	期刊名称	2020 年被引频次/次
1	Journal of Hydrology	307
2	Science of the Total Environment	207
3	Water	146
4	Water Resources Research	124
5	Physics of Fluids	96
6	Water Resources Management	72
7	Journal of Fluid Mechanics	72
8	Engineering Geology	68
9	Agricultural Water Management	63
10	Ocean Engineering	62

第 46 章　交通运输领域高被引分析

46.1　领域论文概况

2015—2019 年，交通运输领域的 173 种期刊上共发表学术论文 187859 篇，由来自 21001 所机构的 133264 位学者作为第一作者发表。上述论文中，有 77990 篇获得过引用，整体被引率为 41.5%，总被引频次为 184689 次，篇均被引 0.98 次；其中，高被引论文有 1891 篇，高被引论文篇均被引 12.43 次（表 46-1）。另外，2020 年本领域共发表论文 44170 篇，其中有 2614 篇在当年获得过引用，总共被引 3170 次。

表 46-1　交通运输领域论文分布情况

年份	论文数量/篇	总被引频次/次	被引率/%	高被引论文数量/篇	高被引论文被引频次/次
2015	36603	56453	52.7	364	7310
2016	35013	47937	51.2	321	5411
2017	37221	40689	46.2	426	5713
2018	39462	25671	36.1	381	3016
2019	39560	13939	23.7	399	2064
合计	187859	184689	41.5	1891	23514

46.2　高被引论文分析

在交通运输领域，2015—2019 年发表的总被引频次 Top 10 论文（表 46-2）的平均被引频次为 92.2 次，是全部 1891 篇高被引论文篇均被引频次的 7.42 倍。从论文分布来看，刊载高被引论文数量居前 3 位的期刊分别是《中国公路学报》（143 篇）、《桥梁建设》（138 篇）和《隧道建设（中英文）》（99 篇），其中，《隧道建设（中英文）》刊载了高被引论文 Top 10 中的 2 篇；发表高被引论文数量居前 3 位的学者分别是中交第一公路勘察设计研究院有限公司的王宏（6 篇）、上海汽车集团股份有限公司的伍赛特（6 篇）和中铁第四勘察设计院集团有限公司的肖明清（5 篇）；产出高被引论文数量居前 3 位的机构分别是西南交通大学（95 篇）、长安大学（76 篇）和北京交通大学（74 篇）。

表 46-2　交通运输领域高被引论文 Top 10（按 5 年总被引频次排序）

序号	论文题名	第一作者	期刊名称	发表年份	被引频次/次	
					5 年总频次	2020 年
1	我国隧道及地下工程发展现状与展望	洪开荣	隧道建设（中英文）	2015	155	24
2	参数优化变分模态分解方法在滚动轴承早期故障诊断中的应用	唐贵基	西安交通大学学报	2015	135	15
3	盾构法修建地铁隧道的技术现状与展望	何川	西南交通大学学报	2015	115	23

续表

序号	论文题名	第一作者	期刊名称	发表年份	被引频次/次	
					5年总频次	2020 年
4	智能网联汽车（ICV）技术的发展现状及趋势	李克强	汽车安全与节能学报	2017	80	21
5	BIM 技术在地铁车站结构设计中的应用研究	李坤	铁道工程学报	2015	77	5
6	正交异性钢桥面板疲劳问题的研究进展	张清华	中国公路学报	2017	76	18
7	BIM 技术在桥梁工程设计阶段的应用研究	刘智敏	北京交通大学学报	2015	75	15
8	大数据及其在城市智能交通系统中的应用综述	陆化普	交通运输系统工程与信息	2015	75	5
9	我国隧道及地下工程近两年的发展与展望	洪开荣	隧道建设（中英文）	2017	74	12
10	沪通长江大桥总体设计	高宗余	桥梁建设	2015	60	13

46.3　研究主题关联分析

在交通运输领域，1891 篇高被引论文共被引用了 23514 次。通过分析施引文献关键词的词频及关键词之间的共现关系，获得交通运输领域的热点主题和主题关联，如图 46-1 所示。由图可知："施工技术""桥梁施工""道路工程""斜拉桥"等关键词的文档词频较高，是交通运输领域的研究热点；本领域主要形成 4 个研究主题簇，分别以"城市轨道交通""BIM"为核心；以"BIM技术""高速公路"为核心；以"道路工程""施工技术"为核心；以"桥梁施工""斜拉桥"为核心。

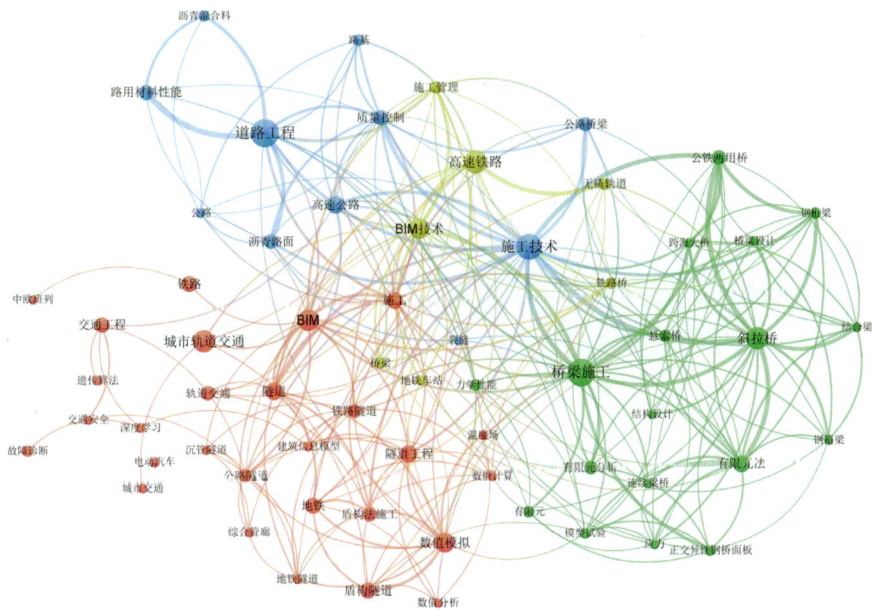

图 46-1　交通运输领域热点论文主题关联

46.4　高影响力期刊分析

在交通运输领域，5 年影响因子 Top 10 期刊见表 46-3，总被引频次最高的期刊是《中国公路学报》（5180 次），5 年影响因子最高的期刊是《桥梁建设》。

表 46-3　交通运输领域高被引期刊基本指标（按 5 年影响因子排序）

序号	期刊名称	5 年载文量/篇	5 年总被引频次/次	5 年影响因子	高被引论文数量/篇	h 指数
1	桥梁建设	643	3549	1.353	138	19
2	中国公路学报	1224	5180	1.101	143	20
3	隧道建设（中英文）	1461	4277	0.790	99	18
4	世界桥梁	532	1517	0.761	28	11
5	公路工程	1754	4430	0.737	79	15
6	现代隧道技术	1101	2856	0.688	59	15
7	交通运输工程学报	497	1375	0.638	21	12
8	中国铁道科学	574	1818	0.631	35	15
9	铁道工程学报	1183	2901	0.625	35	14
10	铁道学报	1122	3096	0.621	55	14

46.5　高被引作者分析

2015—2019 年交通运输领域论文总被引频次 Top 10 的作者见表 46-4。其中，发文总被引频次居前 3 位的作者分别是中铁隧道集团有限公司的洪开荣（229 次）、中交第一公路勘察设计研究院有限公司的王宏（177 次）和西南交通大学的何川（142 次）。5 年发文量居前 3 位的作者分别是西南交通大学的王志杰（39 篇）、长安大学的冯忠居（32 篇）和长沙理工大学的周志刚（25 篇）。

表 46-4　交通运输领域高被引作者 Top 10（按 5 年总被引频次排序）

序号	作者	作者单位	发文量/篇	5 年总被引频次/次	篇均被引频次/次	被引率/%	h 指数
1	洪开荣	中铁隧道集团有限公司	2	229	114.50	100.0	2
2	王宏	中交第一公路勘察设计研究院有限公司	10	177	17.70	90.0	7
3	何川	西南交通大学	5	142	28.40	100.0	3
4	张清华	西南交通大学	15	139	9.27	100.0	5
5	唐贵基	华北电力大学	1	135	135.00	100.0	1
6	王同军	中国铁路总公司	6	126	21.00	100.0	5
7	赖金星	长安大学	13	108	8.31	100.0	7

续表

序号	作者	作者单位	发文量/篇	5年总被引频次/次	篇均被引频次/次	被引率/%	h指数
8	李国良	中铁第一勘察设计院集团有限公司	10	102	10.20	100.0	6
9	陆化普	清华大学	6	88	14.67	100.0	3
10	王志杰	西南交通大学	39	82	2.10	66.7	6

46.6 高被引机构分析

交通运输领域总被引频次 Top 20 高等院校和总被引频次 Top 10 科研院所的发文和被引情况分别见表 46-5 和表 46-6。

表 46-5 交通运输领域高被引高等院校 Top 20（按 5 年总被引频次排序）

序号	第一作者单位	发文量/篇	5年总被引频次/次	篇均被引频次/次	序号	第一作者单位	发文量/篇	5年总被引频次/次	篇均被引频次/次
1	西南交通大学	3547	7735	2.18	11	大连海事大学	1319	1649	1.25
2	长安大学	2340	4781	2.04	12	上海交通大学	1268	1498	1.18
3	北京交通大学	1854	4388	2.37	13	哈尔滨工程大学	869	1286	1.48
4	同济大学	1810	3287	1.82	14	湖南大学	523	1112	2.13
5	武汉理工大学	1888	2687	1.42	15	东南大学	729	1061	1.46
6	兰州交通大学	1654	2665	1.61	16	华东交通大学	580	1020	1.76
7	重庆交通大学	1376	2140	1.56	17	中国人民解放军海军工程大学	1072	967	0.90
8	西安交通大学	805	2037	2.53	18	上海海事大学	857	958	1.12
9	中南大学	871	1804	2.07	19	清华大学	266	852	3.20
10	长沙理工大学	1097	1706	1.56	20	吉林大学	413	801	1.94

表 46-6 交通运输领域高被引科研院所 Top 10（按 5 年总被引频次排序）

序号	第一作者单位	发文量/篇	5年总被引频次/次	篇均被引频次/次	序号	第一作者单位	发文量/篇	5年总被引频次/次	篇均被引频次/次
1	山西省交通科学研究院	731	643	0.88	4	中国船舶科学研究中心	379	377	0.99
2	中国舰船研究设计中心	426	462	1.08	5	中国铁道科学研究院铁道建筑研究所	89	361	4.06
3	交通运输部公路科学研究院	235	406	1.73	6	交通运输部天津水运工程科学研究院	312	282	0.90

续表

序号	第一作者单位	发文量/篇	5年总被引频次/次	篇均被引频次/次	序号	第一作者单位	发文量/篇	5年总被引频次/次	篇均被引频次/次
7	中国船舶及海洋工程设计研究院	402	279	0.69	9	华晨汽车工程研究院	353	261	0.74
8	交通运输部科学研究院	321	274	0.85	10	交通运输部水运科学研究院	319	261	0.82

46.7　高被引国外期刊

交通运输领域 2020 年被引频次 Top 10 的国外期刊见表 46-7，排名居前 3 位的国外期刊分别是 *Construction and Building Materials*、*IEEE transactions on Intelligent Transportation Systems* 和 *Ocean Engineering*。

表 46-7　交通运输领域高被引国外期刊 Top 10（按 2020 年被引频次排序）

序号	期刊名称	2020 年被引频次/次
1	Construction and Building Materials	615
2	IEEE Transactions on Intelligent Transportation Systems	224
3	Ocean Engineering	210
4	Transportation Research Part C: Emerging Technologies	201
5	Tunnelling and Underground Space Technology	167
6	IEEE Transactions on Industrial Electronics	157
7	Applied Thermal Engineering	154
8	IEEE Access	148
9	Transportation Research Record	138
10	Engineering structures	135

第 47 章　航空航天领域高被引分析

47.1　领域论文概况

2015—2019 年，航空航天领域的 72 种期刊上共发表学术论文 47857 篇，由来自 3622 所机构的 35165 位学者作为第一作者发表。上述论文中，有 22855 篇获得过引用，整体被引率为 47.8%，总被引频次为 56707 次，篇均被引 1.18 次；其中，高被引论文有 421 篇，高被引论文篇均被引 13.50 次（表 47-1）。另外，2020 年本领域共发表论文 9140 篇，其中有 547 篇在当年获得过引用，总共被引 647 次。

表 47-1　航空航天领域论文分布情况

年份	论文数量/篇	总被引频次/次	被引率/%	高被引论文数量/篇	高被引论文被引频次/次
2015	10240	20002	62.9	92	1893
2016	9713	16047	59.4	93	1684
2017	9613	11606	53.1	89	1108
2018	9374	6143	37.3	84	681
2019	8917	2909	22.9	63	317
合计	47857	56707	47.8	421	5683

47.2　高被引论文分析

在航空航天领域，2015—2019 年发表的总被引频次 Top 10 论文（表 47-2）的平均被引频次为 59.3 次，是全部 421 篇高被引论文篇均被引频次的 4.39 倍。从论文分布来看，刊载高被引论文数量居前 3 位的期刊分别是《航空学报》（70 篇）、《北京航空航天大学学报》（29 篇）和《宇航学报》（25 篇），其中，《航空学报》刊载了高被引论文 Top 10 中的 3 篇；发表高被引论文数量居前 3 位的学者分别是中国空空导弹研究院的樊会涛（4 篇）、北京海鹰科学技术情报研究所的李磊（3 篇）和中国飞行试验研究院的雷晓波（2 篇）；产出高被引论文数量居前 3 位的机构分别是北京航空航天大学（40 篇）、南京航空航天大学（28 篇）和西北工业大学（19 篇）。

表 47-2　航空航天领域高被引论文 Top 10（按 5 年总被引频次排序）

序号	论文题名	第一作者	期刊名称	发表年份	被引频次/次	
					5 年总频次	2020 年
1	灰色系统研究进展（2004—2014）	刘思峰	南京航空航天大学学报	2015	79	11
2	3D 打印材料应用和研究现状	王延庆	航空材料学报	2016	70	9
3	Kriging 模型及代理优化算法研究进展	韩忠华	航空学报	2016	69	15

序号	论文题名	第一作者	期刊名称	发表年份	被引频次/次	
					5年总频次	2020年
4	等离子体流动控制研究进展与展望	吴云	航空学报	2015	69	10
5	激光增材制造技术的研究现状及发展趋势	杨强	航空制造技术	2016	60	9
6	基于LSTM循环神经网络的故障时间序列预测	王鑫	北京航空航天大学学报	2018	56	23
7	镁合金在航空航天领域研究应用现状与展望	吴国华	载人航天	2016	55	6
8	"嫦娥4号"月球背面软着陆任务设计	吴伟仁	深空探测学报	2017	46	6
9	基于EMD熵特征融合的滚动轴承故障诊断方法	向丹	航空动力学报	2015	45	3
10	飞行器结构用复合材料制造技术与工艺理论进展	顾轶卓	航空学报	2015	44	3

47.3 研究主题关联分析

在航空航天领域，421篇高被引论文共被引用了5683次。通过分析施引文献关键词的词频及关键词之间的共现关系，获得航空航天领域的热点主题和主题关联，如图47-1所示。由图可知："高超音速飞行器""无人机""三维打印""故障诊断"等关键词的文档词频较高，是航空航天领域的研究热点；本领域主要形成5个研究主题簇，分别以"高超音速飞行器""临近空间"为核心；以"故障诊断""深度学习"为核心；以"无人机""人工智能"为核心；以"数值模拟""气动特性"为核心；以"三维打印""力学性能"为核心。

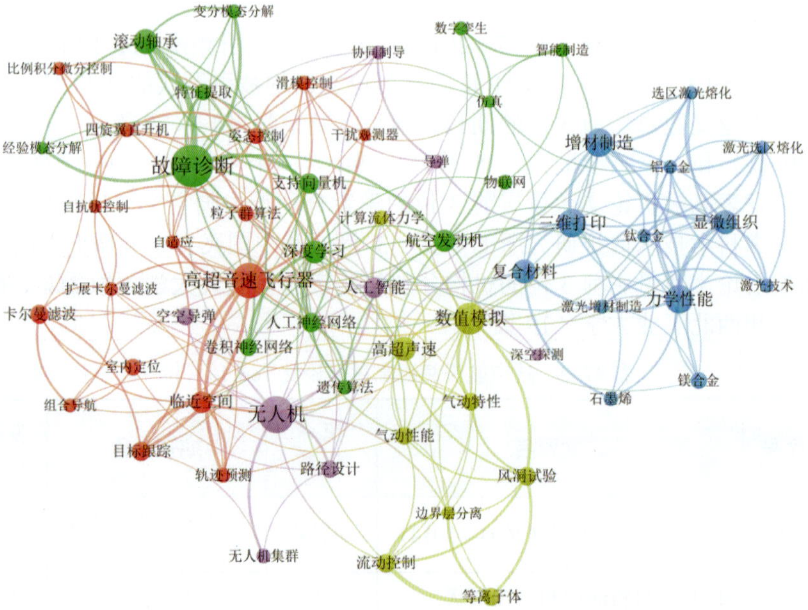

图47-1 航空航天领域热点论文主题关联

47.4 高影响力期刊分析

在航空航天领域，5年影响因子 Top 10 期刊见表 47-3，总被引频次最高的期刊是《航空学报》（4806 次），5年影响因子最高的期刊是《航空材料学报》。

表 47-3 航空航天领域高被引期刊基本指标（按 5 年影响因子排序）

序号	期刊名称	5年载文量/篇	5年总被引频次/次	5年影响因子	高被引论文数量/篇	h 指数
1	航空材料学报	411	1151	0.518	18	12
2	中国惯性技术学报	707	1794	0.482	24	12
3	宇航学报	888	2269	0.458	25	13
4	航空学报	1722	4806	0.430	70	18
5	中国航空学报（英文版）	946	1843	0.394	20	12
6	振动、测试与诊断	897	1715	0.381	23	12
7	航空兵器	444	605	0.374	10	7
8	深空探测学报	340	479	0.368	7	8
9	北京航空航天大学学报	1593	2960	0.354	29	13
10	航天返回与遥感	394	649	0.350	9	11

47.5 高被引作者分析

2015—2019 年航空航天领域论文总被引频次 Top 10 的作者见表 47-4。其中，发文总被引频次居前 3 位的作者分别是南京航空航天大学的刘思峰（86 次）、西北工业大学的韩忠华（76 次）和中国空空导弹研究院的樊会涛（72 次）。5 年发文量居前 3 位的作者分别是中国民航大学的王莉莉（18 篇）、北京航空航天大学的刘友宏（18 篇）和沈阳航空航天大学的王尔申（17 篇）。

表 47-4 航空航天领域高被引作者 Top 10（按 5 年总被引频次排序）

序号	作者	作者单位	发文量/篇	5年总被引频次/次	篇均被引频次/次	被引率/%	h 指数
1	刘思峰	南京航空航天大学	3	86	28.67	100.0	2
2	韩忠华	西北工业大学	4	76	19.00	75.0	3
3	樊会涛	中国空空导弹研究院	8	72	9.00	87.5	4
4	王延庆	中国矿业大学	1	70	70.00	100.0	1
5	王鑫	北京航空航天大学	5	69	13.80	100.0	3
6	吴云	空军工程大学	1	69	69.00	100.0	1
7	杨强	西安交通大学	1	60	60.00	100.0	1

序号	作者	作者单位	发文量/篇	5年总被引频次/次	篇均被引频次/次	被引率/%	h 指数
8	周绍磊	中国人民解放军海军航空工程学院	9	59	6.56	100.0	5
9	吴国华	上海交通大学	1	55	55.00	100.0	1
10	吴伟仁	国家探月与航天工程中心	2	53	26.50	100.0	2

47.6　高被引机构分析

　　航空航天领域总被引频次 Top 20 高等院校和总被引频次 Top 10 科研院所的发文和被引情况分别见表 47-5 和表 47-6。

表 47-5　航空航天领域高被引高等院校 Top 20（按 5 年总被引频次排序）

序号	第一作者单位	发文量/篇	5年总被引频次/次	篇均被引频次/次	序号	第一作者单位	发文量/篇	5年总被引频次/次	篇均被引频次/次
1	北京航空航天大学	2629	4681	1.78	11	沈阳航空航天大学	593	665	1.12
2	南京航空航天大学	2669	3955	1.48	12	中国人民解放军军械工程学院	246	467	1.90
3	西北工业大学	1689	3073	1.82	13	西安交通大学	198	449	2.27
4	空军工程大学	920	1572	1.71	14	上海交通大学	261	397	1.52
5	哈尔滨工业大学	589	1064	1.81	15	清华大学	204	365	1.79
6	中国民航大学	874	962	1.10	16	东南大学	166	319	1.92
7	中国人民解放军海军航空工程学院	474	906	1.91	17	大连理工大学	184	299	1.63
8	北京理工大学	442	785	1.78	18	北华航天工业学院	495	296	0.60
9	国防科技大学	566	763	1.35	19	天津大学	164	290	1.77
10	南京理工大学	587	743	1.27	20	中国人民解放军装备学院	149	276	1.85

表 47-6　航空航天领域高被引科研院所 Top 10（按 5 年总被引频次排序）

序号	第一作者单位	发文量/篇	5年总被引频次/次	篇均被引频次/次	序号	第一作者单位	发文量/篇	5年总被引频次/次	篇均被引频次/次
1	中国空气动力研究与发展中心	599	1181	1.97	3	中国空空导弹研究院	391	542	1.39
2	北京空间飞行器总体设计部	487	716	1.47	4	中国航发北京航空材料研究院	178	485	2.72

续表

序号	第一作者单位	发文量/篇	5年总被引频次/次	篇均被引频次/次	序号	第一作者单位	发文量/篇	5年总被引频次/次	篇均被引频次/次
5	中国空间技术研究院	405	476	1.18	8	中国运载火箭技术研究院	500	375	0.75
6	北京控制工程研究所	393	453	1.15	9	北京海鹰科学技术情报研究所	138	365	2.64
7	中航工业第一飞机设计研究院	366	390	1.07	10	中国空间技术研究院西安分院	365	360	0.99

47.7　高被引国外期刊

航空航天领域 2020 年被引频次 Top 10 的国外期刊见表 47-7，排名居前 3 位的国外期刊分别是 *Aerospace Science and Technology*、*AIAA Journal* 和 *Acta Astronautica*。

表 47-7　航空航天领域高被引国外期刊 Top 10（按 2020 年被引频次排序）

序号	期刊名称	2020 年被引频次/次
1	Aerospace Science and Technology	448
2	AIAA Journal	238
3	Acta Astronautica	197
4	IEEE Access	188
5	The International Journal of Advanced Manufacturing Technology	188
6	Journal of Fluid Mechanics	178
7	IEEE Transactions on Industrial Electronics	167
8	Mechanical Systems and Signal Processing	161
9	Physics of Fluids	121
10	Journal of Guidance, Control, and Dynamics	113

第 48 章　环境科学、安全科学领域高被引分析

48.1　领域论文概况

2015—2019 年，环境科学、安全科学领域的 96 种期刊上共发表学术论文 110673 篇，由来自 18959 所机构的 82118 位学者作为第一作者发表。上述论文中，有 60689 篇获得过引用，整体被引率为 54.8%，总被引频次为 218565 次，篇均被引 1.97 次；其中，高被引论文有 1089 篇，高被引论文篇均被引 24.47 次（表 48-1）。另外，2020 年本领域共发表论文 23540 篇，其中有 2387 篇在当年获得过引用，总共被引 3193 次。

表 48-1　环境科学、安全科学领域论文分布情况

年份	论文数量/篇	总被引频次/次	被引率/%	高被引论文数量/篇	高被引论文被引频次/次
2015	21394	73431	67.2	213	9696
2016	21435	58226	64.7	223	7015
2017	22221	45528	60.2	234	5361
2018	22937	27798	49.7	218	2985
2019	22686	13582	33.7	201	1590
合计	110673	218565	54.8	1089	26647

48.2　高被引论文分析

在环境科学、安全科学领域，2015—2019 年发表的总被引频次 Top 10 论文（表 48-2）的平均被引频次为 141.3 次，是全部 1089 篇高被引论文篇均被引频次的 5.77 倍。从论文分布来看，刊载高被引论文数量居前 3 位的期刊分别是《中国人口·资源与环境》（186 篇）、《环境科学》（171 篇）和《中国环境科学》（103 篇），其中，《中国人口·资源与环境》刊载了高被引论文 Top 10 中的 4 篇；发表高被引论文数量居前 3 位的学者分别是中国科学院地理科学与资源研究所的封志明（5 篇）、兰州交通大学的马锋锋（4 篇）和北京市环境保护监测中心的程念亮（4 篇）；产出高被引论文数量居前 3 位的机构分别是中国科学院地理科学与资源研究所（51 篇）、西北农林科技大学（32 篇）和中国环境科学研究院（24 篇）。

表 48-2　环境科学、安全科学领域高被引论文 Top 10（按 5 年总被引频次排序）

序号	论文题名	第一作者	期刊名称	发表年份	被引频次/次 5 年总频次	被引频次/次 2020 年
1	基于单位面积价值当量因子的生态系统服务价值化方法改进	谢高地	自然资源学报	2015	385	78
2	中国生态系统服务的价值	谢高地	资源科学	2015	196	42
3	山东省典型工业城市土壤重金属来源、空间分布及潜在生态风险评价	戴彬	环境科学	2015	123	12

续表

序号	论文题名	第一作者	期刊名称	发表年份	被引频次/次	
					5年总频次	2020年
4	开封城市土壤重金属污染及潜在生态风险评价	李一蒙	环境科学	2015	119	9
5	中国自然资源资产负债表框架体系研究——以 SEEA2012、SNA2008和国家资产负债表为基础的一种思路	胡文龙	中国人口·资源与环境	2015	112	4
6	基于熵权 TOPSIS 模型的区域资源环境承载力评价实证研究	雷勋平	环境科学学报	2016	100	16
7	产业集聚能否改善中国环境污染	杨仁发	中国人口·资源与环境	2015	95	10
8	能源结构调整与雾霾治理的最优政策选择	魏巍贤	中国人口·资源与环境	2015	95	8
9	百年来的资源环境承载力研究：从理论到实践	封志明	资源科学	2017	94	24
10	环境规制能否倒逼产业结构调整——基于中国省际面板数据的实证检验	钟茂初	中国人口·资源与环境	2015	94	17

48.3 研究主题关联分析

在环境科学、安全科学领域，1089篇高被引论文共被引用了26647次。通过分析施引文献关键词的词频及关键词之间的共现关系，获得环境科学、安全科学领域的热点主题和主题关联，如图48-1所示。由图可知："PM2.5""重金属""土壤""生物活性炭"等关键词的文档词频较高，是环境科学、安全科学领域的研究热点；本领域主要形成5个研究主题簇，分别以"生态补偿""可持续发展"为核心；以"长江经济带""环境规制"为核心；以"土地利用""生态系统服务价值"为核心；以"重金属""土壤"为核心；以"PM2.5""臭氧"为核心。

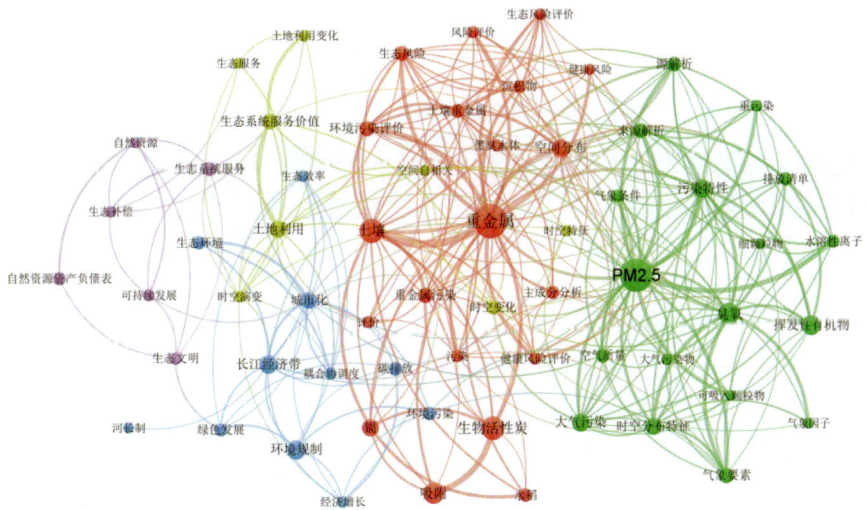

图 48-1 环境科学、安全科学领域热点论文主题关联

48.4　高影响力期刊分析

在环境科学、安全科学领域，5 年影响因子 Top 10 期刊见表 48-3，总被引频次最高的期刊是《环境科学》（17112 次），5 年影响因子最高的期刊是《自然资源学报》。

表 48-3　环境科学、安全科学领域高被引期刊基本指标（按 5 年影响因子排序）

序号	期刊名称	5 年载文量/篇	5 年总被引频次/次	5 年影响因子	高被引论文数量/篇	h 指数
1	自然资源学报	931	7111	1.882	88	28
2	中国人口·资源与环境	1236	11809	1.727	186	37
3	资源科学	1096	8527	1.389	100	32
4	环境经济研究	134	336	1.142	2	7
5	长江流域资源与环境	1321	5647	1.008	42	21
6	环境科学	3139	17112	0.888	171	34
7	生态与农村环境学报	810	2896	0.828	15	17
8	中国环境科学	2717	12896	0.805	103	31
9	农业环境科学学报	1639	6951	0.782	42	23
10	干旱区资源与环境	1986	8196	0.781	41	21

48.5　高被引作者分析

2015—2019 年环境科学、安全科学领域论文总被引频次 Top 10 的作者见表 48-4。其中，发文总被引频次居前 3 位的作者分别是中国科学院地理科学与资源研究所的谢高地（621 次）、北京理工大学的李生才（372 次）和北京市环境保护监测中心的程念亮（305 次）。5 年发文量居前 3 位的作者分别是北京理工大学的李生才（60 篇）、扬州工业职业技术学院的戴晓锋（41 篇）和中国矿业大学（北京）的佟瑞鹏（32 篇）。

表 48-4　环境科学、安全科学领域高被引作者 Top 10（按 5 年总被引频次排序）

序号	作者	作者单位	发文量/篇	5 年总被引频次/次	篇均被引频次/次	被引率/%	h 指数
1	谢高地	中国科学院地理科学与资源研究所	6	621	103.50	83.3	5
2	李生才	北京理工大学	60	372	6.20	96.7	10
3	程念亮	北京市环境保护监测中心	15	305	20.33	93.3	10
4	封志明	中国科学院地理科学与资源研究所	5	255	51.00	100.0	5
5	王金南	环境保护部环境规划院	23	235	10.22	100.0	8
6	王占山	北京市环境保护监测中心	17	193	11.35	88.2	8

续表

序号	作者	作者单位	发文量/篇	5年总被引频次/次	篇均被引频次/次	被引率/%	h指数
7	高吉喜	环境保护部南京环境科学研究所	16	170	10.63	100.0	8
8	马锋锋	兰州交通大学	6	153	25.50	100.0	5
9	张荣天	安徽师范大学	4	136	34.00	100.0	3
10	周西华	辽宁工程技术大学	18	125	6.94	88.9	6

48.6　高被引机构分析

环境科学、安全科学领域总被引频次 Top 20 高等院校和总被引频次 Top 10 科研院所的发文和被引情况分别见表 48-5 和表 48-6。

表 48-5　环境科学、安全科学领域高被引高等院校 Top 20（按 5 年总被引频次排序）

序号	第一作者单位	发文量/篇	5年总被引频次/次	篇均被引频次/次	序号	第一作者单位	发文量/篇	5年总被引频次/次	篇均被引频次/次
1	西北农林科技大学	482	2484	5.15	11	同济大学	668	1831	2.74
2	西安建筑科技大学	937	2389	2.55	12	南京大学	515	1790	3.48
3	辽宁工程技术大学	776	2324	2.99	13	北京师范大学	494	1780	3.60
4	南京信息工程大学	512	2304	4.50	14	重庆大学	533	1662	3.12
5	北京工业大学	611	2114	3.46	15	中南大学	504	1537	3.05
6	南京农业大学	405	2075	5.12	16	武汉大学	351	1464	4.17
7	清华大学	669	2024	3.03	17	河海大学	569	1447	2.54
8	西南大学	420	2003	4.77	18	中国海洋大学	467	1323	2.83
9	华中农业大学	317	1944	6.13	19	南开大学	386	1299	3.37
10	中国地质大学（武汉）	559	1834	3.28	20	华南理工大学	428	1287	3.01

表 48-6　环境科学、安全科学领域高被引科研院所 Top 10（按 5 年总被引频次排序）

序号	第一作者单位	发文量/篇	5年总被引频次/次	篇均被引频次/次	序号	第一作者单位	发文量/篇	5年总被引频次/次	篇均被引频次/次
1	中国科学院地理科学与资源研究所	472	4077	8.64	2	中国环境科学研究院	880	3200	3.64

序号	第一作者单位	发文量/篇	5年总被引频次/次	篇均被引频次/次	序号	第一作者单位	发文量/篇	5年总被引频次/次	篇均被引频次/次
3	环境保护部环境规划院	397	2047	5.16	7	北京市环境保护监测中心	115	1047	9.10
4	中国科学院生态环境研究中心	456	1588	3.48	8	中国科学院南京地理与湖泊研究所	154	635	4.12
5	中国环境监测总站	242	1427	5.90	9	北京市环境保护科学研究院	108	572	5.30
6	环境保护部南京环境科学研究所	197	1055	5.36	10	环境保护部华南环境科学研究所	127	490	3.86

48.7　高被引国外期刊

环境科学、安全科学领域 2020 年被引频次 Top 10 的国外期刊见表 48-7，排名居前 3 位的国外期刊分别是 *Science of the Total Environment*、*Chemical Engineering Journal* 和 *Bioresource Technology*。

表 48-7　环境科学、安全科学领域高被引国外期刊 Top 10（按 2020 年被引频次排序）

序号	期刊名称	2020 年被引频次/次
1	Science of the Total Environment	3735
2	Chemical Engineering Journal	1634
3	Bioresource Technology	1227
4	Environmental Pollution	1194
5	Chemosphere	985
6	Journal of Hazardous Materials	865
7	Environmental Science & Technology	862
8	Environmental Science and Pollution Research	829
9	Journal of Environmental Management	756
10	Water Research	738

第49章 社会科学总论领域高被引分析

49.1 领域论文概况

2015—2019 年，社会科学总论领域的 866 种期刊上共发表学术论文 696970 篇，由来自 55584 所机构的 402225 位学者作为第一作者发表。上述论文中，有 247901 篇获得过引用，整体被引率为 35.6%，总被引频次为 667839 次，篇均被引 0.96 次；其中，高被引论文有 6887 篇，高被引论文篇均被引 19.52 次（表 49-1）。另外，2020 年本领域共发表论文 124258 篇，其中有 9569 篇在当年获得过引用，总共被引 14485 次。

表 49-1 社会科学总论领域论文分布情况

年份	论文数量/篇	总被引频次/次	被引率/%	高被引论文数量/篇	高被引论文被引频次/次
2015	159761	210171	41.2	1628	46564
2016	141699	179658	42.1	1452	36314
2017	140958	142888	38.6	1459	27098
2018	133255	91076	31.4	1290	16829
2019	121297	44046	21.5	1058	7634
合计	696970	667839	35.6	6887	134439

49.2 高被引论文分析

在社会科学总论领域，2015—2019 年发表的总被引频次 Top 10 论文（表 49-2）的平均被引频次为 314.3 次，是全部 6887 篇高被引论文篇均被引频次的 16.10 倍。从论文分布来看，刊载高被引论文数量居前 3 位的期刊分别是《中国社会科学》（202 篇）、《中国健康心理学杂志》（121 篇）和《思想理论教育导刊》（108 篇），其中，《贵州社会科学》刊载了高被引论文 Top 10 中的 3 篇；发表高被引论文数量居前 3 位的学者分别是中央民族大学的胡利明（17 篇）、武汉大学的贺雪峰（16 篇）和南京大学的刘志彪（14 篇）；产出高被引论文数量居前 3 位的机构分别是中国人民大学（391 篇）、中国社会科学院（228 篇）和武汉大学（199 篇）。

表 49-2 社会科学总论领域高被引论文 Top 10（按 5 年总被引频次排序）

序号	论文题名	第一作者	期刊名称	发表年份	被引频次/次 5 年总频次	被引频次/次 2020 年
1	论中国的精准扶贫	汪三贵	贵州社会科学	2015	590	34
2	供给侧结构性改革——适应和引领中国经济新常态	胡鞍钢	清华大学学报（哲学社会科学版）	2016	436	12
3	精准扶贫：内涵、实践困境及其原因阐释——基于宁夏银川两个村庄的调查	葛志军	贵州社会科学	2015	322	19

序号	论文题名	第一作者	期刊名称	发表年份	被引频次/次	
					5 年总频次	2020 年
4	精准扶贫：技术靶向、理论解析和现实挑战	左停	贵州社会科学	2015	321	16
5	工匠精神及其当代价值	肖群忠	湖南社会科学	2015	299	32
6	课程思政：有效发挥课堂育人主渠道作用的必然选择	高德毅	思想理论教育导刊	2017	265	96
7	工匠精神的历史传承与当代培育	李宏伟	自然辩证法研究	2015	264	20
8	总贸易核算法：官方贸易统计与全球价值链的度量	王直	中国社会科学	2015	227	28
9	课程思政的价值意蕴与生成路径	邱伟光	思想理论教育	2017	210	94
10	推进农地三权分置经营模式的立法研究	孙宪忠	中国社会科学	2016	209	16

49.3　研究主题关联分析

在社会科学总论领域，6887 篇高被引论文共被引用了 134439 次。通过分析施引文献关键词的词频及关键词之间的共现关系，获得社会科学总论领域的热点主题和主题关联，如图 49-1 所示。由图可知："精准扶贫""乡村振兴""大学生""新时代"等关键词的文档词频较高，是社会科学总论领域的研究热点；本领域主要形成 4 个研究主题簇，分别以"社会支持""心理健康"为核心；以"精准扶贫""乡村振兴"为核心；以"供给侧结构性改革""养老服务"为核心；以"新时代""一带一路"为核心。

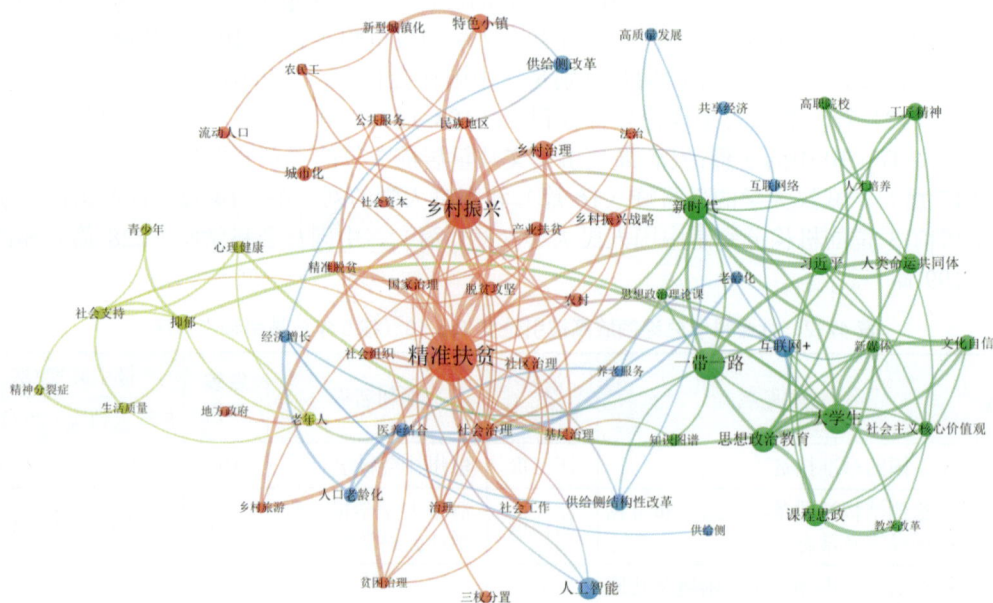

图 49-1　社会科学总论领域热点论文主题关联

49.4　高影响力期刊分析

在社会科学总论领域，5 年影响因子 Top 10 期刊见表 49-3，总被引频次最高的期刊是《才智》（13204 次），5 年影响因子最高的期刊是《中国社会科学》。

表 49-3　社会科学总论领域高被引期刊基本指标（按 5 年影响因子排序）

序号	期刊名称	5 年载文量/篇	5 年总被引频次/次	5 年影响因子	高被引论文数量/篇	h 指数
1	中国社会科学	547	7762	3.097	202	44
2	社会学研究	306	3378	2.206	102	28
3	人口研究	261	2607	1.728	67	22
4	政治学研究	326	2298	1.497	72	24
5	中国人口科学	316	2495	1.484	73	23
6	南京农业大学学报（社会科学版）	459	3550	1.462	98	23
7	社会	252	2128	1.413	60	23
8	人口学刊	299	2201	1.261	61	20
9	公共行政评论	278	1432	1.137	36	17
10	人口与经济	340	2109	1.109	58	18

49.5　高被引作者分析

2015—2019 年社会科学总论领域论文总被引频次 Top 10 的作者见表 49-4。其中，发文总被引频次居前 3 位的作者分别是中国人民大学的汪三贵（995 次）、清华大学的胡鞍钢（821 次）和中国农业大学的左停（524 次）。5 年发文量居前 3 位的作者分别是黑龙江大学的魏义霞（110 篇）、南京大学的张一兵（97 篇）和中国人民大学的张康之（95 篇）。

表 49-4　社会科学总论领域高被引作者 Top 10（按 5 年总被引频次排序）

序号	作者	作者单位	发文量/篇	5 年总被引频次/次	篇均被引频次/次	被引率/%	h 指数
1	汪三贵	中国人民大学	13	995	76.54	92.3	11
2	胡鞍钢	清华大学	68	821	12.07	86.8	11
3	左停	中国农业大学	27	524	19.41	92.6	9
4	胡利明	中央民族大学	62	453	7.31	59.7	14
5	贺雪峰	华中科技大学	30	441	14.70	96.7	13
6	杨菊华	中国人民大学	40	433	10.82	72.5	10
7	刘志彪	南京大学	43	411	9.56	74.4	12
8	莫光辉	广西大学	24	391	16.29	87.5	10

序号	作者	作者单位	发文量/篇	5年总被引频次/次	篇均被引频次/次	被引率/%	h指数
9	刘建军	中国人民大学	48	342	7.13	72.9	10
10	张江	中国社会科学院	17	340	20.00	94.1	9

49.6　高被引机构分析

社会科学总论领域总被引频次 Top 20 高等院校和总被引频次 Top 10 科研院所的发文和被引情况分别见表 49-5 和表 49-6。

表 49-5　社会科学总论领域高被引高等院校 Top 20（按 5 年总被引频次排序）

序号	第一作者单位	发文量/篇	5年总被引频次/次	篇均被引频次/次	序号	第一作者单位	发文量/篇	5年总被引频次/次	篇均被引频次/次
1	中国人民大学	9387	21801	2.32	11	中山大学	3968	6133	1.55
2	武汉大学	7876	12922	1.64	12	浙江大学	2917	5495	1.88
3	北京大学	6317	11767	1.86	13	山东大学	4339	5192	1.20
4	南京大学	5938	9638	1.62	14	华东师范大学	3869	5113	1.32
5	北京师范大学	4968	8896	1.79	15	四川大学	4032	5062	1.26
6	吉林大学	5300	8336	1.57	16	中南财经政法大学	2434	4416	1.81
7	华中师范大学	4317	7945	1.84	17	厦门大学	2830	4370	1.54
8	复旦大学	4715	7814	1.66	18	西南大学	2851	4134	1.45
9	清华大学	3347	7750	2.32	19	中国政法大学	2534	3922	1.55
10	南开大学	4991	6348	1.27	20	华中科技大学	1627	3793	2.33

表 49-6　社会科学总论领域高被引科研院所 Top 10（按 5 年总被引频次排序）

序号	第一作者单位	发文量/篇	5年总被引频次/次	篇均被引频次/次	序号	第一作者单位	发文量/篇	5年总被引频次/次	篇均被引频次/次
1	中共中央党校	4864	3585	0.74	5	山东社会科学院	349	756	2.17
2	上海社会科学院	1147	1954	1.70	6	上海国际问题研究院	305	697	2.29
3	中国国际问题研究院	211	840	3.98	7	中共浙江省委党校	366	676	1.85
4	中共上海市委党校	534	786	1.47	8	中共广东省委党校	677	635	0.94

序号	第一作者单位	发文量/篇	5年总被引频次/次	篇均被引频次/次	序号	第一作者单位	发文量/篇	5年总被引频次/次	篇均被引频次/次
9	中国社会科学院社会学研究所	85	609	7.16	10	中共湖南省委党校	579	602	1.04

49.7　高被引国外期刊

社会科学总论领域 2020 年被引频次 Top 10 的国外期刊见表 49-7，排名居前 3 位的国外期刊分别是 *Computers in Human Behavior*、*Frontiers in Psychology* 和 *PLOS ONE*。

表 49-7　社会科学总论领域高被引国外期刊 Top 10（按 2020 年被引频次排序）

序号	期刊名称	2020 年被引频次/次
1	Computers in Human Behavior	329
2	Frontiers in Psychology	230
3	PLOS ONE	210
4	Journal of Cleaner Production	208
5	Sustainability	190
6	Journal of Business Ethics	175
7	Journal of Business Research	157
8	The American Economic Review	153
9	Foreign Affairs	151
10	Journal of Affective Disorders	144

第 50 章 管理学领域高被引分析

50.1 领域论文概况

2015—2019 年，管理学领域的 49 种期刊上共发表学术论文 58653 篇，由来自 9535 所机构的 41387 位学者作为第一作者发表。上述论文中，有 31723 篇获得过引用，整体被引率为 54.1%，总被引频次为 156050 次，篇均被引 2.66 次；其中，高被引论文有 578 篇，高被引论文篇均被引 40.73 次（表 50-1）。另外，2020 年本领域共发表论文 9528 篇，其中有 1327 篇在当年获得过引用，总共被引 2179 次。

表 50-1 管理学领域论文分布情况

年份	论文数量/篇	总被引频次/次	被引率/%	高被引论文数量/篇	高被引论文被引频次/次
2015	11875	54610	64.1	118	9091
2016	11115	42881	65.6	111	6589
2017	11709	31482	58.6	116	4013
2018	11848	18227	49.4	111	2417
2019	12106	8850	34.0	122	1430
合计	58653	156050	54.1	578	23540

50.2 高被引论文分析

在管理学领域，2015—2019 年发表的总被引频次 Top 10 论文（表 50-2）的平均被引频次为 270.1 次，是全部 578 篇高被引论文篇均被引频次的 6.63 倍。从论文分布来看，刊载高被引论文数量居前 3 位的期刊分别是《管理世界》（168 篇）、《中国软科学》（65 篇）和《中国行政管理》（45 篇），其中，《管理世界》刊载了高被引论文 Top 10 中的 4 篇；发表高被引论文数量居前 3 位的学者分别是大连理工大学的原毅军（3 篇）、复旦大学的郑磊（3 篇）和中国科学院大学的柳卸林（3 篇）；产出高被引论文数量居前 3 位的机构分别是中国人民大学（31 篇）、清华大学（24 篇）和武汉大学（23 篇）。

表 50-2 管理学领域高被引论文 Top 10（按 5 年总被引频次排序）

序号	论文题名	第一作者	期刊名称	发表年份	被引频次/次	
					5 年总频次	2020 年
1	CiteSpace 知识图谱的方法论功能	陈悦	科学学研究	2015	1049	254
2	新常态下 PPP 模式应用存在的问题及对策	周正祥	中国软科学	2015	281	11
3	农地确权促进了中国农村土地的流转吗?	程令国	管理世界	2016	193	27

续表

序号	论文题名	第一作者	期刊名称	发表年份	被引频次/次	
					5年总频次	2020年
4	中国农村贫困化地域分异特征及其精准扶贫策略	刘彦随	中国科学院院刊	2016	190	22
5	我国精准扶贫政策及其创新路径研究	王介勇	中国科学院院刊	2016	188	13
6	中国特色海绵城市的新兴趋势与实践研究	吴丹洁	中国软科学	2016	176	15
7	控股股东股权质押是潜在的"地雷"吗?——基于股价崩盘风险视角的研究	谢德仁	管理世界	2016	158	56
8	民营化企业的股权结构与企业创新	李文贵	管理世界	2015	157	34
9	"互联网+"行动计划的实施背景、内涵及主要内容	宁家骏	电子政务	2015	156	2
10	论供给侧改革	贾康	管理世界	2016	153	14

50.3　研究主题关联分析

在管理学领域，578篇高被引论文共被引用了23540次。通过分析施引文献关键词的词频及关键词之间的共现关系，获得管理学领域的热点主题和主题关联，如图50-1所示。由图可知："知识图谱""精准扶贫""企业创新""CiteSpace"等关键词的文档词频较高，是管理学领域的研究热点；本领域主要形成4个研究主题簇，分别以"知识图谱""CiteSpace"为核心；以"精准扶贫""乡村振兴"为核心；以"技术创新""经济增长"为核心；以"企业创新""企业社会责任"为核心。

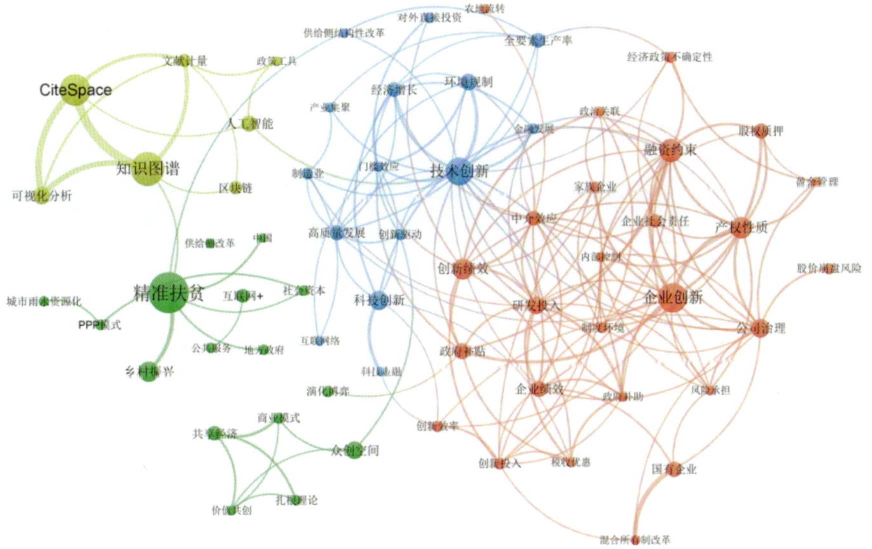

图50-1　管理学领域热点论文主题关联

50.4 高影响力期刊分析

在管理学领域，5 年影响因子 Top 10 期刊见表 50-3，总被引频次最高的期刊是《管理世界》（14009 次），5 年影响因子最高的期刊是《管理世界》。

表 50-3　管理学领域高被引期刊基本指标（按 5 年影响因子排序）

序号	期刊名称	5 年载文量/篇	5 年总被引频次/次	5 年影响因子	高被引论文数量/篇	h 指数
1	管理世界	1024	14009	3.532	168	53
2	公共管理学报	258	2883	2.426	23	25
3	南开管理评论	506	4975	2.148	39	31
4	中国软科学	1166	8899	1.515	65	36
5	科学学研究	1123	7931	1.378	27	28
6	管理科学	355	2697	1.369	12	24
7	中国科学院院刊	690	3924	1.243	30	23
8	管理评论	1405	8635	1.235	23	28
9	科研管理	1208	7059	1.147	22	27
10	管理科学学报	525	3116	1.114	10	22

50.5 高被引作者分析

2015—2019 年管理学领域论文总被引频次 Top 10 的作者见表 50-4。其中，发文总被引频次居前 3 位的作者分别是大连理工大学-德雷塞尔大学知识可视化与科学发现联合研究所的陈悦（1049 次）、长沙理工大学的周正祥（298 次）、南开大学的李维安（259 次）和复旦大学的郑磊（259 次）。5 年发文量居前 3 位的作者分别是大连理工大学的栾春娟（27 篇）、大连理工大学的苏敬勤（24 篇）和华南理工大学的张振刚（23 篇）。

表 50-4　管理学领域高被引作者 Top 10（按 5 年总被引频次排序）

序号	作者	作者单位	发文量/篇	5 年总被引频次/次	篇均被引频次/次	被引率/%	h 指数
1	陈悦	大连理工大学-德雷塞尔大学知识可视化与科学发现联合研究所	1	1049	1049.00	100.0	1
2	周正祥	长沙理工大学	4	298	74.50	100.0	3
3	李维安	南开大学	6	259	43.17	100.0	4
4	郑磊	复旦大学	5	259	51.80	100.0	5
5	刘彦随	中国科学院地理科学与资源研究所	2	219	109.50	100.0	2
6	刘志迎	中国科学技术大学	18	211	11.72	83.3	6

续表

序号	作者	作者单位	发文量/篇	5年总被引频次/次	篇均被引频次/次	被引率/%	h指数
7	黄萃	清华大学	3	206	68.67	100.0	3
8	杨学成	北京邮电大学	7	203	29.00	100.0	6
9	张振刚	华南理工大学	23	200	8.70	82.6	7
10	程令国	上海财经大学	1	193	193.00	100.0	1

50.6　高被引机构分析

　　管理学领域总被引频次 Top 20 高等院校和总被引频次 Top 10 科研院所的发文和被引情况分别见表 50-5 和表 50-6。

表 50-5　管理学领域高被引高等院校 Top 20（按 5 年总被引频次排序）

序号	第一作者单位	发文量/篇	5年总被引频次/次	篇均被引频次/次	序号	第一作者单位	发文量/篇	5年总被引频次/次	篇均被引频次/次
1	中国人民大学	1278	4804	3.76	11	中南大学	455	1902	4.18
2	清华大学	707	3247	4.59	12	同济大学	494	1811	3.67
3	南开大学	641	3118	4.86	13	中央财经大学	331	1803	5.45
4	武汉大学	592	3058	5.17	14	南京大学	418	1773	4.24
5	大连理工大学	699	2915	4.17	15	北京大学	540	1711	3.17
6	华南理工大学	563	2872	5.10	16	上海交通大学	694	1680	2.42
7	西安交通大学	676	2739	4.05	17	湖南大学	303	1636	5.40
8	华中科技大学	430	2222	5.17	18	天津大学	301	1615	5.37
9	中山大学	300	2099	7.00	19	浙江大学	261	1582	6.06
10	重庆大学	462	2038	4.41	20	哈尔滨工程大学	288	1542	5.35

表 50-6　管理学领域高被引科研院所 Top 10（按 5 年总被引频次排序）

序号	第一作者单位	发文量/篇	5年总被引频次/次	篇均被引频次/次	序号	第一作者单位	发文量/篇	5年总被引频次/次	篇均被引频次/次
1	大连理工大学-德雷塞尔大学知识可视化与科学发现联合研究所	1	1049	1049.00	3	中国科学院科技政策与管理科学研究所	90	720	8.00
2	中国科学院地理科学与资源研究所	82	1014	12.37	4	中国社会科学院	214	680	3.18

续表

序号	第一作者单位	发文量/篇	5年总被引频次/次	篇均被引频次/次	序号	第一作者单位	发文量/篇	5年总被引频次/次	篇均被引频次/次
5	中国科学院科技战略咨询研究院	215	587	2.73	8	中国科学技术发展战略研究院	118	479	4.06
6	国家信息中心	39	503	12.90	9	国务院发展研究中心	40	373	9.32
7	中国科学技术信息研究所	149	492	3.30	10	中国财政科学研究院	15	225	15.00

50.7 高被引国外期刊

管理学领域 2020 年被引频次 Top 10 的国外期刊见表 50-7，排名居前 3 位的国外期刊分别是 *Strategic Management Journal*、*Research Policy* 和 *Journal of Business Research*。

表 50-7 管理学领域高被引国外期刊 Top 10（按 2020 年被引频次排序）

序号	期刊名称	2020 年被引频次/次
1	Strategic Management Journal	513
2	Research Policy	350
3	Journal of Business Research	328
4	Academy of Management Journal	263
5	European Journal of Operational Research	239
6	Journal of Cleaner Production	231
7	Technological Forecasting and Social Change	220
8	Journal of Financial Economics	197
9	Journal of Business Ethics	197
10	Management Science	174

第 51 章　法学领域高被引分析

51.1　领域论文概况

2015—2019 年，法学领域的 111 种期刊上共发表学术论文 116569 篇，由来自 13709 所机构的 77963 位学者作为第一作者发表。上述论文中，有 38069 篇获得过引用，整体被引率为 32.7%，总被引频次为 131002 次，篇均被引 1.12 次；其中，高被引论文有 1150 篇，高被引论文篇均被引 30.72 次（表 51-1）。另外，2020 年本领域共发表论文 18753 篇，其中有 1682 篇在当年获得过引用，总共被引 2849 次。

表 51-1　法学领域论文分布情况

年份	论文数量/篇	总被引频次/次	被引率/%	高被引论文数量/篇	高被引论文被引频次/次
2015	26010	40901	38.2	271	11243
2016	23901	35244	37.2	245	9712
2017	23319	29179	35.0	236	8464
2018	21968	16561	30.3	215	3984
2019	21371	9117	20.8	183	1921
合计	116569	131002	32.7	1150	35324

51.2　高被引论文分析

在法学领域，2015—2019 年发表的总被引频次 Top 10 论文（表 51-2）的平均被引频次为 230.1 次，是全部 1150 篇高被引论文篇均被引频次的 7.49 倍。从论文分布来看，刊载高被引论文数量居前 3 位的期刊分别是《中国法学》（134 篇）、《法学》（91 篇）和《法学研究》（82 篇），其中，《中国法学》刊载了高被引论文 Top 10 中的 5 篇；发表高被引论文数量居前 3 位的学者分别是清华大学的张明楷（21 篇）、中国人民大学的王利明（16 篇）和华东政法大学的刘宪权（14 篇）；产出高被引论文数量居前 3 位的机构分别是中国人民大学（118 篇）、清华大学（82 篇）和中国政法大学（79 篇）。

表 51-2　法学领域高被引论文 Top 10（按 5 年总被引频次排序）

序号	论文题名	第一作者	期刊名称	发表年份	被引频次/次 5 年总频次	被引频次/次 2020 年
1	从隐私到个人信息：利益再衡量的理论与制度安排	张新宝	中国法学	2015	359	41
2	认罪认罚从宽制度研究	陈卫东	中国法学	2016	353	26
3	人工智能时代的制度安排与法律规制	吴汉东	法律科学—西北政法大学学报	2017	287	46
4	论以审判为中心的诉讼制度改革	沈德咏	中国法学	2015	233	15

序号	论文题名	第一作者	期刊名称	发表年份	被引频次/次	
					5 年总频次	2020 年
5	"专车"类共享经济的规制路径	唐清利	中国法学	2015	197	8
6	完善认罪认罚从宽制度：中国语境下的关键词展开	魏晓娜	法学研究	2016	183	11
7	认罪认罚从宽制度的若干争议问题	陈瑞华	中国法学	2017	182	20
8	承包权与经营权分置的法构造	蔡立东	法学研究	2015	174	15
9	"认罪认罚从宽"改革的理论反思——基于刑事速裁程序运行经验的考察	陈瑞华	当代法学	2016	174	10
10	刑事立法的法教义学反思——基于《刑法修正案（九）》的分析	车浩	法学	2015	159	4

51.3 研究主题关联分析

在法学领域，1150 篇高被引论文共被引用了 35324 次。通过分析施引文献关键词的词频及关键词之间的共现关系，获得法学领域的热点主题和主题关联，如图 51-1 所示。由图可知："人工智能""认罪认罚从宽""个人信息""三权分置"等关键词的文档词频较高，是法学领域的研究热点；本领域主要形成 6 个研究主题簇，分别以"认罪认罚从宽""认罪认罚"为核心；以"法律监督""监察体制改革"为核心；以"个人信息""隐私权"为核心；以"人工智能""著作权"为核心；以"三权分置""土地经营权"为核心；以"诈骗罪""盗窃罪"为核心。

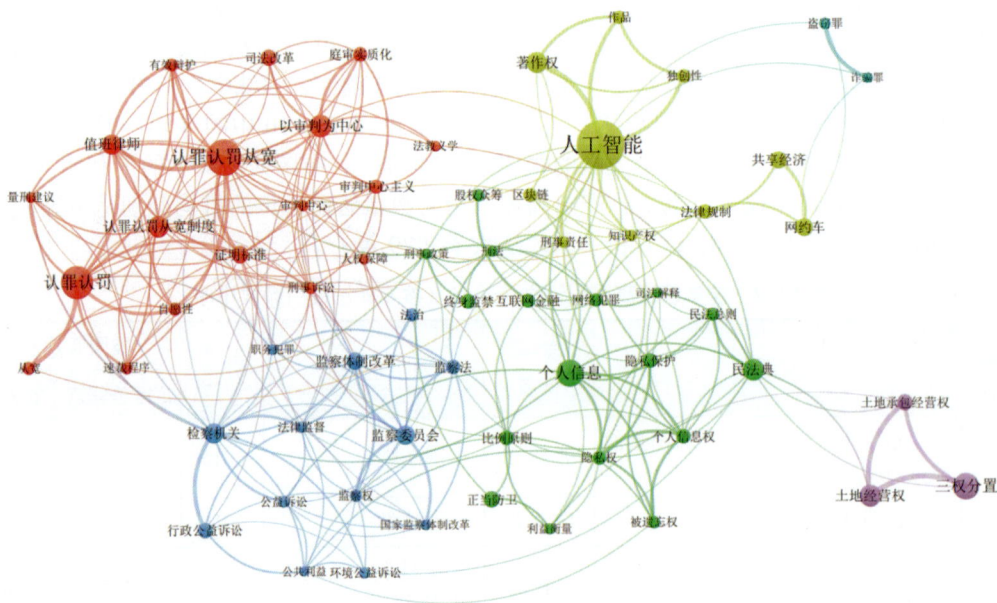

图 51-1 法学领域热点论文主题关联

51.4 高影响力期刊分析

在法学领域，5 年影响因子 Top 10 期刊见表 51-3，总被引频次最高的期刊是《中国法学》（7638 次），5 年影响因子最高的期刊是《中国法学》。

表 51-3 法学领域高被引期刊基本指标（按 5 年影响因子排序）

序号	期刊名称	5 年载文量/篇	5 年总被引频次/次	5 年影响因子	高被引论文数量/篇	h 指数
1	中国法学	450	7638	2.751	134	39
2	法学研究	342	4458	2.526	82	30
3	法学家	386	2671	1.523	43	25
4	中外法学	389	2898	1.488	39	23
5	清华法学	342	2314	1.412	32	21
6	法律科学－西北政法大学学报	556	3923	1.408	49	23
7	比较法研究	398	1840	1.231	30	17
8	东方法学	455	2353	1.226	52	21
9	法学	892	6470	1.215	91	33
10	中国刑事法杂志	261	1032	1.180	15	12

51.5 高被引作者分析

2015—2019 年法学领域论文总被引频次 Top 10 的作者见表 51-4。其中，发文总被引频次居前 3 位的作者分别是清华大学的张明楷（1096 次）、华东政法大学的刘宪权（708 次）和中国人民大学的陈卫东（694 次）。5 年发文量居前 3 位的作者分别是清华大学的张明楷（54 篇）、华东政法大学的刘宪权（53 篇）和中国人民大学的杨立新（53 篇）。

表 51-4 法学领域高被引作者 Top 10（按 5 年总被引频次排序）

序号	作者	作者单位	发文量/篇	5 年总被引频次/次	篇均被引频次/次	被引率/%	h 指数
1	张明楷	清华大学	54	1096	20.30	88.9	17
2	刘宪权	华东政法大学	53	708	13.36	83.0	15
3	陈卫东	中国人民大学	31	694	22.39	83.9	10
4	杨立新	中国人民大学	53	634	11.96	86.8	14
5	陈瑞华	北京大学	33	624	18.91	78.8	12
6	王迁	华东政法大学	35	571	16.31	85.7	12
7	龙宗智	四川大学	33	544	16.48	78.8	8
8	王利明	中国人民大学	39	540	13.85	92.3	14

续表

序号	作者	作者单位	发文量/篇	5年总被引频次/次	篇均被引频次/次	被引率/%	h指数
9	吴汉东	中南财经政法大学	20	510	25.50	90.0	10
10	陈兴良	北京大学	49	486	9.92	77.6	13

51.6　高被引机构分析

法学领域总被引频次 Top 20 高等院校和总被引频次 Top 10 科研院所的发文和被引情况分别见表 51-5 和表 51-6。

表 51-5　法学领域高被引高等院校 Top 20（按 5 年总被引频次排序）

序号	第一作者单位	发文量/篇	5年总被引频次/次	篇均被引频次/次	序号	第一作者单位	发文量/篇	5年总被引频次/次	篇均被引频次/次
1	中国人民大学	1490	8166	5.48	11	中国人民公安大学	1718	1588	0.92
2	华东政法大学	3065	6491	2.12	12	四川大学	799	1532	1.92
3	中国政法大学	2446	6387	2.61	13	上海交通大学	408	1459	3.58
4	北京大学	1020	5444	5.34	14	东南大学	319	1404	4.40
5	清华大学	848	5165	6.09	15	山东大学	542	1397	2.58
6	西南政法大学	2619	4732	1.81	16	南京大学	399	1396	3.50
7	武汉大学	1403	3263	2.33	17	南京师范大学	527	1304	2.47
8	中南财经政法大学	1882	3242	1.72	18	浙江大学	360	1258	3.49
9	吉林大学	682	2116	3.10	19	西北政法大学	1446	1017	0.70
10	北京师范大学	946	1935	2.05	20	苏州大学	452	958	2.12

表 51-6　法学领域高被引科研院所 Top 10（按 5 年总被引频次排序）

序号	第一作者单位	发文量/篇	5年总被引频次/次	篇均被引频次/次	序号	第一作者单位	发文量/篇	5年总被引频次/次	篇均被引频次/次
1	中华人民共和国最高人民法院	293	1077	3.68	5	中国法学会	32	394	12.31
2	司法文明协同创新中心	19	926	48.74	6	上海社会科学院	96	374	3.90
3	中华人民共和国最高人民检察院	378	686	1.81	7	公安部物证鉴定中心	151	250	1.66
4	中国社会科学院法学研究所	77	596	7.74	8	腾讯研究院	9	156	17.33

序号	第一作者单位	发文量/篇	5年总被引频次/次	篇均被引频次/次	序号	第一作者单位	发文量/篇	5年总被引频次/次	篇均被引频次/次
9	中国信息通信研究院	2	134	67.00	10	北京知识产权法院	54	126	2.33

51.7　高被引国外期刊

法学领域 2020 年被引频次 Top 10 的国外期刊见表 51-7，排名居前 3 位的国外期刊分别是 *Forensic Science International*、*Journal of Forensic sciences* 和 *International Journal of Legal Medicine*。

表 51-7　法学领域高被引国外期刊 Top 10（按 2020 年被引频次排序）

序号	期刊名称	2020 年被引频次/次
1	Forensic Science International	79
2	Journal of Forensic Sciences	62
3	International Journal of Legal Medicine	55
4	Harvard Law Review	36
5	Yale Law Journal	30
6	Forensic Science International: Genetics	29
7	Columbia Law Review	19
8	Stanford Law Review	18
9	Science of the Total Environment	18
10	Journal of International Economic Law	17

第 52 章　经济领域高被引分析

52.1　领域论文概况

2015—2019 年，经济领域的 417 种期刊上共发表学术论文 699265 篇，由来自 99513 所机构的 474810 位学者作为第一作者发表。上述论文中，有 256336 篇获得过引用，整体被引率为 36.7%，总被引频次为 723730 次，篇均被引 1.03 次；其中，高被引论文有 6716 篇，高被引论文篇均被引 23.17 次（表 52-1）。另外，2020 年本领域共发表论文 130864 篇，其中有 11122 篇在当年获得过引用，总共被引 15280 次。

表 52-1　经济领域论文分布情况

年份	论文数量/篇	总被引频次/次	被引率/%	高被引论文数量/篇	高被引论文被引频次/次
2015	151641	226511	42.1	1534	58065
2016	138733	191028	42.7	1311	40877
2017	139748	157814	41.0	1342	29735
2018	134327	100245	34.9	1398	18705
2019	134816	48132	21.5	1131	8245
合计	699265	723730	36.7	6716	155627

52.2　高被引论文分析

在经济领域，2015—2019 年发表的总被引频次 Top 10 论文（表 52-2）的平均被引频次为 311.4 次，是全部 6716 篇高被引论文篇均被引频次的 13.44 倍。从论文分布来看，刊载高被引论文数量居前 3 位的期刊分别是《经济研究》（426 篇）、《中国工业经济》（314 篇）和《金融研究》（242 篇），其中，《经济研究》刊载了高被引论文 Top 10 中的 3 篇；发表高被引论文数量居前 3 位的学者分别是南京财经大学的陆岷峰（26 篇）、中国人民大学的张杰（14 篇）和南京财经大学的余泳泽（12 篇）；产出高被引论文数量居前 3 位的机构分别是中国人民大学（297 篇）、中国社会科学院（197 篇）和南开大学（168 篇）。

表 52-2　经济领域高被引论文 Top 10（按 5 年总被引频次排序）

序号	论文题名	第一作者	期刊名称	发表年份	被引频次/次 5 年总频次	被引频次/次 2020 年
1	互联网时代的商业模式创新：价值创造视角	罗珉	中国工业经济	2015	432	39
2	实质性创新还是策略性创新?——宏观产业政策对微观企业创新的影响	黎文靖	经济研究	2016	405	99
3	供给侧结构性改革的理论逻辑与实践路径	冯志峰	经济问题	2016	373	8

续表

序号	论文题名	第一作者	期刊名称	发表年份	被引频次/次	
					5 年总频次	2020 年
4	中国制造业企业全要素生产率研究	杨汝岱	经济研究	2015	371	43
5	PPP 模式理论阐释及其现实例证	刘薇	改革	2015	307	7
6	农业供给侧结构性改革的基本内涵与政策建议	孔祥智	改革	2016	281	10
7	协同创新、空间关联与区域创新绩效	白俊红	经济研究	2015	261	35
8	共享经济的成因、内涵与商业模式研究	郑志来	现代经济探讨	2016	238	18
9	互联网金融：成长的逻辑	吴晓求	财贸经济	2015	226	23
10	关于"高质量发展"的经济学研究	金碚	中国工业经济	2018	220	98

52.3 研究主题关联分析

在经济领域，6716 篇高被引论文共被引用了 155627 次。通过分析施引文献关键词的词频及关键词之间的共现关系，获得经济领域的热点主题和主题关联，如图 52-1 所示。由图可知："一带一路""经济增长""全要素生产率""乡村振兴"等关键词的文档词频较高，是经济领域的研究热点；本领域主要形成 6 个研究主题簇，分别以"精准扶贫""乡村振兴"为核心；以"互联网金融""普惠金融"为核心；以"供给侧结构性改革""产能过剩"为核心；以"经济增长""全要素生产率"为核心；以"一带一路""全球价值链"为核心；以"融资约束""企业创新"为核心。

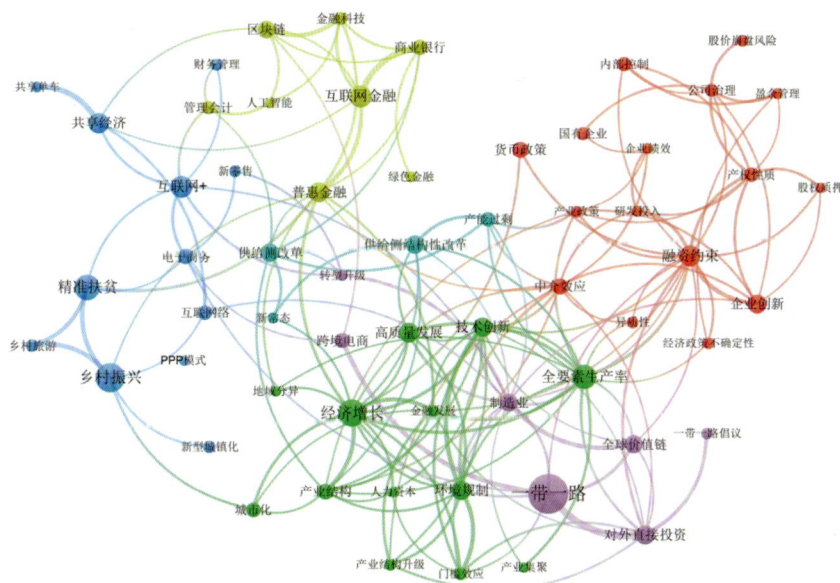

图 52-1 经济领域热点论文主题关联

52.4　高影响力期刊分析

在经济领域，5 年影响因子 Top 10 期刊见表 52-3，总被引频次最高的期刊是《经济研究》（18095 次），5 年影响因子最高的期刊是《经济研究》。

表 52-3　经济领域高被引期刊基本指标（按 5 年影响因子排序）

序号	期刊名称	5 年载文量/篇	5 年总被引频次/次	5 年影响因子	高被引论文数量/篇	h 指数
1	经济研究	845	18095	4.903	426	60
2	中国工业经济	623	13277	4.899	314	54
3	金融研究	750	10097	3.132	242	43
4	中国农村经济	466	5319	2.966	161	33
5	世界经济	461	5430	2.651	144	36
6	会计研究	719	7800	2.174	192	39
7	中国农村观察	237	2089	2.034	57	22
8	数量经济技术经济研究	550	4990	1.867	129	30
9	财贸经济	631	5345	1.834	131	28
10	农业经济问题	836	7100	1.660	185	34

52.5　高被引作者分析

2015—2019 年经济领域论文总被引频次 Top 10 的作者见表 52-4。其中，发文总被引频次居前 3 位的作者分别是中国人民大学的张杰（685 次）、重庆理工大学的程平（575 次）和南京财经大学的陆岷峰（568 次）。5 年发文量居前 3 位的作者分别是重庆理工大学的程平（130 篇）、南京财经大学的陆岷峰（124 篇）和南京审计大学的郑石桥（116 篇）。

表 52-4　经济领域高被引作者 Top 10（按 5 年总被引频次排序）

序号	作者	作者单位	发文量/篇	5 年总被引频次/次	篇均被引频次/次	被引率/%	h 指数
1	张杰	中国人民大学	34	685	20.15	76.5	12
2	程平	重庆理工大学	130	575	4.42	70.8	11
3	陆岷峰	南京财经大学	124	568	4.58	72.6	12
4	黎文靖	暨南大学	8	544	68.00	100.0	6
5	郑志来	盐城师范学院	21	540	25.71	95.2	10
6	白俊红	南京师范大学	10	523	52.30	100.0	6
7	黄群慧	中国社会科学院	20	519	25.95	75.0	8
8	孔祥智	中国人民大学	17	477	28.06	94.1	8

续表

序号	作者	作者单位	发文量/篇	5年总被引频次/次	篇均被引频次/次	被引率/%	h指数
9	罗珉	西南财经大学	2	443	221.50	100.0	2
10	余泳泽	南京财经大学	21	410	19.52	100.0	10

52.6 高被引机构分析

经济领域总被引频次 Top 20 高等院校和总被引频次 Top 10 科研院所的发文和被引情况分别见表 52-5 和表 52-6。

表 52-5 经济领域高被引高等院校 Top 20（按 5 年总被引频次排序）

序号	第一作者单位	发文量/篇	5年总被引频次/次	篇均被引频次/次	序号	第一作者单位	发文量/篇	5年总被引频次/次	篇均被引频次/次
1	中国人民大学	5401	17267	3.20	11	厦门大学	1529	6833	4.47
2	南开大学	2607	9351	3.59	12	暨南大学	1461	6106	4.18
3	武汉大学	2995	8968	2.99	13	南京大学	1938	6011	3.10
4	中央财经大学	2978	8528	2.86	14	复旦大学	1286	4693	3.65
5	中南财经政法大学	3565	8192	2.30	15	吉林大学	2144	4636	2.16
6	北京大学	2500	7705	3.08	16	中山大学	1287	4620	3.59
7	西南财经大学	1990	7603	3.82	17	清华大学	1488	4427	2.98
8	东北财经大学	2559	7397	2.89	18	西安交通大学	1164	4407	3.79
9	对外经济贸易大学	2779	7085	2.55	19	首都经济贸易大学	2231	4058	1.82
10	上海财经大学	1512	6919	4.58	20	江西财经大学	2936	3911	1.33

表 52-6 经济领域高被引科研院所 Top 10（按 5 年总被引频次排序）

序号	第一作者单位	发文量/篇	5年总被引频次/次	篇均被引频次/次	序号	第一作者单位	发文量/篇	5年总被引频次/次	篇均被引频次/次
1	中国财政科学研究院	963	1495	1.55	4	财政部财政科学研究所	218	922	4.23
2	上海社会科学院	624	1357	2.17	5	中国社会科学院财经战略研究院	137	782	5.71
3	国务院发展研究中心	506	1353	2.67	6	中华人民共和国国家发展和改革委员会	532	754	1.42

续表

序号	第一作者单位	发文量/篇	5年总被引频次/次	篇均被引频次/次	序号	第一作者单位	发文量/篇	5年总被引频次/次	篇均被引频次/次
7	中国社会科学院工业经济研究所	90	746	8.29	9	中国社会科学院经济研究所	127	737	5.80
8	中国农业科学院农业经济与发展研究所	123	738	6.00	10	中国宏观经济研究院	524	714	1.36

52.7　高被引国外期刊

经济领域 2020 年被引频次 Top 10 的国外期刊见表 52-7，排名居前 3 位的国外期刊分别是 *Journal of Financial Economics*、*The American Economic Review* 和 *Journal of Cleaner Production*。

表 52-7　经济领域高被引国外期刊 Top 10（按 2020 年被引频次排序）

序号	期刊名称	2020 年被引频次/次
1	Journal of Financial Economics	806
2	The American Economic Review	726
3	Journal of Cleaner Production	515
4	The Review of Financial Studies	418
5	Sustainability	391
6	Journal of International Economics	372
7	Journal of Business Research	358
8	Tourism Management	354
9	Journal of Business Ethics	351
10	Strategic Management Journal	349

第 53 章　新闻出版领域高被引分析

53.1　领域论文概况

2015—2019 年，新闻出版领域的 58 种期刊上共发表学术论文 148187 篇，由来自 17513 所机构的 99210 位学者作为第一作者发表。上述论文中，有 52514 篇获得过引用，整体被引率为 35.4%，总被引频次为 123683 次，篇均被引 0.83 次；其中，高被引论文有 1464 篇，高被引论文篇均被引 15.56 次（表 53-1）。另外，2020 年本领域共发表论文 26003 篇，其中有 2441 篇在当年获得过引用，总共被引 3224 次。

表 53-1　新闻出版领域论文分布情况

年份	论文数量/篇	总被引频次/次	被引率/%	高被引论文数量/篇	高被引论文被引频次/次
2015	30623	36089	41.2	310	7251
2016	31393	32084	39.8	328	6008
2017	29995	26759	38.9	332	4875
2018	29140	18531	32.3	281	3119
2019	27036	10220	23.3	213	1523
合计	148187	123683	35.4	1464	22776

53.2　高被引论文分析

在新闻出版领域，2015—2019 年发表的总被引频次 Top 10 论文（表 53-2）的平均被引频次为 129.6 次，是全部 1464 篇高被引论文篇均被引频次的 8.33 倍。从论文分布来看，刊载高被引论文数量居前 3 位的期刊分别是《中国科技期刊研究》（164 篇）、《编辑学报》（116 篇）和《现代传播》（107 篇），其中，《新闻与写作》刊载了高被引论文 Top 10 中的 3 篇；发表高被引论文数量居前 3 位的学者分别是北京师范大学的喻国明（29 篇）、中山大学的张志安（20 篇）和清华大学的彭兰（19 篇）；产出高被引论文数量居前 3 位的机构分别是中国人民大学（81 篇）、中国传媒大学（69 篇）和清华大学（63 篇）。

表 53-2　新闻出版领域高被引论文 Top 10（按 5 年总被引频次排序）

序号	论文题名	第一作者	期刊名称	发表年份	被引频次/次 5 年总频次	被引频次/次 2020 年
1	场景：移动时代媒体的新要素	彭兰	新闻记者	2015	351	35
2	移动互联网时代学术期刊的微信公众号服务模式创新	谢文亮	中国科技期刊研究	2015	188	8
3	"互联网+"意味着什么——对"互联网+"的深层认识	黄楚新	新闻与写作	2015	163	2

序号	论文题名	第一作者	期刊名称	发表年份	被引频次/次	
					5 年总频次	2020 年
4	传统媒体与新兴媒体融合的关键与路径	胡正荣	新闻与写作	2015	98	4
5	科技期刊的微信公众号运营模式研究——基于 4 种核心科技期刊的量化分析	张艳萍	中国科技期刊研究	2015	91	7
6	虚拟/增强现实技术的兴起与传统新闻业的转向	史安斌	新闻记者	2016	87	3
7	微信公众号的现状、类型及发展趋势	黄楚新	新闻与写作	2015	86	1
8	重造新闻学——网络化关系的视角	黄旦	国际新闻界	2015	82	7
9	未来传媒生态：消失的边界与重构的版图	彭兰	现代传播	2017	76	4
10	"新媒体"概念界定的三条线索	彭兰	新闻与传播研究	2016	74	14

53.3　研究主题关联分析

在新闻出版领域，1464 篇高被引论文共被引用了 22776 次。通过分析施引文献关键词的词频及关键词之间的共现关系，获得新闻出版领域的热点主题和主题关联，如图 53-1 所示。由图可知："新媒体""科技期刊""媒体融合""学术期刊"等关键词的文档词频较高，是新闻出版领域的研究热点；本领域主要形成 5 个研究主题簇，分别以"短视频""后真相"为核心；以"新媒体""融媒体"为核心；以"媒体融合""互联网+"为核心；以"人工智能""知识服务"为核心；以"科技期刊""学术期刊"为核心。

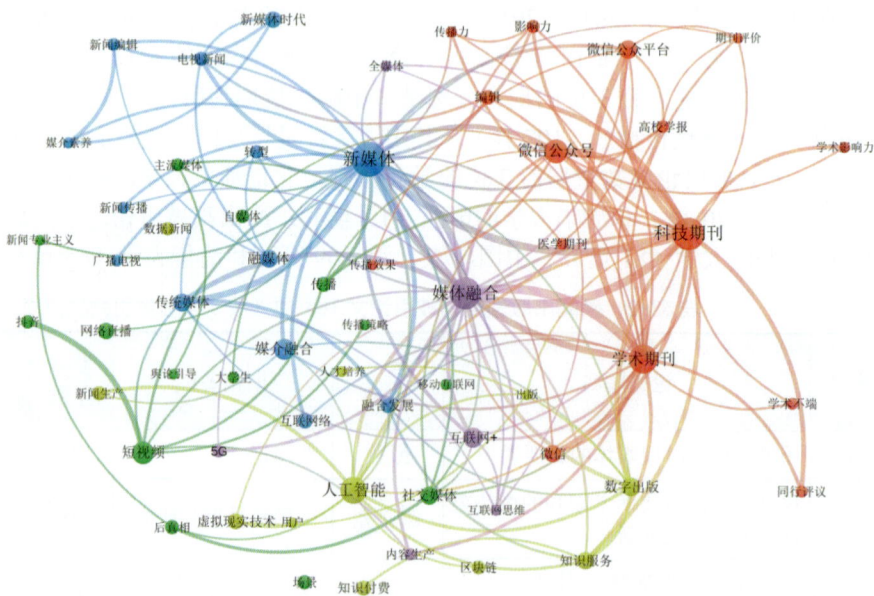

图 53-1　新闻出版领域热点论文主题关联

53.4　高影响力期刊分析

在新闻出版领域，5 年影响因子 Top 10 期刊见表 53-3，总被引频次最高的期刊是《新闻研究导刊》（13813 次），5 年影响因子最高的期刊是《新闻与传播研究》。

表 53-3　新闻出版领域高被引期刊基本指标（按 5 年影响因子排序）

序号	期刊名称	5 年载文量/篇	5 年总被引频次/次	5 年影响因子	高被引论文数量/篇	h 指数
1	新闻与传播研究	496	2035	0.954	60	19
2	中国科技期刊研究	1008	5595	0.901	164	23
3	国际新闻界	596	2561	0.876	71	23
4	新闻记者	558	2865	0.753	83	22
5	编辑学报	1009	3865	0.715	116	18
6	新闻与传播评论	68	57	0.588	1	3
7	新闻大学	535	1607	0.574	40	17
8	全球传媒学刊	178	234	0.489	5	6
9	现代传播	2018	5137	0.455	107	22
10	出版科学	707	1340	0.419	26	12

53.5　高被引作者分析

2015—2019 年新闻出版领域论文总被引频次 Top 10 的作者见表 53-4。其中，发文总被引频次居前 3 位的作者分别是北京师范大学的喻国明（977 次）、清华大学的彭兰（575 次）和中山大学的张志安（399 次）。5 年发文量居前 3 位的作者分别是中国人民大学的陈力丹（98 篇）、北京师范大学的喻国明（97 篇）和中山大学的张志安（68 篇）。

表 53-4　新闻出版领域高被引作者 Top 10（按 5 年总被引频次排序）

序号	作者	作者单位	发文量/篇	5 年总被引频次/次	篇均被引频次/次	被引率/%	h 指数
1	喻国明	北京师范大学	97	977	10.07	86.6	19
2	彭兰	清华大学	23	575	25.00	95.7	14
3	张志安	中山大学	68	399	5.87	77.9	12
4	彭兰	中国人民大学	4	396	99.00	100.0	4
5	陈力丹	中国人民大学	98	313	3.19	67.3	8
6	黄楚新	中国社会科学院新闻与传播研究所	11	312	28.36	81.8	5
7	史安斌	清华大学	47	268	5.70	68.1	9
8	陈昌凤	清华大学	38	244	6.42	89.5	9

续表

序号	作者	作者单位	发文量/篇	5年总被引频次/次	篇均被引频次/次	被引率/%	h 指数
9	谢文亮	广东财经大学	5	224	44.80	80.0	3
10	黄旦	复旦大学	10	208	20.80	70.0	5

53.6　高被引机构分析

新闻出版领域总被引频次 Top 20 高等院校和总被引频次 Top 10 科研院所的发文和被引情况分别见表 53-5 和表 53-6。

表 53-5　新闻出版领域高被引高等院校 Top 20（按 5 年总被引频次排序）

序号	第一作者单位	发文量/篇	5年总被引频次/次	篇均被引频次/次	序号	第一作者单位	发文量/篇	5年总被引频次/次	篇均被引频次/次
1	中国传媒大学	4084	4537	1.11	11	中山大学	249	898	3.61
2	中国人民大学	1161	3354	2.89	12	浙江大学	373	765	2.05
3	清华大学	750	2161	2.88	13	重庆大学	895	744	0.83
4	武汉大学	1341	1900	1.42	14	陕西师范大学	990	735	0.74
5	复旦大学	548	1401	2.56	15	河南大学	1183	729	0.62
6	北京师范大学	540	1306	2.42	16	上海交通大学	592	696	1.18
7	南京大学	692	1116	1.61	17	湖南师范大学	872	637	0.73
8	暨南大学	688	1079	1.57	18	华中科技大学	482	625	1.30
9	四川大学	1038	1034	1.00	19	河北大学	1029	623	0.61
10	北京大学	542	962	1.77	20	郑州大学	651	606	0.93

表 53-6　新闻出版领域高被引科研院所 Top 10（按 5 年总被引频次排序）

序号	第一作者单位	发文量/篇	5年总被引频次/次	篇均被引频次/次	序号	第一作者单位	发文量/篇	5年总被引频次/次	篇均被引频次/次
1	中华人民共和国国家新闻出版广电总局	1125	1003	0.89	6	中国新闻出版研究院	189	299	1.58
2	吉林电视台	508	546	1.07	7	广东广播电视台	458	285	0.62
3	中国社会科学院新闻与传播研究所	41	377	9.20	8	中央人民广播电台	363	239	0.66
4	中国中央电视台	564	371	0.66	9	河南广播电视台	410	227	0.55
5	河南电视台	334	327	0.98	10	安徽广播电视台	479	216	0.45

53.7　高被引国外期刊

新闻出版领域 2020 年被引频次 Top 10 的国外期刊见表 53-7，排名居前 3 位的国外期刊分别是 *Computers in Human Behavior*、*Journalism Practice* 和 *Journalism*。

表 53-7　新闻出版领域高被引国外期刊 Top 10（按 2020 年被引频次排序）

序号	期刊名称	2020 年被引频次/次
1	Computers in Human Behavior	122
2	Journalism Practice	101
3	Journalism	97
4	Information Communication & Society	59
5	Digital Journalism	57
6	Journal of Communication	52
7	Journalism Studies	43
8	International Journal of Communication	43
9	Learned Publishing	38
10	New Media & Society	36

第 54 章　图书情报档案领域高被引分析

54.1　领域论文概况

2015—2019 年,图书情报档案领域的 66 种期刊上共发表学术论文 69226 篇,由来自 7829 所机构的 38507 位学者作为第一作者发表。上述论文中, 有 37291 篇获得过引用,整体被引率为 53.9%,总被引频次为 146899 次,篇均被引 2.12 次;其中,高被引论文有 693 篇,高被引论文篇均被引 30.15 次(表 54-1)。另外,2020 年本领域共发表论文 11761 篇,其中有 1525 篇在当年获得过引用,总共被引 2190 次。

表 54-1　图书情报档案领域论文分布情况

年份	论文数量/篇	总被引频次/次	被引率/%	高被引论文数量/篇	高被引论文被引频次/次
2015	17946	47993	55.3	181	8191
2016	14221	40984	62.6	144	5502
2017	12990	31436	60.7	134	3912
2018	12427	18284	51.4	127	2285
2019	11642	8202	36.0	107	1001
合计	69226	146899	53.9	693	20891

54.2　高被引论文分析

在图书情报档案领域,2015—2019 年发表的总被引频次 Top 10 论文(表 54-2)的平均被引频次为 122.8 次,是全部 693 篇高被引论文篇均被引频次的 4.07 倍。从论文分布来看,刊载高被引论文数量居前 3 位的期刊分别是《图书情报工作》(90 篇)、《图书馆工作与研究》(53 篇)和《中国图书馆学报》(52 篇),其中,《中国图书馆学报》刊载了高被引论文 Top 10 中的 2 篇;发表高被引论文数量居前 3 位的学者分别是武汉大学的黄如花(8 篇)、中国科学院文献情报中心的初景利(6 篇)和南开大学的柯平(6 篇);产出高被引论文数量居前 3 位的机构分别是武汉大学(70 篇)、北京大学(31 篇)和吉林大学(22 篇)。

表 54-2　图书情报档案领域高被引论文 Top 10(按 5 年总被引频次排序)

序号	论文题名	第一作者	期刊名称	发表年份	被引频次/次 5 年总频次	被引频次/次 2020 年
1	阅读推广、图书馆阅读推广的定义——兼论如何认识和学习图书馆时尚阅读推广案例	王波	图书馆论坛	2015	181	17
2	大数据时代数字图书馆面临的机遇和挑战	苏新宁	中国图书馆学报	2015	158	7
3	基于微信公众平台的高校图书馆阅读推广效果实证研究	万慕晨	图书情报工作	2015	147	5

续表

序号	论文题名	第一作者	期刊名称	发表年份	被引频次/次	
					5年总频次	2020年
4	走向第三代图书馆	吴建中	图书馆杂志	2016	129	16
5	数据素养教育：大数据时代信息素养教育的拓展	黄如花	图书情报知识	2016	120	12
6	当图书馆遇上"互联网+"	张兴旺	图书与情报	2015	120	5
7	论信息安全、网络安全、网络空间安全	王世伟	中国图书馆学报	2015	100	6
8	面向新型智库建设的知识服务：图书情报机构的新机遇	黄如花	图书馆	2015	96	4
9	高等教育信息素养框架	韩丽风	大学图书馆学报	2015	89	10
10	公共图书馆阅读推广的发展趋势	范并思	图书馆杂志	2015	88	3

54.3 研究主题关联分析

在图书情报档案领域，693篇高被引论文共被引用了20891次。通过分析施引文献关键词的词频及关键词之间的共现关系，获得图书情报档案领域的热点主题和主题关联，如图54-1所示。由图可知："高校图书馆""图书馆""阅读推广""公共图书馆"等关键词的文档词频较高，是图书情报档案领域的研究热点；本领域主要形成4个研究主题簇，分别以"知识图谱""文献计量"为核心；以"图书馆""创客空间"为核心；以"高校图书馆""阅读推广"为核心；以"公共图书馆""精准扶贫"为核心。

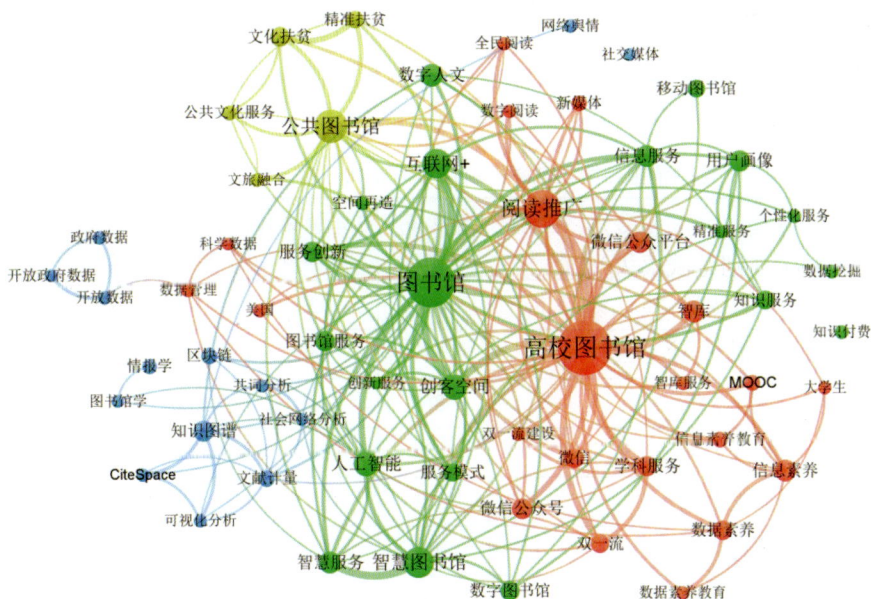

图54-1 图书情报档案领域热点论文主题关联

54.4　高影响力期刊分析

在图书情报档案领域，5年影响因子 Top 10 期刊见表 54-3，总被引频次最高的期刊是《图书情报工作》（12866 次），5年影响因子最高的期刊是《中国图书馆学报》。

表 54-3　图书情报档案领域高被引期刊基本指标（按 5 年影响因子排序）

序号	期刊名称	5年载文量/篇	5年总被引频次/次	5年影响因子	高被引论文数量/篇	h 指数
1	中国图书馆学报	264	3702	2.261	52	31
2	情报学报	642	2671	1.087	12	16
3	大学图书馆学报	533	3352	0.991	37	25
4	图书情报工作	2161	12866	0.982	90	36
5	图书情报知识	409	2733	0.944	26	22
6	图书与情报	617	3870	0.943	34	25
7	国家图书馆学刊	426	1904	0.721	10	17
8	情报科学	1780	7172	0.720	28	22
9	档案学研究	687	2300	0.713	9	18
10	情报理论与实践	1644	7393	0.712	39	24

54.5　高被引作者分析

2015—2019 年图书情报档案领域论文总被引频次 Top 10 的作者见表 54-4。其中，发文总被引频次居前 3 位的作者分别是武汉大学的黄如花（833 次）、上海社会科学院的王世伟（452 次）和武汉大学的赵蓉英（436 次）。5 年发文量居前 3 位的作者分别是武汉大学的赵蓉英（86 篇）、武汉大学的张敏（74 篇）和武汉大学的黄如花（59 篇）。

表 54-4　图书情报档案领域高被引作者 Top 10（按 5 年总被引频次排序）

序号	作者	作者单位	发文量/篇	5年总被引频次/次	篇均被引频次/次	被引率/%	h 指数
1	黄如花	武汉大学	59	833	14.12	96.6	15
2	王世伟	上海社会科学院	32	452	14.13	87.5	12
3	赵蓉英	武汉大学	86	436	5.07	87.2	10
4	柯平	南开大学	43	377	8.77	81.4	12
5	李纲	武汉大学	34	367	10.79	85.3	10
6	王晰巍	吉林大学	40	364	9.10	95.0	12
7	曾子明	武汉大学	33	320	9.70	97.0	9
8	肖希明	武汉大学	33	309	9.36	93.9	12

续表

序号	作者	作者单位	发文量/篇	5年总被引频次/次	篇均被引频次/次	被引率/%	h指数
9	张兴旺	桂林理工大学	14	309	22.07	92.9	8
10	邱均平	武汉大学	27	304	11.26	88.9	11

54.6 高被引机构分析

图书情报档案领域总被引频次 Top 20 高等院校和总被引频次 Top 10 科研院所的发文和被引情况分别见表 54-5 和表 54-6。

表 54-5 图书情报档案领域高被引高等院校 Top 20（按5年总被引频次排序）

序号	第一作者单位	发文量/篇	5年总被引频次/次	篇均被引频次/次	序号	第一作者单位	发文量/篇	5年总被引频次/次	篇均被引频次/次
1	武汉大学	1854	9383	5.06	11	华东师范大学	421	1423	3.38
2	吉林大学	971	3850	3.96	12	黑龙江大学	695	1303	1.87
3	南京大学	1171	3827	3.27	13	北京师范大学	317	1177	3.71
4	北京大学	844	3414	4.05	14	南京理工大学	275	1139	4.14
5	中国人民大学	779	2393	3.07	15	湘潭大学	350	1017	2.91
6	上海大学	778	2015	2.59	16	郑州大学	492	1015	2.06
7	中山大学	579	1879	3.25	17	南昌大学	275	972	3.53
8	南开大学	388	1692	4.36	18	上海交通大学	216	895	4.14
9	安徽大学	567	1664	2.93	19	四川大学	368	825	2.24
10	华中师范大学	473	1460	3.09	20	江苏大学	189	778	4.12

表 54-6 图书情报档案领域高被引科研院所 Top 10（按5年总被引频次排序）

序号	第一作者单位	发文量/篇	5年总被引频次/次	篇均被引频次/次	序号	第一作者单位	发文量/篇	5年总被引频次/次	篇均被引频次/次
1	中国科学院文献情报中心	321	1529	4.76	6	南京图书馆	255	614	2.41
2	上海图书馆	189	1322	6.99	7	中国医学科学院医学信息研究所	225	482	2.14
3	中国国家图书馆	709	1281	1.81	8	辽宁省图书馆	186	479	2.58
4	中国科学技术信息研究所	439	1156	2.63	9	中国科学院成都文献情报中心	118	464	3.93
5	上海社会科学院	76	628	8.26	10	广州图书馆	259	376	1.45

54.7 高被引国外期刊

图书情报档案领域 2020 年被引频次 Top 10 的国外期刊见表 54-7，排名居前 3 位的国外期刊分别是 *Scientometrics*、*Journal of the Association for Information Science and Technology* 和 *Computers in Human Behavior*。

表 54-7 图书情报档案领域高被引国外期刊 Top 10（按 2020 年被引频次排序）

序号	期刊名称	2020 年被引频次/次
1	Scientometrics	359
2	Journal of the Association for Information Science and Technology	229
3	Computers in Human Behavior	165
4	Journal of Informetrics	150
5	Government Information Quarterly	126
6	International Journal of Information Management	107
7	PLOS ONE	80
8	The Journal of Academic Librarianship	78
9	Technological Forecasting and Social Change	72
10	Library & Information Science Research	60

第 55 章 教育领域高被引分析

55.1 领域论文概况

2015—2019 年，教育领域的 501 种期刊上共发表学术论文 1024948 篇，由来自 121971 所机构的 723987 位学者作为第一作者发表。上述论文中，有 250192 篇获得过引用，整体被引率为 24.4%，总被引频次为 658401 次，篇均被引 0.64 次；其中，高被引论文有 10365 篇，高被引论文篇均被引 17.48 次（表 55-1）。另外，2020 年本领域共发表论文 172212 篇，其中有 9140 篇在当年获得过引用，总共被引 13064 次。

表 55-1 教育领域论文分布情况

年份	论文数量/篇	总被引频次/次	被引率/%	高被引论文数量/篇	高被引论文被引频次/次
2015	231542	199149	28.0	2224	57840
2016	213710	178400	27.8	2002	51328
2017	198198	146279	28.2	1917	36865
2018	197655	88913	22.0	2155	22183
2019	183843	45660	14.4	2067	12938
合计	1024948	658401	24.4	10365	181154

55.2 高被引论文分析

在教育领域，2015—2019 年发表的总被引频次 Top 10 论文（表 55-2）的平均被引频次为 436.3 次，是全部 10365 篇高被引论文篇均被引频次的 24.96 倍。从论文分布来看，刊载高被引论文数量居前 3 位的期刊分别是《实验技术与管理》（469 篇）、《中国电化教育》（435 篇）和《电化教育研究》（327 篇），其中，《高等工程教育研究》刊载了高被引论文 Top 10 中的 2 篇；发表高被引论文数量居前 3 位的学者分别是厦门大学的别敦荣（21 篇）、华东师范大学的祝智庭（20 篇）和江苏师范大学的杨现民（18 篇）；产出高被引论文数量居前 3 位的机构分别是北京师范大学（402 篇）、华东师范大学（384 篇）和华中师范大学（214 篇）。

表 55-2 教育领域高被引论文 Top 10（按 5 年总被引频次排序）

序号	论文题名	第一作者	期刊名称	发表年份	被引频次/次	
					5 年总频次	2020 年
1	新工科建设的内涵与行动	钟登华	高等工程教育研究	2017	656	179
2	加快发展和建设新工科主动适应和引领新经济	吴爱华	高等工程教育研究	2017	535	106
3	基于核心素养的课程发展：挑战与课题	钟启泉	全球教育展望	2016	485	49

序号	论文题名	第一作者	期刊名称	发表年份	被引频次/次	
					5年总频次	2020年
4	英语学科核心素养的实质内涵	程晓堂	课程·教材·教法	2016	469	39
5	论核心素养的内涵	张华	全球教育展望	2016	407	33
6	创客教育的价值潜能及其争议	杨现民	现代远程教育研究	2015	407	14
7	面向未来的中国新工科建设	林健	清华大学教育研究	2017	377	90
8	创客教育：信息技术使能的创新教育实践场	祝智庭	中国电化教育	2015	375	9
9	"互联网+教育"理念及模式探析	张岩	中国高教研究	2016	330	34
10	翻转课堂国内应用实践与反思	祝智庭	电化教育研究	2015	322	22

55.3 研究主题关联分析

在教育领域，10365篇高被引论文共被引用了181154次。通过分析施引文献关键词的词频及关键词之间的共现关系，获得教育领域的热点主题和主题关联，如图55-1所示。由图可知："核心素养""教学模式""翻转课堂""人才培养"等关键词的文档词频较高，是教育领域的研究热点；本领域主要形成5个研究主题簇，分别以"人才培养""高职院校"为核心；以"创新创业""互联网+"为核心；以"教学改革""新工科"为核心；以"核心素养""知识图谱"为核心；以"翻转课堂""教学模式"为核心。

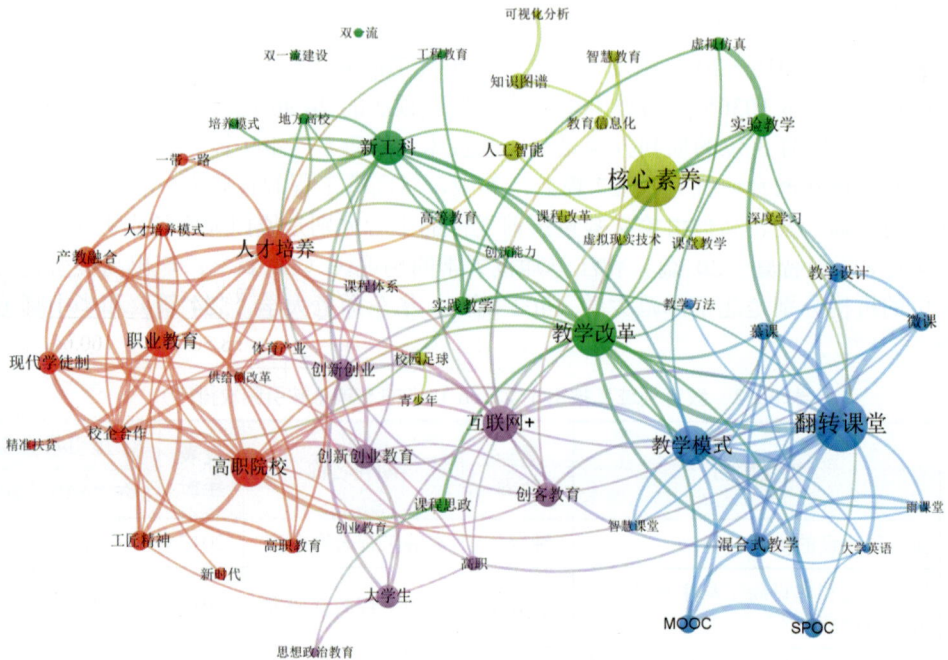

图55-1　教育领域热点论文主题关联

55.4　高影响力期刊分析

在教育领域，5 年影响因子 Top 10 期刊见表 55-3，总被引频次最高的期刊是《实验技术与管理》（14807 次），5 年影响因子最高的期刊是《远程教育杂志》。

表 55-3　教育领域高被引期刊基本指标（按 5 年影响因子排序）

序号	期刊名称	5 年载文量/篇	5 年总被引频次/次	5 年影响因子	高被引论文数量/篇	h 指数
1	远程教育杂志	356	4724	2.244	146	33
2	高等工程教育研究	993	8944	1.909	206	39
3	开放教育研究	381	4795	1.808	139	30
4	体育科学	644	5512	1.801	197	31
5	南京体育学院学报（自然科学版）	827	2373	1.643	83	15
6	中国大学教学	1120	6985	1.565	213	30
7	现代远程教育研究	366	3788	1.555	106	27
8	中国电化教育	1377	13855	1.484	435	46
9	电化教育研究	1056	9001	1.444	327	34
10	教育研究	1169	9788	1.376	301	38

55.5　高被引作者分析

2015—2019 年教育领域论文总被引频次 Top 10 的作者见表 55-4。其中，发文总被引频次居前 3 位的作者分别是华东师范大学的祝智庭（1404 次）、江苏师范大学的杨现民（1381 次）和清华大学的林健（1103 次）。5 年发文量居前 3 位的作者分别是延安大学的孙刚成（75 篇）、上海体育学院的路云亭（74 篇）和陕西师范大学的龙宝新（70 篇）。

表 55-4　教育领域高被引作者 Top 10（按 5 年总被引频次排序）

序号	作者	作者单位	发文量/篇	5 年总被引频次/次	篇均被引频次/次	被引率/%	h 指数
1	祝智庭	华东师范大学	24	1404	58.50	100.0	16
2	杨现民	江苏师范大学	22	1381	62.77	100.0	16
3	林健	清华大学	23	1103	47.96	87.0	12
4	钟启泉	华东师范大学	18	737	40.94	100.0	10
5	程晓堂	北京师范大学	10	698	69.80	70.0	5
6	钟登华	天津大学	3	659	219.67	100.0	2
7	余胜泉	北京师范大学	13	644	49.54	92.3	9
8	别敦荣	厦门大学	55	639	11.62	96.4	14

续表

序号	作者	作者单位	发文量/篇	5年总被引频次/次	篇均被引频次/次	被引率/%	h指数
9	周光礼	中国人民大学	31	630	20.32	77.4	10
10	吴爱华	中华人民共和国教育部	6	622	103.67	100.0	6

55.6　高被引机构分析

教育领域总被引频次 Top 20 高等院校和总被引频次 Top 10 科研院所的发文和被引情况分别见表 55-5 和表 55-6。

表 55-5　教育领域高被引高等院校 Top 20（按5年总被引频次排序）

序号	第一作者单位	发文量/篇	5年总被引频次/次	篇均被引频次/次	序号	第一作者单位	发文量/篇	5年总被引频次/次	篇均被引频次/次
1	北京师范大学	4834	15632	3.23	11	浙江大学	1477	4266	2.89
2	华东师范大学	4899	15118	3.09	12	江苏师范大学	1653	4227	2.56
3	东北师范大学	2660	7280	2.74	13	北京体育大学	2466	4154	1.68
4	华中师范大学	3899	7148	1.83	14	上海体育学院	1743	4083	2.34
5	南京师范大学	4755	6356	1.34	15	厦门大学	1432	3664	2.56
6	清华大学	1232	5625	4.57	16	中国人民大学	980	2888	2.95
7	华南师范大学	3037	5537	1.82	17	首都师范大学	1908	2831	1.48
8	西南大学	3069	4982	1.62	18	天津大学	962	2790	2.90
9	陕西师范大学	3542	4914	1.39	19	河南大学	2637	2708	1.03
10	北京大学	1640	4425	2.70	20	华中科技大学	950	2687	2.83

表 55-6　教育领域高被引科研院所 Top 10（按5年总被引频次排序）

序号	第一作者单位	发文量/篇	5年总被引频次/次	篇均被引频次/次	序号	第一作者单位	发文量/篇	5年总被引频次/次	篇均被引频次/次
1	中国教育科学研究院	523	1839	3.52	6	国家体育总局	162	580	3.58
2	北京教育科学研究院	624	1199	1.92	7	教育部高等教育司	11	525	47.73
3	教育部考试中心	230	841	3.66	8	中央电化教育馆	54	416	7.70
4	教育部职业技术教育中心研究所	120	735	6.13	9	广东省教育研究院	193	415	2.15
5	上海市教育科学研究院	262	731	2.79	10	中国工程院	43	369	8.58

55.7　高被引国外期刊

教育领域 2020 年被引频次 Top 10 的国外期刊见表 55-7，排名居前 3 位的国外期刊分别是 *Computers & Education*、*Computers in Human Behavior* 和 *PLOS ONE*。

表 55-7　教育领域高被引国外期刊 Top 10（按 2020 年被引频次排序）

序号	期刊名称	2020 年被引频次/次
1	Computers & Education	181
2	Computers in Human Behavior	152
3	PLOS ONE	152
4	British Journal of Sports Medicine	125
5	Sports medicine	112
6	Medicine & Science in Sports & Exercise	101
7	Journal of Sports Sciences	94
8	Frontiers in Psychology	86
9	Scientific Reports	78
10	Nature	72

第56章 语言文艺领域高被引分析

56.1 领域论文概况

2015—2019 年，语言文艺领域的 325 种期刊上共发表学术论文 329307 篇，由来自 40163 所机构的 223480 位学者作为第一作者发表。上述论文中，有 63729 篇获得过引用，整体被引率为 19.4%，总被引频次为 124883 次，篇均被引 0.38 次；其中，高被引论文有 3186 篇，高被引论文篇均被引 9.68 次（表 56-1）。另外，2020 年本领域共发表论文 62620 篇，其中有 1950 篇在当年获得过引用，总共被引 2389 次。

表 56-1　语言文艺领域论文分布情况

年份	论文数量/篇	总被引频次/次	被引率/%	高被引论文数量/篇	高被引论文被引频次/次
2015	70537	40250	25.0	675	10157
2016	66326	33243	23.3	615	8188
2017	68467	26516	20.8	793	6948
2018	62351	16469	16.6	616	3652
2019	61626	8405	9.9	487	1907
合计	329307	124883	19.4	3186	30852

56.2 高被引论文分析

在语言文艺领域，2015—2019 年发表的总被引频次 Top 10 论文（表 56-2）的平均被引频次为 165.6 次，是全部 3186 篇高被引论文篇均被引频次的 17.11 倍。从论文分布来看，刊载高被引论文数量居前 3 位的期刊分别是《大众文艺》（184 篇）、《外语教学》（141 篇）和《外语界》（131 篇），其中，《外语教学与研究》刊载了高被引论文 Top 10 中的 3 篇；发表高被引论文数量居前 3 位的学者分别是北京外国语大学的文秋芳（18 篇）、广东外语外贸大学的仲伟合（13 篇）和华中科技大学的徐锦芬（13 篇）；产出高被引论文数量居前 3 位的机构分别是南京林业大学（172 篇）、北京外国语大学（100 篇）和广东外语外贸大学（95 篇）。

表 56-2　语言文艺领域高被引论文 Top 10（按 5 年总被引频次排序）

序号	论文题名	第一作者	期刊名称	发表年份	被引频次/次 5 年总频次	被引频次/次 2020 年
1	构建"产出导向法"理论体系	文秋芳	外语教学与研究	2015	422	100
2	《大学英语教学指南》要点解读	王守仁	外语界	2016	351	46
3	"产出导向法"的中国特色	文秋芳	现代外语	2017	148	36
4	商务英语专业本科教学质量国家标准要点解读	王立非	外语教学与研究	2015	145	16

续表

序号	论文题名	第一作者	期刊名称	发表年份	被引频次/次	
					5 年总频次	2020 年
5	"师生合作评价"："产出导向法"创设的新评价形式	文秋芳	外语界	2016	128	33
6	基于"产出导向法"的大学英语课堂教学实践	张文娟	外语与外语教学	2016	111	29
7	读后续写何以有效促学	王初明	外语教学与研究	2015	94	13
8	核心素养背景下英语阅读教学：问题、原则、目标与路径	王蔷	英语学习（教师版）	2017	89	13
9	"一带一路"沿线国家语言状况	王辉	语言战略研究	2016	85	7
10	大学英语翻转课堂的实践与反思	李京南	中国外语	2015	83	8

56.3 研究主题关联分析

在语言文艺领域，3186 篇高被引论文共被引用了 30852 次。通过分析施引文献关键词的词频及关键词之间的共现关系，获得语言文艺领域的热点主题和主题关联，如图 56-1 所示。由图可知："大学英语""产出导向法""翻转课堂""一带一路"等关键词的文档词频较高，是语言文艺领域的研究热点；本领域主要形成 4 个研究主题簇，分别以"核心素养""阅读教学"为核心；以"产出导向法""大学英语"为核心；以"语料库""翻译"为核心；以"外语教学""跨文化交际"为核心。

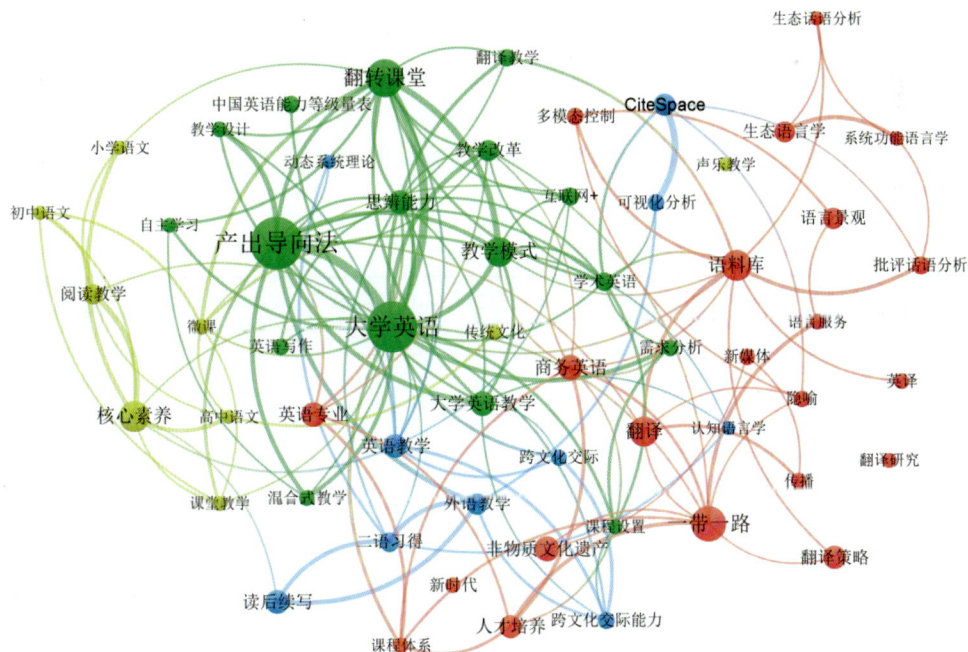

图 56-1 语言文艺领域热点论文主题关联

56.4　高影响力期刊分析

在语言文艺领域，5 年影响因子 Top 10 期刊见表 56-3，总被引频次最高的期刊是《大众文艺》（7899 次），5 年影响因子最高的期刊是《外语界》。

表 56-3　语言文艺领域高被引期刊基本指标（按 5 年影响因子排序）

序号	期刊名称	5 年载文量/篇	5 年总被引频次/次	5 年影响因子	高被引论文数量/篇	h 指数
1	外语界	352	2629	1.284	131	21
2	外语教学与研究	381	2154	1.005	71	19
3	现代外语	380	2165	0.926	101	20
4	世界汉语教学	205	605	0.707	32	11
5	中国外语	420	1527	0.690	80	17
6	上海翻译	463	1338	0.654	88	15
7	考古学报	69	104	0.638	5	5
8	中国翻译	575	1913	0.612	111	16
9	外语与外语教学	461	1597	0.601	85	16
10	外国语	323	883	0.573	47	11

56.5　高被引作者分析

2015—2019 年语言文艺领域论文总被引频次 Top 10 的作者见表 56-4。其中，发文总被引频次居前 3 位的作者分别是北京外国语大学的文秋芳（1100 次）、南京大学的王守仁（513 次）和广东外语外贸大学的仲伟合（385 次）。5 年发文量居前 3 位的作者分别是北京师范大学的周星（57 篇）、湖北省荆州市教育科学研究院的余映潮（53 篇）和北京大学的王一川（38 篇）。

表 56-4　语言文艺领域高被引作者 Top 10（按 5 年总被引频次排序）

序号	作者	作者单位	发文量/篇	5 年总被引频次/次	篇均被引频次/次	被引率/%	h 指数
1	文秋芳	北京外国语大学	29	1100	37.93	96.6	12
2	王守仁	南京大学	10	513	51.30	80.0	6
3	仲伟合	广东外语外贸大学	17	385	22.65	100.0	11
4	王立非	对外经济贸易大学	23	306	13.30	100.0	8
5	黄国文	华南农业大学	15	238	15.87	93.3	8
6	王初明	广东外语外贸大学	11	238	21.64	90.9	5
7	陈旭光	北京大学	37	190	5.14	70.3	7

序号	作者	作者单位	发文量/篇	5年总被引频次/次	篇均被引频次/次	被引率/%	h 指数
8	蔡基刚	复旦大学	19	165	8.68	78.9	6
9	徐锦芬	华中科技大学	26	155	5.96	76.9	8
10	刘建达	广东外语外贸大学	7	145	20.71	100.0	5

56.6　高被引机构分析

语言文艺领域总被引频次 Top 20 高等院校和总被引频次 Top 10 科研院所的发文和被引情况分别见表 56-5 和表 56-6。

表 56-5　语言文艺领域高被引高等院校 Top 20（按 5 年总被引频次排序）

序号	第一作者单位	发文量/篇	5年总被引频次/次	篇均被引频次/次	序号	第一作者单位	发文量/篇	5年总被引频次/次	篇均被引频次/次
1	北京外国语大学	898	2715	3.02	11	中国人民大学	1597	1096	0.69
2	北京大学	2538	2358	0.93	12	上海外国语大学	759	1079	1.42
3	南京大学	2045	2300	1.12	13	北京语言大学	697	1003	1.44
4	广东外语外贸大学	767	2168	2.83	14	上海大学	1817	984	0.54
5	南京林业大学	1261	1811	1.44	15	中山大学	1044	965	0.92
6	北京师范大学	2336	1531	0.66	16	南京师范大学	1744	951	0.55
7	华东师范大学	1743	1249	0.72	17	南开大学	1366	932	0.68
8	复旦大学	1419	1232	0.87	18	浙江大学	1047	920	0.88
9	上海交通大学	864	1127	1.30	19	中国传媒大学	1476	908	0.62
10	清华大学	1228	1098	0.89	20	首都师范大学	1527	902	0.59

表 56-6　语言文艺领域高被引科研院所 Top 10（按 5 年总被引频次排序）

序号	第一作者单位	发文量/篇	5年总被引频次/次	篇均被引频次/次	序号	第一作者单位	发文量/篇	5年总被引频次/次	篇均被引频次/次
1	中国艺术研究院	1257	616	0.49	5	中国社会科学院考古研究所	109	140	1.28
2	中国社会科学院语言研究所	81	223	2.75	6	中国社会科学院文学研究所	70	107	1.53
3	陕西省考古研究院	100	158	1.58	7	敦煌研究院	176	106	0.60
4	中国电影家协会	34	142	4.18	8	中国国家博物馆	219	91	0.42

序号	第一作者单位	发文量/篇	5年总被引频次/次	篇均被引频次/次	序号	第一作者单位	发文量/篇	5年总被引频次/次	篇均被引频次/次
9	中国电影艺术研究中心	97	90	0.93	10	中国社会科学院近代史研究所	59	86	1.46

56.7　高被引国外期刊

语言文艺领域 2020 年被引频次 Top 10 的国外期刊见表 56-7，排名居前 3 位的国外期刊分别是 *System*、*Cognitive Linguistics* 和 *Journal of Pragmatics*。

表 56-7　语言文艺领域高被引国外期刊 Top 10（按 2020 年被引频次排序）

序号	期刊名称	2020 年被引频次/次
1	System	37
2	Cognitive Linguistics	34
3	Journal of Pragmatics	26
4	Studies in Second Language Acquisition	24
5	Frontiers in Psychology	22
6	Critical Discourse Studies	22
7	PLOS ONE	22
8	The Modern Language Journal	22
9	Journal of Archaeological Science	21
10	Linguistic Landscape	21

参考文献

[1] 中国科学技术信息研究所.2011年版中国科技期刊引证报告：核心版 [M]. 北京：科学技术文献出版社，2011.

[2] 曾建勋.2011年版中国期刊引证报告：扩刊版 [M]. 北京：科学技术文献出版社，2011.

[3] 曾建勋，李旭林.中国期刊高被引指数的探究 [J]. 中国科技期刊研究，2007，18（4）：555-557.

[4] 曾建勋，赵捷，吴雯娜，等.基于引文的知识链接服务体系研究 [J]. 情报理论与实践，2009，32（5）：1-4.

[5] 贺德方，郑彦宁.世界高影响力学术论文科学计量学分析：1979—2008 [M]. 北京：科学技术文献出版社，2010.

[6] 贺德方.中国高影响力论文产出状况的国际比较研究 [J]. 中国软科学，2011（9）：94-99.

[7] 贺德方.事实型数据：科技情报研究工作的基石 [J]. 情报学报，2010，29（5）：771-776.

[8] 苏新宁，邓三鸿，韩新民.中国人文社会科学学术影响力报告 [M]. 北京：高等教育出版社，2011.

[9] 苏新宁.中国人文社会科学图书学术影响力报告 [M]. 北京：中国社会科学出版社，2011.

[10] 邱均平，燕今伟，刘霞，等.中国学术期刊评价研究报告：RCCSE权威期刊、核心期刊排行榜与指南 [M]. 北京：科学出版社，2011.

[11] 朱强，蔡蓉华，何峻.中文核心期刊要目总览：2011年版 [M]. 6版.北京：北京大学出版社，2011.

[12] 万锦堃，薛芳渝.中国学术期刊综合引证报告：2008版 [M]. 北京：科学出版社，2008.

[13] 姜晓辉.中国人文社会科学核心期刊要览：2008年版 [M]. 北京：社会科学文献出版社，2009.

[14] 中国科学引文数据库项目组.中国科学计量指标：论文与引文统计：2011年卷 [M]. 北京：知识产权出版社，2012.

[15] 中国科学引文数据库项目组.中国科学计量指标：期刊引证报告：2011年卷 [M]. 北京：知识产权出版社，2011.

[16] 潘教峰，张晓林，王小梅，等.科学结构地图2009 [M]. 北京：科学出版社，2010.